일어학 개론

이향란 저

| 머리말

수년간 일어학개론 수업을 담당하면서 1권으로 끝낼 수 있는 교재가 없을까? 하고 많이 아쉬웠다. 일어학개론 원서는 일본어만의 특징을 서술한 것이라 한국어와 비교할 수 없어, 일선현장에서 일본어교육을 담당하고 있는 분들한테 실제로 도움을 주기는 어렵다고 본다. 특히 장래 일본어교사를 양성하는 사범대 일어교육과에서 강의를 하는 입장에서는 더욱더 아쉬운 마음이 간절했다. 게다가 우리학생들의 최대목표인 임용고사에 도움을 줄 수 있는 책이 필요했다. 이러한 점들이 본서를 내게 된 계기가 되었다.

본서는 12년간의 강의노트를 토대로 여러 문헌을 참고해서 만들었는데, 기존서와 다른 점은 각각의 장에서 한국어와 일본어를 비교하는 관점에서 다루었고, 또한 임용고사 기출문제를 해당하는 내용에 기재해 두었다는 것이다.

제1장에서는 2009년도 임용고사부터 실시되는 논술 문제를 대비해서 한국어와 일본어의 차이점을 음성・음운, 문자, 어휘, 의미론, 경어, 문법 등 여러 분야에 걸쳐 서술 해 두었다.

제2장에서는 한국어와 일본어 표현을 비교했는데, 특히 한국인 일본어학습자들이 범하기 쉬운 일본어 오용례를 품사별, 분야별로 분류해 두었다. 그리고 한일 속담과 관용구를 비교・분석해 두었다.

제3장에서는 우리말에는 한 가지 말밖에 없는데, 일본어에는 여러 말이 있는 단어를 모아 의미론적으로 접근해서 비교・분석해 두었다.

제4장은 문자・어휘, 제5장에서는 경어, 제6장에서는 문법론을 제7장에서는 음성・음운론을 한국어와 비교해서 설명해 놓았다.

부록에서는 각장의 부족한 내용을 보충자료로 담아 두었다. 또한 마지막 부분에 10년간(1998년~ 2007년)의 임용고사 기출문제를 실어 놓았다. 많은 참고

문헌과 다년간의 강의노트를 중심으로 감히 이 책을 내게 되었지만, 워낙 방대한 내용에 전공분야가 아닌 분야의 내용이 더 많아, 부족한 부분이 많을 것으로 사료된다.

끝으로 일본어학습자 특히 임용고사수험생, 일본어교육을 담당하고 계시는 여러분께 본서가 조금이나마 도움이 되었으면 하는 바람이다.

2008년 8월 저자 이향란

목차

7 音声·音韻論

8 부록

9 기출문제

1

한국어와 일본어의 차이점

한국어와 일본어의 차이점은 일본어교육에 종사하는 사람은 반드시 알아 둘 필요가 있다. 크게 음성·음운, 문법, 문자, 어휘·의미, 경어로 나누어 간략하게 살펴보기로 한다.

1 음성・음운

1. 음절과 박(拍)

한국어는 원칙적으로 자음으로 끝나는 폐음절(閉音節)인데 비해, 일본어는 모음으로 끝나는 개음절(開音節)이다.

「ニッポン(日本)」은 「ン」으로 끝나지만 일본어의 대부분의 경우는, 「サクラ(桜)[sakuɯɾa]」처럼 주로 「자음+모음」으로 끝나는 개음절(開音節, open syllable)이 많고, /kan/(缶), /gan/(癌・ガン)처럼 자음으로 끝나는 폐음절(閉音節 : closed syllable)구조로 되어있는 예는 극히 드물다. 반면에 한국어는 「김, 밥상, 학생, 선생님」처럼 주로 자음으로 끝나는 音節이 많다. 즉 한국어는 폐음절(閉音節 : closed syllable) 구조를 가지고 있는 음절이라 할 수 있다.

이와 같이 음절상의 차이로 일본인은 한국어를 발음할 때, 문제점이 많이 나타난다. 특히 받침이 있는 발음, 예를 들면 「맥도날드」를 「마그도나르도」라는 식으로 발음을 하게 된다.

반면 한국인은 음절 감각만 있고, 拍의 감각이 없으므로, 앞에서 지적한 것처럼 특수박인 「ン」, 「ッ」, 「ー」을 짧게 발음하는 문제점이 있다고 본다. 「ン」은 짧게 발음해도 의미상의 문제점은 없지만, 「ッ」, 「ー」은 짧게 발음하거나, 발음하지 않으면 의미상의 문제점까지 초래한다. 예를 들면 다음과 같다.

例 : イタイ(痛い)/イッタイ(一体)　　セケン(世間)/セッケン(石鹸)

ビル(빌딩) / ビール(麦酒)　　　　カド(角) / カード(card)

オジ(叔父) / オージ(王子)　　　　クロ(黒) / クロー(苦労)

이러한 점으로 보아, 한국인의 일본어 음성교육상 拍의 감각을 익히게 하는 것은 매우 중요한 문제라 생각된다.

2. 모음과 자음

일본어의 모음은 「ア[a], イ[i], ウ[ɯ], エ[e], オ[o]」 5개와 반모음 [j], [w]2개로 이루어져, 모음이 많은 한국어(단모음 10개, 이중모음 11개)나 영어 발음 시, 상당한 어려움이 따른다. 반면, 일본어는 ウ[ɯ]를 제외한 나머지 모음은 한국어 모음과 유사하여, 한국인의 일본어 모음은 비교적 쉬운 편이다. 그러나 ウ[ɯ]는 비원순모음(非円唇母音)으로 한국어 「우[u] : 원순모음」와는 다르므로 발음에 유의해야 한다.

한국어의 자음은 총19개로, 자음의 破裂音과 破擦音에는 평음(平音)·격음(激音, 센소리)·濃音(硬音, 된소리)의 세 계열이 있다. 평음은 약한 無声有気音, 격음은 강한 無声有気音, 경음은 無声無気音이다. 경음은 일본어 어중에 나타나는 촉음의 바로 다음 발음에 가깝다.

즉 한국어는 유기음(有気音)과 무기음(無気音), 그리고 된소리가 의미를 구별하는 기능 즉 변별기능(弁別機能)을 가지고 있다. . 예를 들면, 공[koŋ]과 콩[kʰoŋ], 동[toŋ] 통[[tʰoŋ] 똥[t' oŋ] 그리고 달[tal]과 탈[tʰal] 딸[t' al]이 각각 변별적인 반면, 일본어는 「か [ka]蚊모기」와 「が [ga](蛾나방)」, 「きん [kiN](金)」과 「ぎん[giN](銀)」인가에 따라 뜻이 달라진다. 즉, 無声音과 有声音이 변별적이다.

한국어의 무기음은 어두에서는 무성음으로 발음되지만, 「감기[kamgi]」처럼 유성음과 유성음 사이에서는 유성음으로 발음된다. 즉, 한국어는 유성음과 무

성음이 뜻을 구별하는 변별기능을 가지지 못하고, 이음(異音)관계에 지나지 않는다. 그래서 한국인은 일본어 발음 시, 예를 들면 「げた[geta]下駄」를 「けだ[keda]」로 발음하는 것처럼, 어두의 유성음은 무성음으로, 어중의 무성음은 유성음으로 발음하는 경향이 있으므로 유의해야 한다.

3. 악센트

한국어 표준어는 최근 연구 결과를 보면 강약과 고저악센트를 가지는 복합악센트설이 유력하다. 그러나 일본어처럼 고저악센트가 변별기능을 가지지는 못한다. 다만, 경상도 방언은 유일하게 고저악센트(Pitch(高低) Accent)가 변별기능을 가진다고 할 수 있다. 예를 들면, 다음과 같다.

(진하게 표시된 박이 악센트 가 높게 발음되고, 흰 부분이 낮게 발음되는 박)

동서(高低)●○(同婿) / 동서(低高)○●(東西)

신문(高低)●○(訊問) / 신문(低高)○●(新聞)

양식(高低)●○(洋食) / 양식(低高)○●(糧食)

일본어 악센트는 「하나하나의 語에 대해서 사회적 관습으로 정해진 박(拍(はく)) 상호간에 인정이 되는 상대적인 高低 관계의 규칙」이라 할수 있다. 예를 들면, 동경방언의 2박 이상의 악센트 절에서는 「雨(アメ) : 비」의 경우는 「ア」를 높게, 「メ」쪽을 낮게 발음하고, 「飴(アメ) : 사탕」의 경우는 「ア」를 낮게, 「メ」쪽을 높게 발음한다.

이와 같이 일본어(동경어) 악센트는 음의 고저에 의한 악센트이고, 語 또는 文節에 관하여 사회적 관습으로 정해져 있는 것이 있는데, 그 기능으로는 語의 의미의 변별(弁別)과 문중(文中)에 있어서 語 또는 문절의 끊김을 확실히 하는 역할, 즉 통어기능(統語的機能)을 한다. 예를 들면, 다음과 같은 것이 있다.

(統語的機能) → 진하게 표시된 박이 높게 발음되는 곳이다.

(1) カ**ネオクレタ**(金をくれた)　　(2) カ**ネ**オ**クレタ**(金, 遅れた)

(3) ニ**ワトリガイタ**(鶏がいた)　　(4) **ニ**ワト**リガイタ**(二羽, 鳥がいた)

(5) キョ**ーヨーガ**ナイ(教養がない)(6) **キョーヨ**ーガ**ナ**イ(今日, 用がない)

2 문자

한국어와 일본어는 같은 漢字漢語 문화권에 속한다. 또한 語種에 따라 복수의 문자종류(漢字와 한글 또는 仮名)의 사용분류가 있는 점 및 가로쓰기, 세로쓰기가 있는 점도 공통된다. 그러나 띄어쓰기는 한국어에는 있지만, 일본어에는 존재하지 않는다. 또한 한국어는 순수 한글로만 표기할 수 있지만, 일본어는 일본고유의 글자인 仮名로만 표기하기 어렵고, 주로 ひらがな, カタカナ, 漢字를 병용해서 표기한다. 이외에도 로마자, 산용숫자, 구독점이나 괄호 등의 기호가 사용된다.

漢字는 의미를 나타내는 단위가 되기 때문에, 일본어의 표준적인 표기인 「漢字仮名交じり文(한자가나병용문)」에서는 주로 실질적인 내용의 부분, 즉 동사나 형용사, 형용동사의 어간부분, 명사 등을 나타내는 곳에 사용된다.

이것에 대해 仮名는 언어음의 기본적 단위인 음절을 나타내는 글자이다. 이러한 仮名에는 2종류의 글자가 존재한다. 즉 ひらがな와 カタカナ이다. ひらがな는 漢字로 나타내기 어려운 문법적인 관계나 기능을 담당하는 부분(용언의 활용어미, 조사, 조동사 등)을 나타내는 데에 이용한다. 그리고 음성언어를 충실히 모사할 수 있는 カタカナ는 주로 외래어 표기나 전보문에 사용되었지만, 최근에는 속어, 의성어, 의태어 표기 및 강조하고 싶은 말에도 カタカナ를 사용하는 경향이 강하다.

이상과 같은 문자의 기능 분담은 원래는 중국어를 나타내는 문자인 漢字를, 언어구조가 다른 일본어에 적용시키는 과정에서 생겨난 것이다.

3 어휘 · 의미

어휘는 한국어도 다양하지만, 일본어도 아주 세분화되어 있는 언어라 할 수 있다. 예를 들면 「생각하다」는 일본어로 「思う」와 「考える」, 「말하다」는 「言う」, 「話す」, 「しゃべる」, 「語る」, 「述べる」등으로 나눌 수 있다. 「~까지」는 「まで」와 「までに」로 나누어 사용한다. 그 외 상세한 내용은 의미론 파트를 참고했으면 한다.

음상징어는 한국어가 상당히 풍부한 언어라고 알려져 있다. 모음조화에 기인하는 모음대립이나, 격음(激音)·농음(濃音) 등을 이용하여 약 8800語 남짓 존재한다고 한다. 일본어도 음상징어가 비교적 발달되었다고 본다.

먼저 음상징어의 크고, 작음을 나타내는 용법이 양언어가 다름을 알 수 있다. 예를 들면, 「반짝반짝」과 「깡총깡총」의 큰 동작은 「번쩍번쩍」과 「껑충껑충」이 된다. 이것은 양성모음 「아, 오」가 음성모음인 「어, 우」로 바뀌었는데, 이와 같이 한국어의 음상징어의 크고, 작음을 나타내는 것은 양성모음과 음성모음의 조화, 즉 모음조화현상이다. 양성모음은 동작이 주로 작고, 귀여움을 나타내고, 음성모음은 동작이 큰 것을 상징한다. 또한 한국어의 음상징어의 크고, 작음을 나타내는 것에는 모음뿐 아니라 자음과도 관계된다. 예를 들면 「떼굴떼굴」과 「쫄쫄(물이 흐르는 모양)」보다는 「데굴데굴」과 「줄줄」이 동작이 더 큼을 나타낸다고 볼 수 있다. 또한 「줄줄」보다는 「출출」이 더 큰 느낌을 받는다. 이것은 경음보다는 평음이, 평음보다는 격음이 더 큰 느낌을 준다고 볼 수 있다.

반면, 일본어는 「きらきら(반짝반짝)」보다는 「ぎらぎら(번쩍번쩍)」이 「ころ

ころ(떼굴떼굴)」보다는「ごろごろ(데굴데굴)」이 더 큰 동작을 나타낸다고 할 수 있다. 이처럼 濁音이 동작의 큼을 나타낼 뿐만 아니라, 또한「キー＜ギー, サラサラ＜ザラザラ, トン＜ドン」의 예처럼, 濁音이 무거운 소리, 둔탁한 소리, 큰 소리, 강한 소리를 나타내는 반면에, (半濁音을 포함해서)清音은 작은 것, 가벼움, 예리함, 약한 것 등을 나타낸다.

한국어는 남성어와 여성어가 거의 구별되어있지 않지만, 일본어는 남성어와 여성어를 어느 정도 구별하여 사용하고 있다. 주로 인칭대명사, 종조사, 감동사, 접두사 등에서 많이 나타나고 있다. 예를 들면 다음과 같다.

女性語：あたし·お~·~わよ·~わね·~のよね·~かしら·あらまあ
男性語：ぼく·おれ·わし·おお·ほう·~ぞ·~ぜ·~な·命令文(食べろ·逃げろ)·親父·おふくろ·飯·食う·ぶっ倒す·ぶん殴る

4 경어

경어 체계는 우리말도 간단하지는 않지만, 일본어는 상당히 복잡한 체계를 가진 언어이다. 예를 들면, 아버지 친구의 전화를 받아「아버지 지금 안계십니다」를 일본어로 그대로 옮긴다면「お父さん今いらっしゃいません。」이 되는데, 이것을 그대로 사용한다면, 실례가 될 뿐만 아니라, 웃음거리가 된다. 올바른 일본어 표현은「父は今おりません。」인데, 자기 집안의 사람(身内)을 타인에게 이야기할 때는 아버지라도 최대한 겸양어를 사용하는 것이 예의다. 자기 집안의 사람뿐만 아니라, 본인이 소속된 집단의 사람, 예를 들면 상사라도 타인에게 이야기할 때는 최대한 겸양어를 사용해야 한다.

즉 누구한테 경어를 사용하는가를 기준으로 한 경우, 일본어 경어는 상대경어(相対敬語)이고, 한국어 경어는 절대경어(絶対敬語)라 한다. 일본어 경어의 구체적인 내용에 관한 것은 경어 파트를 참조한다.

5 문법

한국어와 일본어의 가장 큰 유사점은 어순이 S(주어)+O(목적어)+V(서술어)로 같다는 점이다. 또한 조사의 용법에 있어서도 닮은 점이 많다.

그러나 시제(時制 : Tense)와 태(態 : Voice)는 유사한 점도 있지만, 다른 점이 많다. 예를 들면, 우리말 「오다(현재형)」와 「올 것이다(미래형)」가 일본어로는 「来る」밖에 표현할 수 없다. 즉 한국어는 현재시제와 미래시제가 각각 존재하지만, 일본어는 현재형이 미래형을 대신한다. 그리고 기다리고 있었던 버스가 저만치 오고 있을 때, 우리는 주로 「저기 버스 온다.」라고 표현하는데, 일본어는 「来た(왔다)」로 표현하고, 또 빌려갔던 책을 「다음에 만날 때 주세요.」는 「今度会った時返してください。」로 각각 다른 시제를 사용함을 알 수 있다.

일본어의 태(Voice) 중에는, 우리말에는 볼 수 없는 「迷惑受身(めいわくうけみ)(폐가 되는 수동태)」표현과 「使役受身(しえき うけみ)(사역수동태)」가 존재한다. 전자의 예를 들면, 「母に死なれる」, 「雨に降られる」, 「泥棒に盗まれる」, 「赤ちゃんに泣かれる」 등이 있는데, 전부 본인한테 폐가 되는 내용이고, 후자의 일례를 들면 「飲ませられた(=のまされた)」로 이것은 「飲ませる(使役)＋られた(受身)」로 우리말은 「억지로 술을 마시게 되었다」가 된다.

애스펙트(Aspect)에 있어서도 양국어의 표현이 다른 경우를 볼 수 있는데, 예를 들면 「점점 엄마를 닮아가네.」가 일본어로는「だんだんお母さんに似てくる。」로 표현된다. 이 외에도 일본어는 「して下さい」처럼 직접적인 표현을 잘 쓰지 않고, 「~てもらいませんか(~ていただけませせか)」, 「していただける と助かるのですが」처럼 완곡표현(婉曲表現)을 잘 사용한다.

◈ 일본어 특성

① 母音이 타 언어에 비하면 적다.(基本母音 あいうえお5개)

② 주로 母音으로 끝나는 開音節構造(CV)를 하고 있다. (한국어 閉音節)

③ 特殊音素(ン、ッ、ー)를 가지고 있다.

④ 高低악센트가 변별기능을 가지고 있다.

はし●○(箸)　　あつい○●○(暑い)　　かう○●(買う)

はし○●(橋)　　あつい○●●(厚い)　　かう●○(飼う)

⑤ 有声音과 無声音이 변별기능을 가지고 있다.

⑥ 語順이 한국어와 같은 SOV(주어+목적어+서술어)구조를 하고 있다.

⑦ 男性語와 女性語가 구분되어 있는 말도 있다.

男性語(だんせいご) : ぼく·おれ·わし·おお·おほ·~ぜ·~ぞ

女性語(じょせいご) : あたい·あたし·あら(まあ)·~わね·わよ

⑧ 직설적인 표현을 피하고 婉曲표현을 많이 한다.

⑨ 文字는 ひらがな·カタカナ·漢字를 병용한다.

⑩ 띄어쓰기가 원칙적으로 없다.

⑪ 読点(とうてん)(、)과 句読点(くとうてん)(。)을

⑫ 경어사용은 身内(みうち)를 고려하는 相対敬語를 사용한다.(한국어는 絶対敬語)

⑬ 漢字를 읽는 방법이 여러 가지 있다.

音読み(おんよみ)(音+音) : 学校(がっこう)·先生(せんせい)·上下(じょうげ)·父母(ふぼ)·韓国(かんこく)·日本語(にほんご)

訓読み(くんよみ)(訓+訓) : 古川(ふるかわ)·上下(うえした)·父母(ちちはは)·草花(くさばな)

重箱読み(じゅうばこよみ)(音+訓) : 重箱(じゅうばこ)·工場(こうば)·番組(ばんぐみ)·本棚(ほんだな)·台所(だいどころ)·気持(きもち)

湯桶読み(ゆとうよ)：(訓+音)：場所(ばしょ)・見本(みほん)・雨具(あまぐ)・消印(けしいん)・貸室(かししつ)・夕刊(ゆうかん)

2003

4. 다음은 한국어와 일본어의 차이점에 대한 설명이다. 내용이 맞으면 ○표, 틀리면 ×표를 하시오. (4점)

(1) 言語類型論では、形態論的な観点から世界の諸言語を孤立語、膠着語、屈折語、抱合語に分類しているが、日本語は膠着語に、韓国語は屈折語に分類される。
(2) 母音で終わる音節を開音節、子音で終わる音節を閉音節と言うが、日本語の音節は原則的に閉音節で、韓国語は開音節である。
(3) だれに敬語を使用するかを基準にした場合、日本語の敬語は相対敬語で、韓国語の敬語は絶対敬語であると言われている。
(4) 日本語では、会話への参加を明示的に表現する強い必要性があるから、あいづちの出現頻度が非常に高いが、韓国語では日本語より出現頻度が低い。

(1) ________________ (2) ________________
(3) ________________ (4) ________________

〈参考文献〉

梅田博之(1977)「朝鮮語における敬語」『岩波講座日本語4 敬語』岩波書店
国立国語研究所(1997)「日本語と朝鮮語(上)(下)」『日本語と外国語との対照研究』くろしお出版
田中春美編主幹(1988)『現代言語学辞典』成美堂
日本語教育学会編(1998)『日本語教育ハンドブック』大修館書店
日本語教育学会編(2005)『新版日本語教育辞典』大修館書店
飛田良文編者(2007)『日本語学研究事典』明治書院
宮地裕編(1989)『日本語学要説』(講座日本語と日本語教育１)明治書院

2

한국어와 일본어 표현 비교

1 한국어 속의 日本語

한국내에서 일본어는 시간이 흐름에 따라, 사용하는 사람들이 점점 줄어들고 있다. 젊은 세대로 갈수록 일본어 사용이 감소되고 있다. 그러나 아직도 많은 분야에서 일본어를 그대로 사용하는 경우를 볼 수 있다. 특히 의류분야나 건설・공사현장에서 많이 사용되고 있는 실정이다. (소데)나시나 에리 등은 젊은 세대에서도 많이 사용한다.

1. 日常生活用品

곤로(풍로) ← 焜炉（こんろ）

다라이(큰 대야) ← たらい

사라(접시) ←皿（さら）

오봉(쟁반) ← おぼん

와리바시(나무 젓가락)←割り箸（わりばし）

다마(전구, 구슬) ← 玉（たま）

단스(옷장, 장농) ← 箪笥（たんす）

쓰메키리(손톱깎기) ← 爪切り（つめきり）

요오지(이 쑤시개) ← 楊枝（ようじ）

자부동(방석) ←ざぶとん

2. 衣類

덴싱(올이 나감) ← 伝線（でんせん）

에리(옷깃,칼라) ← えり

우와기(윗도리)←上着（うわぎ）

몸뻬(허드레 바지) ← もんぺ

뗑뗑이 가라(물방울 무늬) ← 点点柄（てんてんがら）

우라(안감) ←裏（うら）

소데나시(민소매) ← 袖無（そでなし） 소매

3. 일본식 외래어를 사용하는 경우

메리야스 ← メリヤス (medias)

리모컨 ← リモコン (remote control)

에어컨 ← エアコン (air conditioner)

테레비 ← テレビ (television)

프(후)라이팬 ← フライパン (frying pan)

컨닝 ← カンニング (cunning)

4. 일본식 한자를 사용하는 경우

① 생략에 의한 것

절전(節電) ← 節電(せつでん) (電気(でんき)の節約(せつやく)의 준말)

민방(民放) ← 民放(みんぽう) (民間放送(みんかんほうそう)의 준말)

② 원래 한자와는 다른 것

문맹(文盲) ← 文盲(もんもう)(蚊虻)

요청(要請) ← 要請(ようせい)(邀請)

선고(選考) ← 選考(せんこう)(銓衡)

③ 접(미)사에 의한 것

~화(化) ← ~化(か)(一般化)　　~(적)的 ← ~的(てき) (一般的)

~(성)性 ← ~性(せい)　　~식(式) ← ~式(しき) (西洋式)

④ 그 외

직행(直行) ← 直行(ちょっこう), 낙승(樂勝) ← 楽勝(らくしょう), 주조(酒造) ←酒造(しゅぞう), 편승(便乗) ←便乗(びんじょう) 등 일본에서 건너온 한자어는 그 수가 상당히 많다.

5. 우리말 뜻과 발음이 같은 말

무시(하다) ← 無視[muʃi]

무리(하다) ← 無理[muɾi]

지리 ← 地理[ʧiɾi]

사기 ← 詐欺[sagi]

시사 ← 示唆[ʃisa]

6. 일본어 번역 투

궤도에 오르다 ← 軌道に乗る

기억이 새롭다 ← 記憶に新しい

빈축을 사다 ← 顰蹙を買う

애교가 넘치다 ← 愛敬があふれる

운이 나쁘다 ← 運が悪い

원한을 사다 ← 恨みを買う

7. 우리말과 일본어를 혼합하여 사용하는 말

마호병(보온병) ← 魔法(まほう)+병

피카번쩍 ← ぴかぴか+번쩍번쩍

※ ぴかぴか는 뻔쩍뻔쩍 빛나다의 의음어

왔다리갔다리 ← 왔다의 (왔+たり)+갔다의 (갔+たり)

닭도리탕 ← 닭+とり+탕

※ とり는 にわとり(닭)의 준말로 결국 駅前앞처럼 닭이 2번이나 사용되었다.

구모리하다 ← くもり(くもる(흐리다)의 連用形)+하다

※ 날씨가 흐리다는 의미로 노년층에서 사용되고 있다.

8. 日本語속의 우리말

チョンガー[chonga] ← 總角(총각)

ハナから[hana](처음부터) ← 하나

パッチ[paʧʧi](속바지) ← 바지

※ 이외에도 「なら(奈良)[nara] ← 나라」와 「わっしょい! わっしょい! [waʃʃoi](영차! 영차!) ← 왔어」 등의 예는, 한국어에서 일본어로 건너갔다는 설은 많지만, 아직 확실한 증거가 없는 상태다.

2 「~하다」와 「~する」

2003

14-2. 다음 문장의 밑줄 친 부분을 일본어로 고치시오. (2점)

(1) 대학을 졸업한 이래, 대학에 한 번도 가보지 않았다.

---

(2) 두 사람의 관계가 악화된 것은 다나카씨가 약속을 지키지 않았기 때문이다.

---

1. 「~する」가 우리말로 다양하게 대응되는 경우

臭《におい》がする(냄새가 나다)

音《おと》(声《こえ》が)がする(소리가 나다)

拍手《はくしゅ》する(박수치다)

便秘《べんぴ》する(변비가 생기다)

故障《こしょう》する(고장 나다)

注射《ちゅうしゃ》する(주사를 놓다)

司会《しかい》(を)する(△)(사회(를) 보다)

微笑《びしょう》する(△)(미소 짓다)

2. 「~하다」는 가능하나 「~する」는 사용되지 않는 경우

忠誠하다(○) → 忠誠する(×) · 忠誠を誓う(○)
事情하다(○) → 事情する(×)
挙動하다(○) → 挙動する(×)
非公開하다(○) → 非公開する(×)
不参하다(○) → 不参する(×) · 不参加する(○)
可能하다(○) → 可能する(×)
誠実하다(○) → 誠実する(×)
健康하다(○) → 健康する(×)

3. 「~する」는 가능하나 「~하다」는 사용되지 않는 경우

意見する(○) → 의견하다(×)·훈계하다 (○)
傾斜する(○) → 경사하다(×)
強盗する(○) → 강도하다(×)
科学する(△) → 과학하다(×)
故障する(○) → 고장하다(×)
重傷する(△) · 重傷を負う → 중상하다(×)
睡眠する(△) → 수면하다(×)
塩·胡椒する(△) → 소금·후추하다(×)

4. 「~하다」와 「~する」가 일치하는 경우

握手する(악수하다)	演説する(연설하다)	公開する(공개하다)
出席する(출석하다)	承認する(승인하다)	変化する(변화하다)
予習する(예습하다)	練習する(연습하다)	恋愛する(연애하다)

5.「~하다」가「~している」와 대응되는 경우(「~する」는 불가능)

近似하다(近似している)
混乱하다(混乱している)
充実하다(充実している)
適合하다(適合している)
優越하다(優越している)
緊迫하다(緊迫している)
混雑하다(混雑している)
衰弱하다(衰弱している)
徹底하다(徹底している)

6.「~되다」가 「~される」로 되지 않고 「~する」로 대응되는 경우

감염되다 → 感染する
관련되다 → 関連する
마비되다 → 麻痺する
악화되다 → 悪化する
직결되다 → 直結する
감동되다/하다 → 感動する
긴장되다/하다 → 緊張する
발달되다/하다 → 発達する
발전되다/하다 → 発展する
성장되다/하다 → 成長する
공통되다 → 共通する
둔화되다 → 鈍化する
모순되다 → 矛盾する
안정되다 → 安定する
향상되다 → 向上する
관계되다 / 하다→ 関係する
대립되다/하다 → 対立する
발생되다/하다 → 発生する
안심되다/하다 → 安心する
직결되다 / 하다→ 直結する

※ 「安心される 安定される 感動される 緊張される 成長される」 등은 「~される」 형태로도 사용되나 이것은「~되다」의 뜻이 아니라 「~되시다」로 경어로 사용된 경우이다.

3 한국인이 범하기 쉬운 日本語 誤用例(KOPANESE 分析)

1999

【7】次の文の中から表現のしかたにあやまったところを抜き出し、正しく書きなさい。〈2点〉

(1) 湯気を噴出する口を求めて釜の蓋をゆるぐように、数分の間を置いては大地を震わしていた。 (2) 彼は今日こそは彼女に結婚を申し込むべき彼女の家へと向かった。

2002

8-4. 다음의 (a)~(g) 문장 중에서 밑줄 친 부분이 올바른 문장 2개를 골라 기호로 쓰시오. (2점)

(a) ここは高い所だから、大水になっても安全する。 (b) このごろのわかい人はあいさつの方法も知らない。 (c) 自己を中心にして物を考える。 (d) あの人は医者であり、また大学の先生もある。	(e) 人間は考えをする動物だ。 (f) あなたのそばに大きな字引きがありますね。 そのものはだれのですか。 (g) 3時以前は会社ですが、それ以後は留守になります。

2003

2. 다음은 한국인 일본어 학습자의 작문 오용 예이다. 밑줄 친 부분의 일본어 오류를 바르게 고쳐 쓰시오. [총 2점]

2-1. 강원도의 풍경도 유명했다. → 江原道の風景も有名した。(1점)

2-2. 2층에서 발소리가 난다. → 二階で足音がでる。(1점)

---

1. 우리말 音은 같으나 漢字가 서로 다른 경우

※( )안의 표현은 오용례이고, → 다음의 표현이 바른 일본어이다.

〈誤用例 → 日本語表現〉

노력(労力) → 努力(どりょく)　상대(相対) → 相手(あいて)　노동(労動) → 労働(ろうどう)

2. 読み方의 誤用例

「読み方」의 오용례에서는 장・단음 문제, 탁음의 유무가 가장 많이 나타나고, 그 밖에 특이하게 발음되는 단어에서도 많이 나타났다.

〈誤用例 → 日本語表現〉

見本(けんぼん) → みほん
韓国(かんごく) → かんこく
旅行(りょうこ) → りょこう
住民(じゅみん) → じゅうみん
書留(かきどめ) → かきとめ
人権(にんけん) → じんけん
文句(ぶんく) → もんく
文字(ぶんじ) → もじ
動作(どうさく) → どうさ
(임용문제)
発作(はっさく) → ほっさ
発足(はっそく) → ほっそく
貧弱(ひんやく) → ひんじゃく
建物(けんぶつ) → たてもの
散歩(さんぽう) → さんぽ
予約(ようやく) → よやく
拘束(くそく) → こうそく
言語道断(げんごどうだん) →ごんごどうだん
柔道(ゆどう) → じゅうどう
一緒に(いっしょうに) → いっしょに
作業(さくぎょう) → さぎょう
誤作動(おさくどう) → ごさどう
操作(そうさく) → そうさ
一切(いっせつ) → いっさい
耐震(ないしん) → たいしん

茶道(だどう) → さどう* 境内(きょうない) → けいだい

有無(ゆむ) → うむ 一期一会(いっきいっかい) → いちごい

ちえ

※「茶道」は「ちゃどう」라는 발음도 있지만, 일반적으로「さどう」를 더 많이 사용한다.

3. 순서가 뒤바뀐 경우

〈誤用例 → 日本語表現〉

노고(労苦) → 苦労(くろう)

동서고금(東西古今) → 古今東西(ここんとうざい)

물품(物品) → 品物(しなもの)

시종일관(始終一貫) → 終始一貫(しゅうしいっかん)

약혼(約婚) → 婚約(こんやく)(약혼자(約婚者) → 婚約者・フィアンセ)

영광(栄光) → 光栄・栄光(こうえい・えいこう)

※ お目(め)にかかれて光栄(こうえい)です。受賞の栄光(えいこう)に浴(よく)する。

勝利(しょうり)の栄光(えいこう)に輝(かがや)く。등 문맥에 따라 다르게 사용됨에 주의해야 한다.

왔다갔다(来たり行ったり) → 行(い)ったり来(き)たり

여기저기(こちあち) → あちこち

요령부득(要領不得) → 不得要領(ふとくようりょう)

위협(威脅) → 脅威(きょうい)

이러쿵저러쿵(こうだああだ) → ああだこうだ

이럭저럭(こうにかどうにか) → どうにかこうにか

이것저것(これあれ) → あれこれ

죽느냐 사느냐(死ぬか生きるか) → 生(い)きるか死(し)ぬか

졸병(卒兵) → 兵卒(へいそつ)

현모양처(賢母良妻) → 良妻賢母(りょうさいけんぼ)

화초(花草) → 草花(くさばな)

흑백(黒白) → 白黒(しろくろ)

4. 副詞 誤用例

〈誤用例 → 日本語表現〉

극단적으로(極端的に) → 極端(きょくたん)に

성공적으로(成功的に) → 成功(せいこう)に·成功(せいこう)のうち

일반적으로(一般的に) → 一般(いっぱん)に

정상적으로(正常的に) → 正常(せいじょう)に

바로 지금 막(すぐ今) → つい今(いま)し方(がた)

바로 근처(つい近所) → すぐ近(ちか)く

바로 그것입니다(ついそれです) → 正(まさ)にそれです

다시 한 번(また一度) → もう一度(いちど)

자기도 모르게(自分も知らずに) → 思(おも)わず·うっかり·思(おも)わず知(し)らず

5. 助詞 誤用例

〈誤用例 → 日本語表現〉

- 의미를 알다(意味をわかる) → 意味がわかる
- 학교를 마치다(学校を終わる) → が
- 1시간 후에(1時間後) → 1時間後に*
- 다음주에(来週に) → 来週*
- 옛날에(昔に) → 昔*

※ *의 예처럼 우리말에는 「〜에」라는 조사가 들어가는 데, 일본어에는 「〜に」를 동반하는 것과 동반하지 않는 것이 있고, 또 양쪽 다 사용되는 예도 있다. 구체적인 시간을 나타내는 표현에는 「に」를 사용한다.

1) 「に」를 동반하는 것 → 3時, 9日, 5月, 2007年 등

2) 「に」를 동반하지 않는 것 → 先週, 来週, 今週, 先月, 今月, 来月, 去年, 今年, 来年, 昨日, 今日, 明日, 明後日, 朝, 今朝, 毎日, 午前, 午後 등

3) 양쪽 다 사용하는 경우 → 昼, 晩, 夜, (月・火・水・木・金・土・日)曜日 등

- 선생님을 만나러 가다 (先生を会いに行く) → に
- 버스를 타고 가다(バスを乗っていく) → に
- 늘 도회지를 동경하다(いつも都会をあこがれる) → に
- 전부 3500円이 됩니다
  (全部 3500円がなります) → 全部で3500円と(に)なります
- 나중에 상담한다(後に相談する) → 後で
- 이 책은 2권에 4000엔입니다
  (この本は2冊に4000円です) → で(수량을 한정)
- 개최지는 서울로 결정되었다(開催地(かいさいち)はソウルに決まった) → と
- 리포트는 24일까지 제출해 주세요.
  (レポートは24日まで提出してください) → までに
- 물은 100도가 되면 끓어오른다.
  (水は100度になればふっとうする) → なると

6. 用言 誤用例

〈誤用例 → 日本語表現〉

- (문제점을)가지다, 안다(問題点を持つ) → 問題点を抱(かか)える
- (사고가)나다, 생기다
  (事故が出る·事故ができる) → 起きる·生じる
- (사고를)내다(事故を出す) → 起こす
- (감동이)일어나다(感動が起きる) → 起こる
- (오해를)받다(誤解をもらう) → 受ける

- (학위를)받다, 취하다 → 学位を受ける・取る・もらう

※ 「もらう」의 특징은 학위, 장학금, 선물, 상(賞), 편지, 전화, 통지, 허가 등 구체적인 물건, 혹은 무엇인가 남는 것에 주로 사용된다.

- 시간을 내다(時間を出す) → 時間を作る
- 돈을 내다(お金を出す) → お金を払う
- 의견을 내다(意見を出す) → 意見を言う
- (호감을)받다, 가지다(好感をもらう) → 持つ
- (집을)보다(지키다)(家を見る・家を守る) → 留守番をする

  (시험을)보다(試験を見る) → 受ける

  (며느리・사위를)보다(嫁・婿を見る) → 迎える・もらう
- 가지러 오다(持ちに来る) → 取りにくる
- (일이)쌓이다(仕事が積もる) → 溜まる

※ 「쌓이다」의 일본어는 「積もる」와 「溜まる」가 있는데, 「積もる」는 「雪が~」「塵が~」등에 사용되고, 「仕事・宿題・借金・ストレス」등에는 「溜まる」가 사용된다.

- 가능한 했던 것은(可能したのは) → 可能であったのは
- 글자가 깨지다(文字が割れる) → 文字化けする・文字が化ける
- ~날로 삼아왔다(~日に思ってきた・~日にとってきた・~日として育ってきた) → ~日にしてきた

※「~にする」는 「~로 삼다」의 의미를 가지고 있다.

- ~를 닮다(~を似る)→ に(と)似ている・に(と)似た

※ 「~를 닮다」라고 해서 「~を似る」라 하면 안 되고, 반드시 「~ている」나 「~た」형태로 사용해야 한다. 이러한 부류에는「太る・やせる」등이 있다.

- (버스가)복잡하다(バスが複雑する) → 込んでいる・混雑している
- (사건 등)찾아볼 수 없다(探して見られない・訪ねて見えない)

→ 見い出せない･見つけられない

- 상상외로 다양하다(想像外に多様する) → 案外(意外と)様々である
- (성격 등이)뒤끝이 없다(後がない) → 後に残らない

※ 「後がない」는 앞으로 희망 또는 가망이 없다는 의미이다.

- 어딘가 몸이 아프세요? (どこか体が痛いですか) → どこか悪いですか･どこか具合でも悪いですか･どこか病気ですか･体の具合が悪いですか

  나 지금 아파요(私今いたいよ) → わたし今病気だよ

  몸이 아플 때 약을 먹다(体が痛いときに薬を飲む) → 病気のときに薬を飲む

※ 몸 상태가 좋지 않거나, 어딘가 몸이 아플 때는 「痛い」를 사용해서는 안 되고, 「具合が悪い」나 「病気」라는 표현을 써야 한다. 「痛い」는 「歯が痛い･頭が痛い･おなか痛い･目が痛い･足が痛い」처럼 구체적으로 어딘가 아플 경우에 사용된다.

- 이 책 빌려 주실 수 있겠습니까?(この本、借りていただけませんか) → 貸して
- 잘 봐주십시오(よく見てください) → 大目に見て下さい･よろしくお願いします
- 전화 바꿨습니다(お電話替えました) → お電話替わりました

※ 전화기를 바꾸었다는 뜻이 아니라 자기를 찾는 전화에 본인이 나왔다는 의미이다.

- 점점 닮아 가다(だんだん似ていく) → くる
- 추운 날씨였습니다(寒い天気でした) → 寒かったです
- 해마다(행사 등이) 돌아오다(年ごとに帰ってくる) → 毎年、回ってくる

7. 名詞 誤用例

① 학교와 관련된 誤用例

〈誤用例 → 日本語表現〉

- 개강(開講) → 始業 ↔ 終業

※ 개강·종강·신입생 환영회 모임 등을 「コンパ(company)」라 하고, 특히 종강모임을 「終講集まり」라 하지 않고, 「打ち上げコンパ」라 한다. 대학생들의 미팅은 일본에서는 「合コン(合同コンパ의 준말)」이라 하고, 미팅(ミーティング)은 말 그대로 모임, 회합을 나타낸다.

- 교감선생님(校監先生様) → 教頭先生

※ 교감을 教頭라 하며, 선생님이라 해서 様를 붙이면 안 된다. 先生라는 말에 존경의 뜻이 포함되어 있다.

- (논문)개요발표(概要発表) → 構想発表
- 단과대학(単科大学) → 学部
- 대학교(大学校) → 大学

※ 일본에서는 4년제 대학교를 「大学」이라 하고, 2년제 대학을 「短大」, 고졸과 중졸을 대상으로 하는 전수학교를 「専門学校」라 부른다.

- 대리출석(代理出席) → 代返
- 반(斑) → 組
- 보충자료(補充資料) → 補足資料
- 석사(碩士) → 修士
- 세미나(セミナ) → ゼミ

※ 석사과정은 「修士課程」 또는 「マスターコース」라 하며, 박사과정은 「博士課程」 또는 「ドクターコース」라 한다.

- 여고생(女高生) → 女子高生

※ 우리는 여자고등학생을 줄여서 「여고생」이라 하는데, 일본어는 「女子高生」 라 하며, 여대생도 「女大生」라 하지 않고, 「女子大生」라 한다.

- 요약문(要約文) → レジュメ・要約文
- 전학(転学) → 転校
- 조교(助教) → 助手
- 재수(再修) → 浪人(一浪, 二浪)

- 초등학생(初等学生) → 小学生

※ 대학생은 「学生」라 하고 중·고등학생은 일반적으로 「生徒」라고 하며 초등학생은 「児童」라고 한다. 「小学生、中学生、高校生、大学生」라고도 한다.

- 총장(総長) → 学長

※ 동경대를 비롯하여 일부 몇 대학에서는 총장(総長)이라는 말도 사용하기 시작했다.

- 클럽활동·특기적성교육(クラブ活動) → 部活
- 학년(学年) → 年生
- 학부형(学父兄) → 父兄
- 학점(学点) → 単位

② 먹는 것과 관련된 예

〈**誤用例 → 日本語表現**〉

- 곱창구이(腸焼き) → ホルモン焼き
- 미식가(美食家) → グルメ·食通·美食家
- 빙수(氷水) → カキ氷
- 새 송이버섯(新松茸) → えりんぎ

※ 송이버섯이 「松茸」라 하여, 새 송이버섯을 「新松茸」라 하면 안 되고, えりんぎ라 한다. 또 팽이버섯을 「こまきのこ」라 하지 않고, 「えのき(茸)」라 부른다.

- 소꼬리 탕(牛しっぽ湯) → テールスープ
- 식단(食単)·메뉴 → 献立·メニュー
- 아귀 탕(鮟鱇湯) → 鮟鱇なべ
- 오징어(いか) → いか·するめ·あたりめ

※ 「いか」는 물오징어를 의미하고, 말린 오징어는 「するめ」라고 하는데, 상인 사회에서는 「するめ」의 「する」가 「身代を磨る(摩る)」(가산을 탕진하다)와 음이 같음을 꺼리어 「あたりめ」로 바꾸어 부르기도 한다. 꼴뚜기는 「飯蛸」라 하며, 일본에서는 낙지와 문어를 잘 구별하지 않고, 둘 다 「鮹」라 하는데, 굳이 구별하자면, 낙지는 「テナガダコ」, 문어는 「ミズダ」コ라 한다.

• 전어(銭魚) → このしろ

※ 홍어는 「がんぎえい」, 삼치는 「さわら」, 일본에서 잘 먹지 않는 우럭은 「きつねめばる」, 조기는 「イシモチ」, 다슬기 「川にな」, 우렁이 「田螺」, 도라지 「ききょう」, 더덕 「つる人参」이라 한다.

• 유통기한(流通期限) → 賞味期限

③ 자동차와 관련된 誤用例

〈誤用例 → 日本語表現〉

• 과속하다(過速する) → スピードを出す

※ 스피드 위반하는 자를 경찰이 몰래 숨어 단속하는 것을 속어로 「鼠取り」라 한다.

• 경승용차·소형차·경차(軽乗用車·小型車·経車) → 軽車·軽
• 수동·스틱(手動·スチック) → マニュアル
• 승차감(乗車感) → 乗り心地
• 안전벨트(安全ベルト) → シートベルト
• 육교(陸橋) → 歩道橋
• 장농면허(증) → ペーパードライバー
• 전세버스(伝貰バス) → 貸し切りバス
• 주유소(注油所) → ガソリンスタンド
• 초보자(운전)(初歩者) → 初心者

④ 日常生活과 관련된 誤用例

〈誤用例 → 日本語表現〉

• 내복(内服) → ばば下着
• 속옷·내의(内衣) → 下着·肌着
• 등기(우편)(登記) → 書留

※ 우리는 등기우편을 「登記郵便」이라 적는데, 일본에서의 「登記」는 「家屋の登記」「登記簿」등에만 사

용되고, 등기우편은 「書留郵便」이라 한다.

- 뜨거운 물, 더운 물(熱い水) → お湯
- 물수건(水タオル) → おしぼり
- 보증금(保證金) → 敷金＋礼金

※ 「敷金」은 다타미를 새로 놓은 돈(畳を敷いたお金)을 의미하고, 「礼金」은 사례금에 해당되는 말이다. 일본에서는 처음에 방을 구하려면, 거의 이러한 「敷金」과 礼金을 지불해야 하는데, 나올 때는 敷金은 어느 정도 되돌려 받을 수 있지만, 礼金은 사례금에 해당되므로 되돌려 받을 수 없다.

- 부의금(賻儀金) → お香典・香料・ご霊前・御仏前

※ 부의금은 위와 같이 전혀 다른 명칭으로 사용되며, 장례식 또한 「お葬式」라 한다. 축의금은 「お祝い金」이라 하며, 보통 3만 엔 정도 하는데, 부의금(お香典)은 향 값으로 내는 돈이라 보통 3000엔에서 5000엔 정도 내는 것이 일반적이다.

- 비밀번호(은행 등)(秘密番号) → 暗証番号
- 비상금(非常金) → へそくり(がね)
- 병(病) → 病気・病

※ 병이 들다, 사랑의 병의 뜻으로 흔히 病(やまい)를 많이 사용하는데, 일본에서는 전자는 病気(病気になる・病気にかかる 등)를 후자는 病(恋の病・病は気から)를 사용함에 주의한다.

- 서예(書芸) → 書道

※ 우리나라에서는 붓글씨 하는 것을 「書芸」라고 하는데, 중국에서는 「書法」, 일본에서는 「書道」라 한다.

- 선물(膳物) → お土産・プレゼント・贈り物

※ 「お土産」는 각 나라, 각 지방의 특산물 등을 선물하는 것이고, 「贈り物」는 주로「お中元」이나 「お歳暮」때 선물하는 것으로 생각하면 된다. 나머지는 「誕生日のプレゼント・入学のプレゼント・お祝いのプレゼント」등 「プレゼント」를 사용하므로 주의가 필요하다.

- 술고래(酒クジラ)・술부대 → 底無し・飲兵衛・上戸

- 술집(酒屋) → 飲み屋

※「酒屋」는 주류 판매업을 의미하고, 술을 마시는 곳은「飲み屋」라 한다.

- 세탁소(洗濯所) → クリーニング屋
- 예식장(礼式場) → 結婚式場
- 일회용(一回用) → 使い捨て

※「一回用」이라는 말도 사용하는데, 주로「書きことば」에서 사용된다.

- 자동납입(自動納入) → 自動振込
- 추리닝(チュリニング) → トレパン(training pants)
- 치약(歯薬) → 歯磨き
- 텔레비전 프로(テレビプロ) → テレビ番組
- 편의점(便宜店) → コンビニ(convenience store)
- 화장실(化粧室) → トイレ・お手洗い・化粧室

※「化粧室」는 거의 문장체에서 사용되고, 대화체에서는「トイレ・お手洗い」를 주로 사용한다.

⑤ 四字成語 誤用例

〈誤用例 → 日本語表現〉

- 방방곡곡(坊坊曲曲) → 津々浦々
- 산전수전(山戦水戦) → 海千山千
- 우후죽순(雨後竹筍) → 雨後の筍
- 유비무환(有備無患) → 備えあれば憂いなし。 転ばぬ先の杖。
- 이구동성(異口同声) → 異口同音(に)
- 자초지종(自初至終) → 一部始終
- 천양지차(天壌之差) → 雲泥の差
- 팔방미인(八方美人) → 多芸多才

※ 일본에서 팔방미인(八方美人)은「결점이 없는 미인」과「누구에게나 기분 좋게 대하는 절조 없는 사람」

을 의미한다. 우리나라에서 사용되는 팔방미인에 해당하는 말은 「多芸多才(たげいたさい)」이다.

⑥ 직업 명칭의 誤用例

〈誤用例 → 日本語表現〉

- 간호사, 간호원(看護士, 看護員) → 看護婦(かんごふ)

※ 일본에서 看護士라 하면 남자 간호원을 말한다. 여자 간호원은 보통 看護婦(かんごふ)라 한다.

- 목수(木手) → 大工(だいく)
- 약사(藥師) → 薬剤師(やくざいし)
- 요리사(料理師) → 調理師(ちょうりし)
- 우체부·집배원(郵逓夫·集配員) → 郵便(ゆうびん)やさん·郵便配達人(ゆうびんはいたつにん)·集配人(しゅうはいにん)
- 운전기사·운전수(運転技士·運転手) → 運転手(うんてんしゅ)
- 한의사(漢医師) → 漢方医(かんぽうい)

⑦ 시사용어 誤用例

- 구조조정(構造調整) → リストラ
- 비리(非理) → 汚職(おしょく)
- 정상회담(頂上会談) → 首脳会談(しゅのうかいだん)
- 퇴직(退職) → 退職(たいしょく)・リタイア

4 한일俗談(諺(ことわざ))·慣用句(かんようく) 비교

1998

5.「手をぬく」という慣用句の意味を韓国語で書きなさい。(1점)

1999

【5】次を韓国語に訳しなさい。〈2点〉

(1) 買おうと思っているうちに、つい買いそこねてしまった。
(2) 泣きつらにはち

【6】次の語句の解釈が下に書いてある。当てはまる記号を書き入れなさい。〈2.5点〉

(1) 鼻にかける(　)	(2) 寝耳に水(　)
(3) 目にあまる(　)	(4) 合点がいかない(　)
(5) 油を売る(　)	

ア. しゃくにさわる。
イ. 無道で、だまってみていられない。
ウ. しんとして、静かなようです。
エ. 自慢する。
オ. 怒ったり、驚いたりした目を大きく見開く。
カ. むだ話をし、なまける。
キ. なんとなく好きではない。
ク. 納得できない。
ケ. 不意の出来事におどろく。
コ. 一生懸命に働く。

2001

◆ 1) ~ 5)の意味に当てはまるものを選び、その記号を書きなさい。(2점)

1) 口をすべらす　2) 腰がひくい　3) ほらを吹く
4) 歯がたたない　5) 帯に短かし、たすきに長し

ⓐ お世辞がうまい	ⓑ 相手が強すぎる	ⓒ 中途半端である
ⓓ つい言ってしまう	ⓔ 大体程度が分かっている	
ⓕ 謙虚な態度を示す	ⓖ おおげさなでたらめを言う	

2002

7-3. 다음 (1), (2)의 관용구에 각각 공통으로 들어갈 가장 적당한 말을 한자(漢字)로 쓰시오. (2점)

(1) □ がおけない (何の気がねもない。遠慮がない)

□ がない (関心がない)

□ がひける (何かやましい気がして遠慮がちになる)

(2) ○ に余る (黙って見ていられないほどひどい)

○ がない (非常にすきだ)

○ がまわる (非常にいそがしい)

9-3. 다음 관용구의 □ 안에 들어갈 한자(漢字)를 이용해서 4자 숙어를 만들어 한자(漢字)로 쓰시오. (2점)

• □言もない • □橋をたたいて渡る • うり□つ • 足もとから□が立つ

2004

17. ( ) 안에 들어갈 알맞은 말을 (보기)에서 골라 번호를 쓰시오. [2점]

(1) 年長者の長い間の経験は尊重すべきである。	ー亀のこうより年の( )。
(2) 水泳の達者な河童でも時には押し流されてしまう。	ー河童の( )流れ。
(3) 風流より実利の方がよいというたとえ。	ー( )より団子。
(4) どれもこれも同じように平凡で、特にすぐれたものがないこと。	ーどんぐりの( )くらべ。
(5) 不幸や不運が重なることをいう。	ー泣き面に( )。

(보기) ① 背 ② 花 ③ 甲 ④ 川 ⑤ 火 ⑥ 劫 ⑦ 蜂 ⑧ 蠅

2006

5. 빈칸 ①과 ②에 들어갈 속담을 일본어로 쓰시오. [4점]

会議や交渉がうまくまとまるように、事前に関係者の間で意見調整などをしておくことを「根回し」といいます。根回しの習慣は、公的な場での対立を嫌う日本人の傾向を示しています。「右へならえ」は、ある意見や行動に自分の言動を合わせることをいいます。また、「(①)」ということわざは、「目立ちすぎると、人から憎まれたり、周囲から押さえ付けられたりする」という意味です。

A : 俺さあ、今月からイタリア語とスペイン語、いっしょに勉強することにしたんだ。ほら、似てるじゃない、すごく。だから一石二鳥ってわけ。
B : どっちか一つにした方がいいと思うけどなあ。(②)、って言うしねえ。

2006

10. 다음은 신체의 일부분을 사용한 관용구이다. 빈칸 ①~④에 들어갈 알맞은 동사를 일본어로 쓰시오. [4점]

- 手を(①)。 : やりそこなってこりる。取り扱いにこまる。
- 足が(②)。 : 出費が予算をこえる。隠したことがあらわれる。
- 目が(③)。 : たいそう好きである。心を奪われて思慮分別がない。
- 口に(④)。 : あまい言葉にだまされる。盛んに人々の口にもてはやされる。

① ______________________ ② ______________________

③ ______________________ ④ ______________________

1. 속담(諺(ことわざ))

① 속담(諺) 誤用例

〈誤用例 → 日本語表現〉

- 개천에서 용 나다(川で竜が生まれる) → 鳶が鷹を生む
- 남의 떡이 커 보이다(隣の餅が大きく見える) → 隣の花は赤い
- 모르는 것이 약이다(知らぬが薬) → 知らぬが仏
- 싼 게 비지떡(安いのがおからの餅) → 安物買いの銭失い
- 쇠귀에 경 읽기(牛の耳に念仏) → 馬の耳に念仏
- 엎질러진 물, 소 잃고 외양간 고치기(こぼされたお水) → あとの(お)祭り
- 호랑이도 제 말 하면 온다(虎も自分の話をすればやって来る) → 噂をすれば影が差す

② 한·일 속담이 같은 경우

- 그림에 떡 → 絵にかいたもち・高嶺の花
- 돼지에 진주·고양이에게 금화 → 豚に真珠・猫に小判
- 등잔 밑이 어둡다 → 灯台下暗し
- 범은 죽어서 가죽을 남기고 사람은 죽어서 이름을 남기다 → 虎は死して皮を留め、人は死して名を残す
- 벼는 익을 수 록 고개를 숙이다 → 実る稲田は頭を垂れる
- 우물 안 개구리 → 井の中の蛙(大海を知らず)
- 원숭이도 나무에서 떨어질 때가 있다 → 猿も木から落ちる・弘法にも筆のあやまり・河童の川流れ
- 하룻강아지 범 무서운 줄 모르다 → 子犬虎を怖がらず

③ 그 외 자주 사용되는 속담

- 금강산도 식후경 → 花より団子
- 낮말은 새가 듣고 밤 말은 쥐가 듣다 → 壁に耳あり(障子に目あり)
- 눈에 가시 → 目の上のたんこぶ

- 아니 땐 굴뚝에 연기나랴 → 火のない所に煙は立たぬ
- 엎친 데 덮치기(설상가상) → 泣き面に蜂
- 작심삼일(싫증나서 오래가지 못함, 또 그런 사람) → 三日坊主
- 죽도 밥도 안 된다 → おびに短したすきに長し
- 한강에서 뺨 맞고 종로에서 화풀이하다 → 江戸の敵を長崎で討つ

2. 관용구(慣用句)

① 慣用句 誤用例

〈誤用例 → 日本語表現〉

- 귀에 못이 박이다·입이 닳다(耳にたこが刺される) → 耳にたこができる
- 발이 넓다(足が広い) → 顔が広い
- 손을 씻다(발을 빼다)(手を洗う) → 足を洗う
- 손도 댈 수 없다, 엄두가 나지 않다(手も付けられない) → 手も足も出ない
- 제 눈에 안경(自分の目にめがね) → あばたもえくぼ
- 쥐꼬리만큼의 봉급(ねずみのしっぽほどの給料) → すずめの涙ほどの給料
- 체면을 세우다(体面を立てる) → 顔を立てる
- 콩 나물 시루 같은 버스(もやし詰めのバス) → すし詰めのバス

② 한·일 관용구의 동일한 표현

- 귀가 멀다 → 耳が遠い ↔ 耳が早い
- 눈(안목)이 높다 → 目が高い
- 뱃속이 검다 → 腹が黒い
- 손을 끊다(손을 씻다) → 手を切る
- (일)손이 모자라다 → 手が足りない
- 입이 무겁다 → 口が重い

- 코가 높다 → 鼻(はな)が高い

③ 중요 관용구

- 顎(あご)が落(お)ちる → 대단히 맛있다
- 合点(がてん)が行(い)く → 납득이 가다(1999)
- 閑古鳥(かんこどり)が鳴(な)く → 파리 날리다(손님이 없음)
- 図星(ずぼし)を指(さ)す → 핵심을 찌르다
- 止(とど)めを刺(さ)す → 최후의 일격을 가하다
- 二枚舌(にまいじた)を使(つか)う → 일구이언하다
- 馬鹿(ばか)を見(み)る → 손해를 보다
- 腹(はら)を割(わ)る → 흉금을 털어놓다
- 自棄糞(やけくそ)になる → 자포자기하다
- 虫(むし)がいい → 얌체다(뻔뻔스럽다)
- ふいになる → 수포로 돌아가다
- 歯が立たない → 벅차다(2001)
- 馬が合う → 죽이 맞다
- 猫(ねこ)をかぶる → 내숭떨다
- 頭が切れる → 머리가 좋다
- あごで使う → 부려먹다
- 世話(せわ)を焼(や)く → 여러모로 애를 쓰다
- 法螺(ほら)を吹(ふ)く → 허풍을 떨다(2001)
- 道草(みちくさ)を食(く)う → (도중에서)농땡이 치다
- 念(ねん)を押(お)す → 다짐하다
- ブームに乗る → 붐을 타다
- 波(なみ)に乗(の)る → 흐름을 타다
- のどから手がでる → 하고 싶은 마음이 굴뚝같다

- 油(あぶら)を売(う)る → (작업 중에)잡담을 하거나하여 게으름을 피우다(1999)
- けりをつける·けじめをつける → 결말을 짓다
- 根(ね)も葉(は)もない → 아무 근거도 없다
- 歯止(はど)めをかける → (사태의 악화나 변화를 막기 위하여)브레이크를 걸다
- 尻馬(しりうま)に乗(の)る → 덮어놓고 남을 추종하다. 덩달아서 ~하다
- 早(はや)い話(はなし)が → 간단히 말하면(즉, 결국)
- 目の黒いうち → 내 눈에 흙이 들어가기 전에(살아있는 동안)
- 鎌(かま)を掛(か)ける → 베거리를 치다. 의중을 떠보다. 넘겨짚다
- 尻(しり)ぬぐいをする → 뒤치다꺼리를 하다
- 口直(くちなお)しする → 입가심을 하다

〈参考文献〉

北川千里 他(1988)『外国人のための日本語例文·問題シリーズ７.助詞』荒竹出版

小山恵美子・渡辺摂(1996)『すぐに使える実践シリーズ 副詞』専門教育出版

田仲正江・間柄奈保子(1996)『すぐに使える実践シリーズ 慣用句』専門教育出版

水谷信子(1994)『実例で学ぶ誤用分析の方法』アルク

水野俊平(2000)『日本語作文플러스』제이플러스

森田芳夫(1983)『한국학생의 일본어학습에 있어서의 오용례』성신여자대학교출판부

横山景子・李在斗(1991)『Kopanese, 한국인이 잘못 쓰는 일본어』와이비엠시사영어사

權鍾勳・増田忠幸共著(2000)『잘못 쓰는 일본어 관용일본어』다락원

허인순(2006)『오용례로 배우는 일본어1.2.3』어문학사

3

意味論

1 기분【気分/気持】

※ 「気持」는 어떤 상태에 처했을 때 감각에 의해서 일어나는 마음의 상태, 또는 대상에 대비하는 마음가짐 따위이다. 「気分」은 그때그때의 주위환경으로 인하여 저절로 느껴지는 감정, 또는 마음의 분위기나 축제 분위기 등을 나타낸다.

① あなたに対する気持は 変らない。

② 今の気持を聞かせてほしい。

③ 風呂に入ったら、さわやかでいい気持だった。(육체적인 쾌·불쾌감)

④ 風呂に入ったら、さわやかでいい気分だった。(정신적인 쾌·불쾌감)

⑤ 人に肩(かた)をもんでもらうと気持がいい。(육체적인 쾌·불쾌감)

⑥ 人に肩(かた)をもんでもらうといい気分がいい。(정신적인 쾌·불쾌감)

⑦ ほんの気持だけですが。

⑧ 船酔(ふなよ)いで気持が悪い。

※「気持」는 무언가 보고, 듣는 것에 따라 그 사람이 느끼는 쾌·불쾌, 좋고·싫음 등.(조그마한 자극이라도 변하기 쉽다. 또한 「気分」이 주로 정신적인 쾌·불쾌감을 나타내는 반면 「気持」는 주로 육체적인 쾌·불쾌감을 나타낸다고 볼 수 있다.)

⑨ もっと気分のいいときにお話ししましょう。

⑩ うきうきした気分で出かけた。

⑪ お祭り気分。

⑫ 気分がすぐれない。

⑬ 気分の悪いときは映画などを見て気分転換(きぶんてんかん)をする。

※ 「気分」은 그 사람이 그때그때 가지는 정신적인 쾌·불쾌감 등의 종합적인 마음의 상태. 행동이 그때그때의 기분에 좌우되는 모습.

2 준비【準備/用意/支度】

※ 意味論에서 ○ → 바른 표현 △ → 성립될 수도 있고 안될 수도 있는 표현 × → 성립되지 않는 표현 ? → 부자연스러운 표현을 나타낸다.

① 旅行の準備(用意･支度)をする。(○)

② 試験の準備をする。(○)、用意(△)、支度(×)

※ 「試験の準備をする」는 「試験を行うための準備をする」와「試験を受けるための準備をする」처럼 두 가지 의미가 있지만 「試験の用意をする」는 전자의 의미로만 사용된다.

③ 食事を準備(用意)する。(○)、支度(×)

④ 資料を準備(用意)する。(○)、支度(×)

※ 「準備」「用意」는「~をする」「~の~をする」형태 둘 다 사용할 수 있지만,「支度」는 보통「~の支度をする」라는 형태로 사용되고,「支度する」형태는 「そろそろ支度しなさい」 와 같이 회화체(주로 식사, 복장관계)에서 특히 목적어가 없는 경우에 사용된다.

⑤ 会議の準備を進める。(○)、用意(×)、支度(×)

⑥ 準備は着々と進んでいる。(○)、用意(×)、支度(×)

⑦ 準備の期間を設(もう)ける。(○)、用意(×)、支度(×)

※ 過程에만 주목할 때「準備」만 사용된다.

⑧ スタッフ「撮影準備完了(さつえいじゅんびかんりょう)！」監督「よし！用意！スタート」

⑨「用意！ドン！」

⑩ 今から書き取りをしますから、みなさん、書くものを用意してください。(○)

今から書き取りをしますから、みなさん、書くものを準備してください。(△)、支度(×)

※ 「用意」는 「準備」보다 준비하는 시간이 짧고, 또 절박함과 긴박함을 나타낸다. 「準備」는 필요한 상태를 갖추는 것이고,「用意」는 필요한 상태가 이미(すでに)갖추어 있는 상태, 또는 단순한 행동에 따라 갖

추어지는 것을 말한다.

3 【~について/~に関して/~に対して】

① その点については全面的に賛成できない。

② 将来についての夢を語った。

③ 農村(のうそん)の生活様式について調べている。

※「그것에 대하여」라는 의미를 나타낸다.

④ 車1台について５千円の使用料をちょうだいします。

⑤ 乗客(じょうきゃく)１人について３つまでの荷物を持ち込むことができます。

※ 수량을 받아 그 수를 단위로 하여「その単位に応じて → ~当たり(~당)」의 의미를 나타낸다.

⑥ 高さアクセントに関しては日本語の例をみればよくわかる。

⑦ 漢方(かんぽう)医学(いがく)に関しては、圓光大が有名です。

⑧ 金属(きんぞく)工学に関しては、東北(とうほく)大学が有名です。

※ 専門分野에 관하여 말할 때는 주로「~に関して」를 사용한다.

⑨ 日本語が高低(こうてい)アクセントであるのに対して英語は強弱(きょうじゃく)アクセントである。

⑩ 彼に対して特別な感情を持っています。

⑪ 老人に対して、あまりにも無関心である。

※ 대조·대상·상대 등의 의미일 때는 주로「~に対して」를 사용한다.

4 【~につれて/ ~にしたがって】

① 暑くなるにつれて、身体が疲れやすくなります。

② 娘は成長するにつれて、美しくなった。(○)

娘は成長するにつれて、美容師(びようし)になった。(×)

③ 町の発展につれて、前になかった新しい問題が生まれてきた。

④ 設備(せつび)が古くなるにつれて、故障(こしょう)の個所(かしょ)が増えてきた。

※ 어떤 사태의 진전과 함께, 다른 사태도 진전한다는 대략적인 비례관계를 나타낸다. 「書きことば」의 경우는 「~につれ」라고도 한다.

⑤ 地震発生(じしんはっせい)から時間がたつにしたがって、被害(ひがい)の大きさが明らかになってきた。

⑥ 仕事が進むにしたがって興味も増(ま)した。

⑦ 頂上に近づくにしたがって視野が開けてきた。

※ 「~につれて」와 「~にしたがって」는 별다른 의미상의 차이는 없다.

⑧ 引率者(いんそつしゃ)の指示(しじ)にしたがって行動してください。

⑨ しきたりにしたがって式をとり行った。

⑩ 上司(じょうし)の命令にしたがって不正(ふせい)を働いた。

⑪ 矢印(やじるし)にしたがって進んで下さい。

※ 사람, 규칙, 지시 등을 나타내는 명사를 받아, 그것에 역행하지 않고, 지시대로 행동하다는 의미를 나타낸다.

5 오르다【あがる/のぼる】

① 呼ばれて二階にあがった。

② 座敷(ざしき)にあがる。........

③ エレベーターであがった。

④ 山に歩いてのぼる。

⑤ 川をのぼる。

⑥ 階段をのぼって二階に行く。

※ 「あがる」는 <u>到達点</u>에 초점을 맞추다.(結果)

「のぼる」는<u>経路</u>에 초점을 맞추다.(経過)

⑦ 荷物がクレーンに吊(つる)されてあがっていった。

⑧ 遮断機(しゃだんき)があがった。

⑨ さっと五･六人の手があがった。

※ 「のぼる」는 자신이 움직일 수 있는 것의 전체적인 이동을 나타내지만, 「あがる」에는 이러한 제한은 없다.

⑩ 大雨で川の水面があがった。(기점에서 이탈)

⑪ この線は左が少しあがっている。(기점에서 이탈)

⑫ 湯からあがる。

⑬ 貸家(かしや)から月々家賃(やちん)があがる。

⑭ 大勢(おおぜい)の前であがってしまった。

※ 예문 12, 13, 14의 「あがる」는 처음의 상태(기점)를 벗어나는 것을 나타낸다.

⑮ 学校にあがる。

⑯ 血圧(けつあつ)があがった。

⑰ 頭に血がのぼった。

⑱ 雨があがった。(○)

雨がやんだ。(○)

⑲ 仕事は５時であがった。(完了)

仕事は５時で終った。

※ 예문15~19는 비연속적 이동·완료를 나타낸다.

⑳ 火の手(煙(けむり)・悲鳴(ひめい))があがる。

㉑ あの人のことが噂(うわさ)にのぼった。

㉒ 能率(のうりつ)(効果(こうか)・名(な)・腕(うで))があがる。

※ 예문 20, 21, 22는 위로 이동을 나타낸다. 예문10~22는 넓은 의미에서 공간적인 이동 및 관용어법을 나타낸 것이라 할 수 있다.

2001년도 임용고사

「思う」와 「考える」의 意味上 주된 차이점을 예를 들어 설명하시오.(한글로 답할 것, 100字 내외) (2점)

6 생각하다【思う/ 考える】

① ぼくはこれは間違いだと思う。(○) (思っている(○))

ぼくはこれは間違いだと考える。(○) (考えている(○))

② ぼくは彼女は来ないと思う。(○) (考える(○))

③ 彼は彼女は来ないと思っている。(○) (考えている(○))

彼は彼女は来ないと思う(×) / 考える。(×)

※ 主体가 話者이외의 사람인(彼)경우에는 기본형을 사용하지 못하고 「~て いる」형태만 사용할 수 있다.

④ ぼくはドイツ語がわかる。(○)

彼はドイツ語がわかる。(○)

※ 「わかる」의 主体는 「ぼく」「彼(第３者)」양쪽 다 기본 형태로 사용할 수 있다.

⑤ 頭の中で思う。(×)　頭の中で考える。(○)

⑥ 心の中で思う。(○)　心の中で考える。(×)

※ 「思う」는 「心の働き」이고, 「考える」는 「頭の働き」이다.

⑦ 不安に思ったが、暫(しばら)く考えた後でやりはじめた。(○)

不安に考えたが、暫(しばら)く思った後でやりはじめた。(×)

⑧ くやしい(辛(つら)い・恐(おそ)ろしい・悲(かな)しい・寂(さび)しい)と思う。(○)、考える(×)

⑨ 痛い(かゆい・寒い・暑い・はっと・おやっと)と思う。(○)、考える(×)

⑩ じっくり(一生懸命(いっしょうけんめい)・とくと・論理的(ろんりてき)に)思う。(×)、考える(○)

⑪ 数学の問題を思う。(×)、考える(○)

⑫ 恋人(故郷)のことを思う。(○) → heart♡ 心

恋人(故郷)のことを考える。(○) → head 頭

⑬ 明日雨だと思います。(○) → 直覚的・情緒的인 판단

明日雨だと考えます。(○) → 過程的・論理的인 판단

⑭ この人骨(じんこつ)は縄文期(じょうもんき)のものだと考(かんが)えます。

※「思う」는 情緒的・直覚的(感覚的)인 것에 대하여 「考える」는 過程的・論理的이다.

7 알다【わかる/知る】

① 彼はまだ酒の味を知らない。(経験)

② 犯人がだれか私は知りません。(知識)

③ 韓日戦でどっちが勝ったか知っていたら教えてください。(知識)

④ 彼らは戦争の恐ろしさを本当に知ってはいない。(経験)

※「知る」는 주로 経験이나 知識에 의한 것이 많고, 学習에 의해 외부에서 지식을 획득하는 것 ⇒意志的인

行為가 많다

⑤ 問題が難しすぎて、僕にはわからない。

⑥ 筆者が何を言わんとしているかよくわからぬ。

⑦ 辞書を引けばわかるだろう。

⑧ 曖昧だったところが、先生の説明を聞いているうちにわかってきた。

⑨ 周りが暗くてどこにスイッチがあるのかわからない。

※ 「わかる」는 들어서 理解하다, 읽어서 理解하다. 즉, 파악한 대상의 내용이해. ⇒無意志的인 行為

⑩ あの人、だれかわかる?

⑪ 彼の住所わかるかなあ。

※ 인물의 실태를 어떠한 수단으로 파악할 수 있는가 없는가를 문제로 삼고 있다.

⑩' あの人、だれか知っている?

⑪' 彼の住所知っているかい? 知ってるよ。/いや、知らない。

※ 단지 頭脳의 존재 여부를 답할 뿐이지, 아는(知る)手段은 問題가 되지 않는다.

⑫ 実験によってわかった。

※ 불확실한 내용이 실험에 의해 확실하게 되다.

⑬ 実験によって知った。

※ 実験을 통해 새로운 知識을 獲得하다.

8 남다【あまる(余る)/のこる(残る)】

① ご飯がのこった。(○)

ご飯があまった。(○)

② ゆうべのご飯がまだのこっている。(○)

ゆうべのご飯がまだあまっている。(×)

③ 僕はここにのこる。傷あとがのこる。相撲「残った! 残った!」

彼の顔には子供の頃の面影がのこっている。

生きのこる/ 売れ残る/ 焼け残る

※ 「のこる」는 계속 존속하다(時間의 経過, 存続)는 의미를 가지고 있다.

④ 一人あまっちゃうな!

⑤ 15を2で割ると7が立って1あまる。

⑥ お金が3000円のこった。(○) → 일정액에서 남은 부분

お金が3000円あまった。(○) → 必要量을 초과한 부분(여유분)

⑦ 目にあまる行為/ 身にあまる光栄/ 手にあまる仕事 / ありあまる財産

※ 「あまる」は必要量(最大限度)를 초과하다는 의미를 내포하고 있다.

9 말하다【言う/話す/喋る/述べる/語る】

1.【言う·話す·喋る】

① ひとりごと(せりふ·早口ことば)をいう。(○) 話す(×)

② 男は「キャッ」といってベットから落ちた。(○) 話す(×)

※ 「言う」에는 전달기능은 없다. 즉 「言う」는 전달을 목적으로 하지 않고, 단순히 「말이나 음성을 발하다」라는 表出의 기능을 가지고 있다. 듣는 상대를 의식하지 않는 발화에도 사용된다.

③ 彼女は素直(すなお)に素直にうなずいて「はい」といった。(応答)(○) 話す(×)

彼女は結局行くのはよす、といった。(화자의 意志나 命令을 나타내는 말)(○) 話す(×)

④ 冗談(じょうだん)(お世辞(せじ)·うそ·悪口(わるぐち)·皮肉(ひにく)·出任せ(でまか))をいう。(○) 話す(×)

⑤ ゆかたを着てみんなで花火を見に行ったわと母さんが話した。(◯) 言った(◯)

⑥ 体験(たいけん)(思出)を話す。(◯) 喋る(◯) 言う(×)

※ 「言う」는 말을 表出하는 것.(一方的)
「話す」는 사물의 내용을 말로써 묘사적으로 설명, 전달하는 것이다. (상대를 의식하고 있다)

⑦ 暇(ひま)さえあればべらべら喋る。(◯) 話す(?)

⑧ よくしゃべるやつだ。 下らないおしゃべり。

※「喋る」는 「言う・話す」와 비교해 보다 담화적이고, 단순한 表出에는 이용되지 않는 점에서는「話す」와 공통된다. 또한 「喋る」는 말 수가 많고, 내용이 없는, 자제할 수 없는 것과 같은 마이너스적인 평가가 가해지는 경우에 잘 이용된다.

10 【とりあえず/ いちおう】

① いちおう免許は持っているんだけれど、車がなくて。(◯) とりあえず(×)
② 薬を飲んで3時間寝ていたらいちおう熱も下がりました。(◯) とりあえず(×)
③ このテレビいちおう見えるね。(◯) とりあえず(×)
④ 嵐もいちおうおさまった。(◯) とりあえず(×)
⑤ これでもいちおう学生です。(◯) とりあえず(×)

※ 「いちおう」의 특징은 불충분하지만, 最低限의 基準을 충족시키는 행위라고 말할 수 있다. 意図的이지는 않다.

⑥ とりあえず焼鳥三人前とビール三本にしておこう。(◯) いちおう(?)
⑦ 読者に示すために、とりあえずこのところ何ヵ月分かにあたる年表を入れることにした。(◯) いちおう(×)

⑧ とりあえず目についたものだけは何冊か手に入れておいた。(○) いちおう(○)

⑨ 洗濯機・冷蔵庫・掃除機など買いたい電気製品がいっぱいあったが、とりあえず洗濯機を買うことにした。(○) いちおう(×)

⑩「10万円貸してくれないか」じゃとりあえず2万円渡しておこうか。(○) じゃとりあえず8万円渡しておこうか。(?)

※ 「とりあえず」는 인간의 意図的인 行為에 사용된다.

그 때의 상황에서 뭔가의 이유로 어떤 행위를 먼저 행한다는 특징을 가진다. 비중이 가벼워 비교적 행하기 쉬운 것부터 하는 특징을 가지고 있다.

⑪ a.とりあえずご報告まで(○)　　a.とりあえず御礼まで(○)

b.いちおうご報告まで(○)　　b.いちおう御礼まで(×)

※ 「報告」라면, 그 내용이 報告로서 最低限의 基準을 충족시키고 있다.

「御礼」는 「いちおう」로는 感謝의 마음을 나타내지 못한다.

※ 「とりあえずご報告・御礼まで」의 「とりあえず」의 용법은 소위 「決まり文句(정해진 어구)」로, 그 후의 행위는 막연하게 암시되는 것이지만, 실제로는 아무것도 하지 않는 것이 보통이다.

⑫ いちおう東大に受かりました。→「겸손」

⑬ いちおう調べることは調べたんですが… →「책임회피」

⑭ いちおう食事は済みましたが、お伴しましょうか →「상대에 대한 배려」

2.【述べる・語る】

※「言う・話す・しゃべる」와 비교해서 문체적으로 「형식적 격식 차림」 특징을 지니고 있다.

⑨ 知事(ちじ)は「地震対策(じしんたいさく)を真剣(しんけん)に考える必要がある」と述べた。(○) 語った(○) → 公적인 장면

⑩ 彼は私に子供の頃の思い出を語った。(○) 話した(○) 述べた(×)

→ 私적인 장면

※「述べる」는 公적인 장면을 전제로 하지만,「語る」는 특히 제한을 가지지 않는다.

⑪ 結婚式でお祝いのことばを述べる。(○) 語る(×)

※「述べる」는 表出되는 것이「言う」와 같은 말인 것처럼 보이나「冗談・お世辞」등에는 사용할 수 없다.

⑫ 祝辞(弔辞)を述べる。(○) 言う(×)

※「述べる」는 표출된 내용도 정돈된 것이고, 그것을 전개하듯이 표출하는 것이라고 할 수 있다. 또「述べる(言う)」는 일방적인 전달이고,「語る(話す)」는 상대방을 의식한 행위라 할 수 있다.

11 까지【まで / までに】

2001년도 임용고사

3. **次の問いに答えなさい。**(총 4점)

◆ ( )の中に入る最も適当な言葉を選び、その記号を書きなさい。(1점)

1) 銭湯は夜10時(ⓐまで ⓑまでに)ですが、2) 9時(ⓐまで ⓑまでに)入らなければなりません。

3) 君が寝ている(ⓐあいだ ⓑあいだに)地震が3回もあったよ。

まで：
- いつまで続けますか。
- どこまで行っても山ばかりだ。
- 3時まで走った。
- 東京まで飛行機で行く。
- 3時まで休憩します。
- 3時まで働く / 眠る / 勉強する。
- お昼までこれを続けて下さい。

※ まで : 到達点을 확실히 함과 동시에 그때까지의 動作・状態가 계속되는 것을 나타낸다. 그 이후는 그 結果의 状態가 계속되지 않는다.

〈まで〉

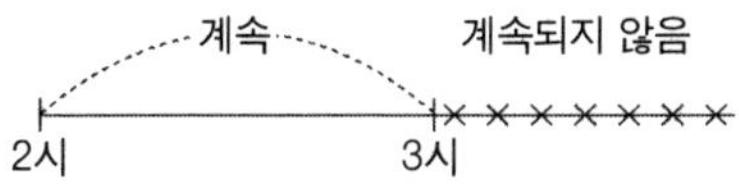

までに : ● 3時までには起きて下さい。

● 3時までに帰る / 来る / 始まる。

● 5日までにレポートを提出してください。

● 5時までにこれをすませて下さい。

● 列車が東京につくまでに食事をすませて下さい。

※ までに : 어느 한 점을 지정하여, 그 시점 이전에 일어나도 좋지만, 늦어도 그 시점까지는 동사로 나타나는 사태가 실현되고, 그 이후는 그 결과의 상태가 계속되는 것을 나타낸다.

〈までに〉

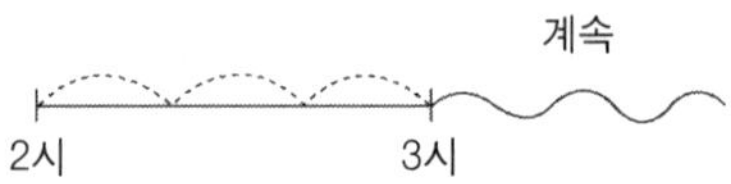

[練習問題]

1. 明日7時(まで・までに)ここに来てください。

2. 昨日は10時(まで・までに)ずっと勉強しました。

3. 今日は9時(まで・までに)たっぷり寝たからとても元気です。

4. 銀行は3時(まで・までに)ですが、2時半(まで・までに)入らなければお金を出すことはできません。

5. 明日、クラスに来る(まで・までに)このページの単語を全部覚えて来て下さい。

6. 機械は動かなくなる(まで・までに)使うことにしている。

7. 二十歳になる(まで・までに)お酒を飲んではいけない。

8. 雨がやむ(まで・までに)仕事を片付けてしまおう。

9. 二十歳になる(まで・までに)将来の職業を決めなさい。

10. 明日(まで・までに・までで)いいからその本を貸して下さい。

12 때문에 【から(니까) / ので(어서)】

① この別荘(べっそう)は山のふもとにあるので、すずしいです。

② 大邱は盆地(ぼんち)なので夏は暑くて冬はとても寒い。

※ 객관적인 文에서는 주로 「ので」가 사용된다.

③ 支払(しはら)いを決して遅(おく)らせなかったので、大いに信用(しんよう)を得た。

④ ろくに栄養(えいよう)のあるものも食べなかったのでやせてしまった。

※ 부정형에 呼応하는 陳述副詞인 「けっして、ろくに、ちっとも、とうてい」와 「じつに、とにかく、まことに、やっぱり」 등의 副詞가 포함되는 文에서는 주로 「ので」가 사용된다(南不二男).

⑤ おなかがすくおなかがすくから、食べ物を持って行きましょう。(○)
　おなかがすくので、食べ物を持って行きましょう。(?勧誘)

⑥ 危(あぶ)ないから、この線から前に出てはいけませんよ。(○)
　危ないので、この線から前に出てはいけませんよ。(?禁止)

⑦ 空がだいぶ暗くなってきたから、雨が降ってくるかもしれません。(○)
　空がだいぶ暗くなってきたので、雨が降ってくるかもしれません。(?推量)

⑧ 雨が降っているから、遠足(えんそく)は中止(ちゅうし)しよう。(○)
　雨が降っているので、遠足は中止しよう。(?意志)

⑨ すぐ行くから、待ってなさい。(○)
　すぐ行くので、待ってなさい。(?命令)

※ 勧誘, 禁止, 推量, 意志, 命令 등의 표현에는 「ので」는 부자연스럽고 「から」가 자연스럽다.(「?」는 문이 부자연스럽다는 것을 나타낸 것이다.)

⑩ 都心(としん)でわりに便利(べんり)のいいところです(から/ので)一度ぜひよって下さい。

⑪ 私ども住(す)み慣(な)れた仙台(せんだい)から名古屋(なごや)へ転校(てんこう)しました(から/ので)ご通知(つうち)いたします。

⑫ お茶(ちゃ)を入れます(から/ので)どうぞお上がり下さい。

※ 격식을 차린 依頼·意向의 표현에는「ので」가 잘 사용된다.

※ 객관적인 표현인 「ので」를 사용하면, 정중하고 부드러운 표현이 되고, 다음에 접속되는 정중한 형태의 표현과 잘 상응(照応)한다(永野賢).

⑬ 去年山へ行ったから、泳ぐことができませんでした。

(解說)　　　　　　　　　(테마)

Last year I went to the mountains, SO I COULD NOT SWIM.

⑭ 去年山へ行ったので、泳ぐことができませんでした。

(테마)　　　　　　　　　(解說)

Last year I could not swim BECAUSE I WENT TO THE MOUNTAINS

※ 「から」의 경우는 後件이 테마이고, 前件이 그 解說이다.

「ので」의 경우는 前件이 테마이고, 後件이 그 解說이다.

⑮ 熱があるので学校を休むから、伝えておいてください。

※ 「から」는 「ので」를 포함할 수 있지만, 그 逆는 안 된다.

⑯ 電車が遅れましたので学校に遅れました。(단순한 사실의 기술)

(테마)강조

⑰ 電車が遅れましたから学校に遅れました。(전면에 이유를 내세워 내 잘못이 아니다 는 뉘앙스 포함)

(테마)강조

13 【条件表現 と/たら/ば/なら】

と>たら>ば>なら(使用頻度順：小学校 新国語1~6年生)

1. 【~と】

① 東京に行くと
- いつも頭が痛い。
- 必ず買物をする。
- いつも人が多い。

- 春が来ると花が咲く。
- 水は100度になるとふっとうする。
- 月にかさがかかると翌日(よくじつ)は雨になる。

※「と」는 항상 정해져 있는 기정사실이 많다.

② この薬を飲むと
- 眠くなる。
- 死にます。
- 危ない。
- 1時間たって食欲(しょくよく)がなくなります。

※ 後件은 「どうする」가 아니라「どうなる」가 된다.

③ 雨が降ると旅行をやめよう。(×)意志 → ば(○)、たら(○)

④ 風邪をひくと学校を休みたいです。(×)希望 → ば(○)、たら(○)

⑤ 学校が終わると来てください。(×)命令 → たら(○)、ば(×)

⑥ 学校が終わると来てもいいよ。(×)許可 → たら(○)

⑦ 学校が終わると遊びに行きませんか。(×)勧誘 → たら(○)

※ 後件에 意志·希望·命令·許可·勧誘 등의 文에는 사용할 수 없다.(仮定性이 약하다)

※ 예문 ⑧~⑭는 조건을 나타내는 표현이 아니라, 다음과 같이 여러 가지 용법이 있다. 그래서 「と」가 나타나는 빈도수가 가장 많은 것으로 나타난 것이다.

⑧ 朝起きると、すぐシャワーを浴びる。(○)、ば(×)、たら(×)

⑨ 彼女は部屋に入ると、窓を開けた。(○)、ば(×)、たら(×)

※ 同一主体의 계속적 용법(連続動作) → 「て」로 바꿀 수가 있다.

⑩ 部屋にいると、外で車の止まる音がした。(○)

⑪ 食事をしていると、急にグラッとゆれた。(○)

※ 同時性을 나타낸다.

⑫ 窓を開けると、寒い風邪が入った。(○)、たら(○)

⑬ その話を聞くと、悲しくなった。(○)、たら(○)

⑭ いっぱい飲むと、元気になった。(○)、たら(○)

※ 理由·契機 등을 나타낸다. → 文末은 과거 형태이고, 「たら」로 바꿀 수 있다.

2. 【~ば】

① 2と2をたせば4になる。(○)

2と2をたせと4になる。(○)

② 苦あれば、楽あり。(ことわざ)

③ 始めよければ、終わりよし。(ことわざ)

※ 客観的、一般的事実

④ 東京に<u>行けば</u>(行くと)、すぐ上野公園を見てくれ。(×) 命令

→ たら(○) 동작성

⑤ 仙台に来<u>れば</u>(来ると)、私に電話をしてください。(×) 命令

→ たら(○) 동작성

⑥ 雨が<u>降れば</u>(降ったら)旅行をやめます。(○) 意志

→ と(×) 상태성

⑦ 雨が降れば旅行が中止になる。(×) → と(○)、たら(○)

⑧ お金が(<u>あれば、安ければ</u>)買って下さい。(○)

상태성

買おう。(○)

買った方がいい。(○)

買いたい。(○)

※ 조건절이 동작성을 나타내는 용언이 오면, 종속절에 제약이 있지만, (命令·希望·意志·推量의 표현에는 사용할 수 없다.) 상태성을 나타내는 용언이 오면 제약을 받지 않는다.

※ 仮定性은 약하고, if節에 가장 가까운 표현이라 할 수 있다.

3. 【~たら】

※ 話しことば的

※ 希望·意志·命令·許可·勧誘 등의 표현에 잘 사용한다.

① あったかいうちに召し上がったら。

② ゆっくりしたら。

③ 食べてみたら。

※「たら止め」가 많다.

④ 父が帰ってきたら、相談しましょう。

⑤ 向こうに着いたら、手紙を書きます。

⑥ 散歩していたら、急に雨が降ってきた。

※ 「その時」「そのあとで」의 의미를 나타낸다.

⑦ 食べてみたら、思ったよりおいしかった。

⑧ 友達の家を訪ねたら、留守でした。

⑨ 前売り券を買いに行ったら、売り切れだった。

※ 예문 ⑦~⑨는 「発見」의 의미를 가지는데, 이러한 경우는 文末은 과거 형태로 나타나고, 後件은 화자의 意志와는 관계가 없다.

4.【~なら】

- (むしろ)死んだ方がましだよ。
- 食後の方がいいです。
- こんなふうに飲んでください。

① この薬を飲むなら
- お医者さんの許可が必要ですよ。
- あの薬を飲んだ方が早いですよ。
- 早く飲みなさい。
- 私が持ってくる。
- 新幹線を利用した方が早い。
- このおにぎりを持って行きなさい。
- 京都の方がいい。

② 東京に行くなら
- 新幹線で行けよ。
- 私と一緒に行きませんか。
- たくさんお金を用意してください。
- 春の方が一番いいです。
- 飛行機に限る。
- 私の友達の家に泊ってください。

③ 乗るなら飲むな飲むなら乗るな。

※「なら」는 「と・ば・たら」와는 조금 성격이 다르고, 後件이 주로 「~方がいい」와 잘 연결이 된다.

14 【~ものだ/~ことだ/~のだ/~んだ】

1. 【~ものだ】

① 赤ん坊は泣くものだ。

② 金というものはすぐなくなるものだ。

③ 人生なんかはかないものだ。

※ 진리, 일반적인 사실, 본래 가지고 있는 성질(本性) 등에 대해 감개의 기분을 넣어 서술하는데 사용한다.

④ この町も、昔と違ってきれいになったものだ。

⑤ この服は古くなったものだ。

※ 감개무량・영탄의 기분을 나타낸다.

⑥ 世話になっていた人に、よくもあんな失礼なことができたものだ。

⑦ こんな小さい記事がよく見つけられたものだ。

⑧ こんな難しい問題が、よく解けたものだ。

※ 어떤 사건, 행위에 대해 놀람을 나타내기도 하고, 어이가 없어 놀라기도 하는 기분을 나타낸다.「よく(も)」가 없으면, 부자연스러운 文이 된다.

2.【~ことだ】

① かぜを早くなおしたいんだったら、暖かくしてゆっくりすることだ。

② 日本語がうまくなりたければもっと勉強することです。

※ 그 상황에서 가장 바람직한 것, 가장 좋은 것을 말하여, 간접적으로 충고나 명령의 의미를 나타낸다.

③ 家族みんな健康で、結構なことだ。

④ いつまでもお若くて、うらやましいことです。

⑤ こどもを塾まで送り迎えしてるんだって。ご苦労なことだね。

⑥ 車に跳ねられるなんて…。いたましいことだ。

※ 화자의 놀람·감동·비꼼·감개 등을 나타낸다. 사용되는 형용사는 한정되어 있다.

3.【~のだ】

※ 문장체에서 사용되는 것이 보통이고, 회화체에서는 「んだ」로 되는 경우가 많다. 정중한 표현은 「のです」로, 이것은 구어체에서도 사용된다. 딱딱한 문장체에서는 「のである」가 사용된다.

① 道路が渋滞している。きっとこの先で工事をしているのだ。

② 彼をすっかり怒らせてしまった。
よほど私の言ったことが気にさわったのだろう。

※ 前文에서 말한 것이나, 그 때의 상황 등에 대해 그 원인이나 이유 등을 설명하는데 사용한다.

③ やっぱりこれでよかったのだ。

④ だれがなんと言おうと私の意見は間違っていないのだ。

⑤ だれが反対しても僕はやるのだ。

※ 화자가 자기 자신을 납득 시키려고 강한 주장을 하기도하고, 자신의 결의를 나타내는 경우에 사용한다.

⑥ 彼は私を避けようとしている。いったい私の何が気に入らないのだ。

⑦ こんな馬鹿げたことを言い出したのはだれなのだ。

※ 의문사가 들어간 節을 받아, 자기 자신이나 듣는 사람에 대해서 무언가 설명을 요구하는데 사용한다.

15 만큼, 정도【~くらい/~ほど/~ばかり】

1.【~くらい】만 사용할 수 있는 경우

① 死にたいくらい悩んだんです。

② 2. お茶ぐらい出してくれてもいいのに。

③ このくらいの曲ならすぐに歌えます。

※ 극단적인 사례로, 「本当に死にたいわけでもない、お茶が欲しいわけでもない」경우에는는 「くらい」밖에 사용할 수 없다. 「くらい」는 연체사「この·その」에 붙는 경우가 많다.

2. 바꿔 말할 수 있는 경우

④ すいませんけど、5分くらい(ほど)したら、掛けなおします。

⑤ ちょっと雑誌を買いたいんだけど、千円くらい(ほど)貸してもらえない?

※ 「くらい」는 대략적인 수량·정도를 나타내는 「ほど·ばかり」와 동일하게 사용되는 경우도 많다.

⑥ 一クラスに四十人くらい(ほど·ばかり)の生徒がいます。

⑦ 海外旅行は十回くらい(ほど·ばかり)したと思います。

※ 구체적인 숫자를 표하여, 분량이나 정도를 나타내는 경우에는 「くらい·ほど·ばかり」로 바꿔 말할 수 있는 경우가 많다.

⑧ 一クラスに四十人もいるんだから、一人くらい100点をとってもいいのに。

※ 구체적인 숫자를 나타내더라도, 그것이 최저 기준의 숫자인 경우에는 「くらい」밖에 접속하지 않는다.

3. 뉘앙스가 변하는 경우

⑨ 学会に人材多しといえど、木村先生(ほど·くらい)の実力者はそうざ

らにはいませんよ。

⑩ 学会には人材がありあまるほどで、木村先生(ほど･くらい)の方ならざらにいますよ。

※ 실력을 높게 평가하는 경우에는 「ほど」가 또, 낮게 평가하는 경우에는 「くらい」쪽이 문장으로서 안정된다고 할 수 있다.

⑪ あなた(くらい･ほど)素的な人はいないわ。

※ 「一番~だ」라는 의미를 나타내는 경우에도 이 두 표현은 바꿔 말할 수 있지만, 「ばかり」는 사용할 수 없다.

4. 【~くらい】 만 가지는 특징

⑫ 風呂ぐらい、毎日わかしとくのが妻の役割ってもんだろう。

⑬ 酒ぐらい飲めなくて、営業が勤まるか。

⑭ 新聞ぐらい読んだらどうですか。

※ 이러한 「~ぐらい」에는 평가의 최저 기준에 조차 달하고 있지 않다는, 상대를 업신여기는 분위기가 감돌고, 이 대사는 싸움의 불씨(트집 잡는 말)가 된다.

16 【推量表現：ようだ(みたいだ)/らしい/そうだ/だろう】

1998

[9] 일본어 동사의 기본형에 접속되는 문말 표현 「~ようだ」와「~らしい」에 관하여, 다음 용례 ①,②를 참고로 하여, 의미상의 차이점을 설명하시오. (200자 이내) (7점)

① 彼女は確かに、ここに来たことは来たようだ。

② 彼女は、来年、卒業論文を出すらしい。

2000

11. 다음의 밑줄 친 부분은 크게 두 가지 의미로 나눌 수 있다. 두 가지 의미를 쓰고, 그 용법에 따라 (a)~(f)를 나누어 쓰시오. (4점)

(a)さじがなかったので、食べにくかったそうです。

(b)なんだか元気が出そうな曲ですね。

(c)日本の秋はきれいそうなので、いつか行きたいと思います。

(d)ミンホさんは一人で行ってみたいそうです。

(e)韓国語の先生は親切でやさしそうな女の先生です。

(f)上手になるには練習しかいい方法がなさそうです。

1. 【~ようだ】

① あの人はこの大学の学生ではないようだ。

② どうやら君の負けのようだね。

③ 先生はお酒がお好きなようだ。

④ こちらの方がちょっとおいしいようだ。

⑤ どうも風邪を引いてしまったようだ。

⑥ あの声は、誰かが外で喧嘩しているようだ。

⑦ 家にいないところをみると、帰省したようだ。

⑧ どこかで事故でもあったようだ。道路が大変込んでいる。

⑨ ざっと見たところ、最低500人は集まっているようだ。

⑩ なんとなく不吉なことが起こるような予感がした。

⑪ なんだか怖いような気がする。

※ 感覚的·直感的·主観的인 판단에 주로 사용한다. 직접적인 근거가 필요하다. 「どうやら」「どうも」「なんとなく」「なんだか」등의 부사를 동반하는 경우가 많다.

2. 【~らしい】

① 天気予報によると明日は雨らしい。

② 新しく出たビデオカメラはとても便利らしい。

③ みんなの噂では、あの人は国では翻訳家としてかなり有名らしい。

④ 兄はどうも試験がうまくいかなかったらしく、帰ってくるなり部屋に閉じこもってしまった。

⑤ その映画は予想以上におもしろかったらしく、彼は何度もパンフレットを読み返していた。

⑥ 料理はいかにも即席で用意したらしく、インスタントのものがそのまま並んでいる。

⑦ ゆうべおれは酔っぱらってけんかしたらしい(ようだ)。

⑧ 当時現場にいた目撃者たちの証言をまとめて推理すると、運転手の居眠りが事故の原因であるようだ(らしい)。

⑨ 現地から帰った人の話によると、アフリカでまた暴動があったようだ(らしい)。

※ 「らしい」는 화자가 그 내용을 꽤 신빙성이 높은 사항인 것으로 생각하고 있는 것을 나타낸다. 그 판단의 근거는 외부로부터의 정보(간접적인 정보)나 관찰 가능한 사항 등 객관적인 것이지, 단순한 상상은 아니다.

※ 「らしい」는 화자의 直感的이고 感傷的인 판단에는 사용하기 어렵다.→「ようだ」
事態와 화자와의 心理的인 거리가 「ようだ」보다 「らしい」가 방관적이면서 멀다.

※ 화자 자신이 내린 판단에 의해서 「ようだ」가 책임이 있다고 생각하는 반면 「らしい」는 책임이 없다고 생각하는 경우에 많이 사용된다.

3. 【~みたいだ】

① A ：あの人誰?

B ：誰だろう。近所の人じゃないみたいだね。

② A ：試験はいつあるんだい。

B ：来週みたいだよ。

③ A ：あの人会社をやめたの?

B ：みたいだね。

④ どうも風邪を引いたみたいだ。

⑤ 何か焦げているみたいだ。へんな匂いがする。

⑥ 今度発売された辞書は、すごくいいみたいだよ。

※ 「みたいだ」는「ようだ」에 가까운 의미를 지니고 있지만, 「みたい」는 스스럼없는(격의 없는)구어체에 잘 사용하고, 여성이나 아이들 용어라는 느낌이 강하다.

⑦ 山田さんは今日は来ないみたいですね(もう時間も遅いし)。

⑧ 山田さんは今日は来ないらしいですよ(直接きいたわけではないが、他の人がそう言っていた)。

⑨ 山田さんは今日は来ないそうです(山田さんから「行かない」という伝言があった)。

4. 【~そうだ】

① 彼女はいつもさびしそうだ。

② おいしそうなケーキが並んでいる。

③ 今日は傘を持って行った方がよさそうだ。

④ 子供は人形をさも大事そうに箱の中にしまった。

⑤ いかにも重そうな荷物を持っている。

⑥ このおもちゃはちょっと見たところ丈夫そうだが、使うとすぐに壊れてしまう。

⑦ 久しぶりに彼に会ったが、あまり元気そうではなかった。

⑧ 彼女はきれいそうだ。(×) → 彼女はきれいに見える。(○)

※ 화자가 보고, 들은 정황에서 판단한 양태를 나타낸다. 그러나 「きれいだ」「赤い」등 본 것만으로도 곧 알 수 있는 것에는 「そうだ」를 사용하지 않는 것이 보통이다.

5. 【~だろう】

① 一体何を言っているんだろう。(ようだ×・らしい×)

② なぜだろう。(○) なぜのようだ。(×) なぜらしい。(×)

③ あしたも雪だろうか。(○) あしたも雪のようか。(×)

あしたも雪らしい。(×)

④ あしたも雨だろう?(○) あしたも雨のよう?(×)

あしたも雨らしい?(×)

⑤ あしたもきっといい天気だろう。(○)

⑥ この辺は木も多いし、たぶん昼間も静かだろう。

※ 「だろう」는 「ようだ」「らしい」에 비하면, 추량의 객관적인 근거가 극히 박약하다. 또한 추량되는 사태가 불확실하다. 의문사 또는 의문 인토네이션이 있는 文에서는 객관적인 근거가 극히 박약하므로, 당연히 「だろう」밖에 사용할 수 없다.

〈参考文献〉

大野晋・紫田武編(1977)『岩波講座 日本語 9. 語彙と意味』岩波書店

北川千里 他(1988)『外国人のための日本語例文・問題シリーズ 7. 助詞』竹出版

国広哲弥・紫田武編(1976・1979)『ことばの意味 1.2.3』平凡社

国広哲弥(1982)『意味論の文法』大修館書店

グループ・ジャマシイ編著(1998)『日本語文型辞典』くろしお出版

寺村秀夫(1982-1991)『日本語のシンタクスと意味 I ~ III』くろしお出版

森田良行(1989)『基礎日本語辞典 1. 2. 3』角川書店

―――― (1996)『意味分析の方法-理論と実践-』ひつじ書房

―――― 『類義語例解辞典』(1994)小学館

4

文字·語 彙 (論)

※ 각각의 문제에 해당하는 本文은 뒤에 있는 기출문제를 참조바람.

1998

[4]

1. 次のことばに当てあまる漢字を書きなさい。(1점)

ⓔ,ⓚ きょうだん　　　ⓕ,ⓘ こうぎ

2. 次の漢字熟語の読み方をカタカナで書きなさい。(1점)

ⓐ 執拗　　　　　　ⓑ 多勢

1999

【1】日本語辞典では、次の五つの言葉は、どんな順番でならべられているか。その順番を記号で書きなさい。(1点)

① 抗争　② 交渉　③ 更生　④ 故障　⑤ 恒常

1999

ⓐ メイリョウになる　　　　　ⓑ ジュンスイに

ⓒ キョムにつながるためである　ⓓ ココウの仮説 (본문 생략)

(2) 下線部ⓐ~ⓓのカタカナを漢字に改め記しなさい。(2点)

2000

① 無垢な　② 阻害　(본문생략)

3-1. 下線部①と②の読み方をカタカナで書きなさい。(2점)

2000

(a)ゴサドウが発生する　　　企業や(b)ギョウセイは

4-1. 下線部(a)と(b)のカタカナを漢字に書き改めなさい。(2점)

2001

5. 次の下線部A~Eのカタカナを漢字に書きなおしなさい。(2점)

A)キンシ　B)ジンケンの尊重　C)シンライ関係　D)コウカも期待されない

10. 下線部A)~D)の漢字の読み方をひらがなで書きなさい。(2점)

A)示唆　B)立場　C)指針　D)認識

2002

① 潜んでいるもの　② 消息を　③ オトナ　④ キタイ　⑤ナカマ

6-1. 밑줄 친 ①과 ②의 한자 읽기를 히라가나로 쓰시오. (1점)

6-2. 밑줄 친 가타카나로 쓰여진 ③~⑥의 낱말을 한자(漢字)로 고쳐 쓰시오. (2점)

2003

① 普遍性　② かしつもあれば、弱点もあり　③漠然

④こんぽんにおいて人間を信ずる　⑤ 冷酷な　⑥ せいしんをいうのである

15-1. 밑줄 친 ①, ③, ⑤를 히라가나로 쓰시오. (3점)

15-2. 밑줄 친 ②, ④, ⑥을 한자(漢字)로 쓰시오. (3점)

2003

6. 다음 설명에 맞는 것을 (보기)에서 각각 하나만 골라 기호를 쓰시오. (3점)

(1) 「団子」は「だんご」と読み、前の字は音読みで、後の字は訓読みが用いられている。このような読み方を(　　)という。

(2) 「紅葉」を「もみじ」と読み、漢字を一つずつ読まないで全体を一つの訓で読むのを(　　)という。

(3) 「円滑」は「えんかつ」、「口腔」は「こうこう」と読むべきところ、誤った類推により「えんこつ」「こうくう」と読まれる場合が多い。このような読み方を(　　)という。

(보기)

(a) 熟字訓　　(b) 国字　　(c) 重箱読み　　(d) 字音　(e)百姓読み

2004

6-4. (보기)의 어휘들 중 밑줄 친 「雨」를 「さめ」라고 읽는 것을 모두 골라 번호를 쓰시오. (1점)

(보기) ① 五月雨　② 大雨　③ 春雨　④ 梅雨　⑤ 小雨　⑥ 氷雨

2006

3. 다음 그림 ①, ②, ③에 들어갈 한자(漢字)의 읽기를 히라가나로 쓰시오.(3점)

2006

21. 표시된 ①~③에 해당하는 한자(漢字) 읽기를 히라가나로 쓰시오. [3점]

①耐震問題　　②薄型　　③最安値

2007

22. 밑줄 친 단어 ①~④를 한자(漢字)는 히라가나로, 히라가나는 한자(漢字)로 바꿔 쓰시오. [2점]

① どうていが(　　　　)　② 網棚のカバン(　　　　)

③ かいさつ係(　　　　)　④ 総出で　(　　　　)

語種에 의한 분류에는 和語·漢語·外来語·混種語가 있는데, 하나하나 알아보기로 한다.

1. 固有日本語

「和語(わご)」 또는 「大和言葉(やまと ことば)」라 한다.

2. 漢字語

① 国字(こくじ) : 漢字 글자 体를 흉내 내어 일본 국내에서 새롭게 만들어 낸 것을 말한다. 和字(倭字)·和製漢字(わせいかんじ)라고도 한다.

例) 働(はたら)(く), 込(こ)(む), 搾(しぼ)(る), 躾(しつけ), 峠(とうげ), 凪(なぎ), 畑(はたけ), 鰯(いわし), 笹(ささ), 榊(さかき), 辻(つじ), 鱈(たら)

② 和製漢語(わせい かんご) : 일본어 안에서 형성되어 만들어진 漢語를 말한다.

- 漢字를 일본어화 시킨 것 → 甲状腺(こうじょうせん) 労働(ろうどう) 返済(へんさい)
- 同音에 따라 다시 바꿔 쓴 것
 → 文盲(蚊虻)(もんもう) 要請(邀請)(ようせい) 選考(銓衡)(せんこう)
- 생략에 의한 것 → 節電(せつでん) 民放(みんぽう)
- 和語的 어구성에 의한 것 → 直行(ちょっこう) 楽勝(らくしょう) 酒造(しゅぞう) 便乗(びんじょう)
- 接辞(접사)에 의한 것 → ~化(か) ~的(てき) ~性(せい) ~式(しき)

③ 当て字(宛字)(あ じ あてじ) : 형태, 音, 뜻을 겸비한 漢字 원래의 용법에 구애되지 않고, 漢字로 표기하는 것을 말한다. 뜻에 관계없이 漢字의 音이나 訓을 빌려 사용하므로, 借字(シャクジ)라고도 한다.(2002 임용)

- 音을 빌린 것

やぼ → 野暮(やぼ)　　すてき → 素敵(すてき)　　コーヒー → 珈琲(こーひー)
のんき → 呑気(のんき)　　クラブ → 倶楽部(くらぶ)　　やはり → 矢張(やはり)
ちょうど → 丁度(ちょうど)　　でたらめ→ 出鱈目(でたらめ)　　めでたい → 目出度い

- 부분적으로 音을 빌린 것

茶化(ちゃか)す의 茶化(ちゃか)　　葉書(はがき)의 葉(は)　　仕事(しごと)의 仕(し)
味方(みかた)의 味(み)　　仮名(かな)의 名(な)

- 2자 이상의 漢語에 和語를 적용시킨 것

田舎(いなか), 五月雨(さみだれ), 相撲(すもう), 梅雨(つゆ), 海苔(のり), 紅葉(もみじ)

④ 字音과 字訓 : 字音은 「音読み」에 해당하고 字訓은 「訓読み」에 해당하는 것으로 字訓에는 正訓, 国訓, 熟字訓, 人名訓 등이 있다.

- 音読(おんよ)み : 上下(じょうげ), 下宿(げしゅく), 部下(ぶか), 天地(てんち), 山川(さんせん), 親友(しんゆう), 人間(にんげん), 宝石(ほうせき), 新緑(しんりょく)
- 訓読(くんよ)み : 上下(うえした), 上下(かみしも), 下(した), 下(しも), 下(もと), 下(さ)がる, 下(くだ)る, 下(お)りる, 野原(のはら), 草木(くさき), 家柄(いえがら),相手(あいて)

- 重箱読(じゅうばこよ)み(音+訓) : 漢字를 표기하는 숙어를 「重箱(じゅうばこ)」와 같이 앞의 자는 音으로 뒤의 자는 訓으로 읽는 것을 「重箱読(じゅうばこよ)み」라 부른다. 예를 들면, 「重箱(じゅうばこ), 工場(こうば), 番組(ばんぐみ), 本棚(ほんだな), 本屋(ほんや), 毎朝(まいあさ), 落書(らくがき), 台所(だいどころ), 気持(きもち), 役場(やくば)」 등이 있다.

- 湯桶読(ゆとうよ)み(訓+音) : 「重箱読(じゅうばこよ)み」와 반대로 「湯桶(ゆとう)」처럼 앞의 자는 訓으로 뒤의 자는 音으로 읽는 것을 湯桶読(ゆとうよ)み라 부른다. 예를 들면, 「場所(ばしょ), 見本(みほん), 身分(みぶん), 手本(てほん), 小僧(こぞう), 弱気(よわき), 雨具(あまぐ), 消印(けしいん), 貸室(かししつ), 夕刊(ゆうかん)」 등이 있다.

● 略字(りゃくじ) : 글자의 획수를 적게 한 것을 말하는데, 略体(字)(りゃくたい(じ))・簡体(字)(かんたい(じ))・簡易字体(かんいじたい)라고도 한다.

簡易別体 예 : 万←萬(まん) / 礼←禮(れい) / 弁←辯(べん) / 令←齢(れい) / 才←歳(さい)

部分省略 예 : 声←聲(こえ) / 号←號(ごう) / 点←點(てん) / 圧←壓(あつ)

部分弱化 예 : 仏←佛(ぶつ) / 辞←辭(じ) / 釈←釋(しゃく) / 転・伝←轉(てん)

점획略化 예 : 者←者(もの) / 歴←歷(れき) / 賛←贊(さん) / 黒←黑(くろ)

● 同字異音 漢字 : 같은 글자가 다르게 발음되는 경우의 한자를 말한다.

懸念(けねん) ← 一生懸命(いっしょうけんめい)

執着(しゅうちゃく)・執念(しゅうねん) ← 執行(しっこう)・執筆(しっぴつ)

情緒(じょうちょ) ← 一緒(いっしょ)

憎悪(ぞうお)・悪寒(おかん) ← 悪夢(あくむ)

通夜(つや) ← 通路(つうろ)

繁盛(はんじょう) ← 盛行(せいこう)

母音(ぼいん) ← 音楽(おんがく)・音声(おんせい)

木綿(もめん)・土木(どぼく) ← 木造(もくぞう)

遺言(ゆいごん) ← 遺族(いぞく)・遺産(いさん)

遊説(ゆうぜい) ← 説明(せつめい)

● 同音異義(意) 漢字 : 같은 음의 글자가 서로 다른 의미를 나타내는 한자를 말한다.

最近エイセイ放送がよくうつります。(　　) 衛生・永生・衛星・永世

この建物はいつカンセイされますか。(　　) 完成・感性・乾性・歓声

御コウイに感謝いたします。(　　) 行為・厚意・好意・高位

この事件にコウギする。(　　) 抗議·講義·広義·公儀

NHKドラマのシチョウ率が下がった。(　　) 市庁·視聴·市長·試聴·市町

パソコンがフキュウされる。(　　) 不急·不休·不朽·普及

3. 外来語

외국어(外国語)가 번역되지 않고, 그대로 사용되고, 그것이 사회적으로 승인되어 일본어로서 정착한 것을 외래어(外来語)라고 한다. 즉 일본어화 한 외국어를 말한다. 차용어(借用語)라고도 한다. 외래어는 의미상 원어(原語)와 같다고는 한정지울 수는 없지만, 音(語形)에 대해서도 원어와 동일하지는 않다. 외래어의 좁은 의미로는 보통 漢語를 제외시킨다.

① 和製英語(わせいえいご)

外来語가 원래는 外国語이지만, 일본어로 사용하게 된 것을 가리키는데 대해, 和製英語는 영어권에서 전래한 외래어 풍(영어 풍)이지만, 일본에서 새롭게 만들어진 것으로, 본국(영어권 나라)에서는 통하지 않는 표현을 말한다.

다음 예들을 보면 알 수 있듯이, 많은 예가 원어를 바탕으로 만들어진 것이나, 「*ゲートボール(gate ball)」와 같은 예는 영어권에 대조해야 할 사물이 없고, 완전히 일본에서 탄생한 和製英語이다. 또한 「スマート(smart)」「ムーディー(moody)」「カンニング(cunning)」와 같은 예는 본래 영어의 의미에서 벗어나 사용되고 있는 것, 일부러 비꼬아 색다르게 표현하려는 것이다.

「デモ·ウォークマン·エアコン·リモコン」 등은 한국에서도 일본 和製英語를 그대로 차용하여 사용하고 있는 예이다.

ガソリン·スタンド(gas station)	マザコン(mother complex)
ポケベル(pocket bell)	コンビニ(convenience store)

デモ(demonstration)　　コネ(connection)
ウォークマン(walk man)　　エアコン(air-conditioner)
ラジカセ(radio cassette)　　ワープロ(word processor)
パソコン(personal computer)　　リモコン(remote control)
セクハラ(sexual harassment)　　バイト(arbeit)
スモハラ(smoke harassment 담배희롱)　　ナイター(night game)
*ゲートボール(gate ball)

② 外来語(略語)

다음의 예들은 (　) 안의 略語 쪽을 더 많이 사용하는 경우이다.

アルバイト(バイト)　　シンポジウム(シンポ)
ヘリコプター(ヘリ)　　テレポンカード(テレカ)
チョコレート(チョコ)　　ゼミナール(ゼミ)
プラットホーム(ホーム)　　リビングルーム(リビング)

「マクドナルド」는 関東(かんとう)지방에서는 「マック」, 関西(かんさい)지방에서는 「マクド」라고 한다.

4. 混種語

2005

12. 어휘의 어종(語種)에서 말하는 '혼종어(混種語)'의 개념을 2줄 이내로 설명하고, (보기)에서 이에 해당하는 단어를 2개만 고르시오. (2점)

(보기) 話し手、ローカル、本箱、受付、なまたまご、国際関係、なまゴム、田舎者

혼종어는 語種에 의한 語 분류의 하나로, 和語·漢語·外来語 중 2종류 이상이 조합되어 만들어진 말을 가리킨다. 여러 가지로 조합된 구성을 보면, 다음과 같다.

① 한자어+외래어 : 営業(えいぎょう)マン, 環境(かんきょう)ホルモン, 逆(ぎゃく)コース, 金(きん)メダル, 銀行(ぎんこう)カード, 省(しょう)エネ, 豚(とん)カツ, 住宅(じゅうたく)ローン, 食(しょく)パン, 電子(でんし)レンジ

② 외래어+한자어 : オゾン層(そう), チェーン店(てん), バス停(てい), ヒット作(さく), テレビ局(きょく), デモ隊(たい), ビール瓶(びん)

③ 고유일본어+외래어 : いちごジャム, 革(かわ)ベルト, 紙(かみ)コップ, 串(くし)カツ, 壊(こわ)れキャラー, 歯(は)ブラシ, 輪(わ)ゴム, 生(なま)ビール

④ 외래어+고유일본어 : アイロンかけ, パンくず, ピントはずれ, ピンぼけ, ボール紙(がみ), マッチ箱(ばこ), ビニール袋(ぶくろ), ポリ袋(ぶくろ)

⑤ 고유일본어+한자어 : 水商売(みずしょうばい), 支払額(しはらいがく), 見張(みは)り役(やく), 黒字(くろじ), 赤字(あかじ)

⑥ 한자어+고유일본어 : 再試合(さいしあい), 結婚(けっこん)する

※ 그 외 「四角(しかく)い」처럼 「한자어+형용사어미」로 끝나는 예도 있고, 「サボる(サボタージュ＋る), ダブる(ダブル＋る), デモる(デモ＋る), アジる(アジ＋る), ハモる(ハーモニー＋る), トラブる(トラブ(ル)＋る, ミスる(ミス＋る)」 와 같이 「외래어+동사어미」로 끝나는 예도 있다. ネタバレ(스포일러 성 글), プヨってる(살찌다)는 주로 カタカナ로 표기하지만 「고유어+고유어」구조로 되어 있다.

2 語構成에 의한 분류

延べ語数－和語52.9%　漢語41.3%　外来語9.8%　混種語6.0%

異なり語数－漢語47.5% 和語36.7%　外来語2.9%　混種語1.9%

※ 현대잡지 90종 어휘조사에 의한 것

単語
- 単純語(語基)－桜·人·春·国·国家·独立
- 合成語
  - 複合語(語基+語基)－복합명사, 복합동사, 복합형용사
  - 派生語(語基+接辞)－단순어에 接辞가 붙은 것

※ 어근(語根 : root)은 어구성 요소의 일종으로, 공시적으로는 語의 기간적(基幹的)인 요소를 가르킨다. 일반적으로 어구성론에서 말하는 어기(語基 : base)와 거의 같지만, 어근은 단독으로 사용할 수 없는 측면이 어기와는 다르다.

2007

11. 다음은 단어를 분류한 것이다. 그 분류 기준과 ①, ②, ③ 각각의 그룹 명칭을 일본어로 쓰시오. [3점]

① 春(はる), 風(かぜ), 雨(あめ), 山(やま), 水(みず), 傘(かさ)

② 春風(はるかぜ), 山里(やまざと), 水遊び(みずあそび)

③ 真心(まごころ), おビール, 秋めく, 強がる

기준 : (　　　　　　　　　　　　　　　　)

명칭 : ① (　　　　) ② (　　　　) ③ (　　　　)

① 複合名詞 : 砂利道(じゃりみち)·高速(こうそく)バス·塩焼(しおやき)·牛(ぎゅう)ドン

② 複合動詞 : 波立(なみだ)つ·芽生(めば)える·近寄(ちかよ)る·高(たか)すぎる·思(おも)い出(だ)す·貸(か)し出(だ)す·話(はな)し合(あ)う·駆(か)け寄(よ)る

③ 複合形容詞 : 細長(ほそなが)い·青白(あおじろ)い·ずる賢(かしこ)い·古(ふる)めかしい·古(ふる)くさい·食(た)べやすい·蒸(む)し暑(あつ)い·名高(なだか)い·毛深(けぶか)い·塩辛(しおから)い

④ 派生語 : 단순어에 接辞가 붙은 것이다. 즉, 語基의 앞에 붙는 접두사와 語基의 뒤에 붙는 접미사가 붙은 것으로 나눌 수 있다.

- 접두사(接頭辞(せっとうじ) 또는 接頭語(せっとうご))가 붙은 것

お米(こめ)・お酒(さけ)・ご家族(かぞく)・か弱(よわ)い・小高(こだか)い・超(ちょう)かっこいい・もの悲(かな)し

い・どけち・度派手(どはで)な・不完全(ふかんぜん)な・未成熟(みせいじゅく)な・アンチ巨人(きょじん)・素顔(すがお)・初恋(はつこい)・真心(まごころ)・新素材(しんそざい)

- 접미사(接尾辞(せつびじ) 또는 接尾語(せつびご))가 붙은 것

神様(かみさま)・花子(はなこ)ちゃん・君(きみ)たち・近代的(きんだいてき)・子供(こども)らしい・大人(おとな)ぶる・大人(おとな)びる・汗(あせ)ばむ・春(はる)めく・痛(いた)がる・重(おも)ったい・脂(あぶら)っこい・水(みず)っぽい・忘(わす)れっぽい

3 位相에 의한 분류

1998

★[1] 次の対話文を読んで、あとの問いに答えなさい。(7점)

A : あああ、絶望的！

B : どうしたの?

A : 数学のこの点数、ⓐサ･イ･テ･イ!

B : ⓑなに言ってんのよ。わたしなんか、もっと悪いのに。

A : (ⓒ)、なぐさめてくれて。

1. 話者A、Bの性別として考えられる答えをすべて韓国語で書きなさい。(2점)

2. 下線部ⓐ「サ･イ･テ･イ」の、文中における意味を韓国語で書きなさい。(2점)

3. 下線部ⓑをフォーマルな形に書きなおしなさい。(1점)

4. (ⓒ)に最も適当なことばを書きいれなさい。(2점)

2003

7-1. 다음 (보기)에는 원래의 의미로부터 변화한 의미를 갖게 된 것들이 있다. 해당하는 것을 두 개씩 골라 기호를 쓰시오. (3점)

(보기)

(a) 坊主　(b) さかな　(c) 妻　(d) 瀬戸物

(e) 女房　(f) 果報　(g) おまえ　(h) 僕

(1) 拡大化(一般化)した意味を持つもの　(　　) (　　)

(2) 縮小化(特殊化)した意味を持つもの　(　　) (　　)

(3) 下落した(よくない)意味を持つもの　(　　) (　　)

2003

7-2. 다음 글의 (　)에 공통으로 들어갈 말을 한자(漢字)로 쓰시오. (1점)

> 男女、年齢、職業、社会の階層などの違いによって、同一の事物を指示する場合にもそれぞれ特徴的な語が使われる。この現象を(　　)という。そしてその使われる語を(　　)語という。

① 性

- 女性語 : あたし・お~・~わよ・~わね・~のよね・~かしら・あらまあ
- 男性語 : ぼく・おれ・わし・おお・ほう・~ぞ・~ぜ・~な・命令文(食べろ・逃げろ)・親父・おふくろ・飯・食う・ぶっ倒す・ぶん殴る

- 女性語의 特徴

* 되물을 때 상승조 인토네이션이 될 비율이 크다.

* 「お台所」「お勤め」와 같은 美化語를 많이 사용한다.

* 「すてき」와 같은 주관적인 평가를 동반하는 형용사, 부사를 자주 사용한다.

* 속어를 피하는 경향이 있다.

* 틀에 박힌 인사말이나 맞장구치는 말이 많다.

* 「わたし くやしくてくやしくて」처럼 반복이 많다.

* 부드럽고 정중한 표현을 많이 사용한다.

* 종조사, 감탄사 등에 강조 표현을 많이 쓴다.

* 한자 사용보다 고유 일본어를 선호한다.

* 비유표현을 많이 사용하고, 文末에 여운을 가져다주는 예가 많다.

● 男性語의 特徵

* 격식을 차린 장면에서 한자 사용 빈도가 높다.

* 「ぞ」나 「ぜ」 등의 종조사를 자주 사용한다.

* 1인칭대명사의 종류가 다양하다.

* 命令文을 잘 사용한다.

※ 현재 일본어 女性語 특징은 앞의 예처럼, 여성전용의 終助詞, 人稱代名詞, 感歎詞 사용과 동사 명령형을 사용하지 않는 점을 들 수 있다. 그러나 최근의 자료에서는 종래 여성전용어였던 「かしら」「だわ」「のよ」와 같은 文末의 용법을 사용하는 여성이 점점 줄고 있고, 남성전용어였던 文末의 「ぞ·だ·だよ·なあ」와 동사에 직접 접속하는 「よ」등을 사용하는 여성이 늘어나고 있다고 보고되고 있는 실정이다. 또 여성이 보다 정중한 말씨를 사용한다는 조사도 있는 한편, 정중한 정도는 性差에 따른 것이 아니라, 지위나 파워의 차에 따른 것이라는 보고도 있다. 이처럼 女性語의 실태가 극히 애매모호해지고 있는 실정이다. 그러나 중세이후에 생겨나 明治시대에 완성된 이 女性語는, 아직 한국어나 다른 언어에 비하면 특이한 현상이라고 볼 수밖에 없다. (飛田良文他(2007)『日本語学研究事典』明治書院 참조)

2005

8. 일본어는 구어체에서 남성어와 여성어로 분류되는 특성이 있다. 다음을 남성어와 여성어로 분류하여 그 번호를 쓰시오. (2점)

① 相づちが多い。
② 改まった場面での漢字の使用頻度が高い。
③「ぞ」や「ぜ」などの終助詞をよく使う。
④ 1人称代名詞として「あたし」をよく使う。
⑤ 感動詞の種類が多く、その使用頻度も多い。
⑥「きれいね。」のように文末の「だ」を省くことが多い。
⑦「すてき」といった主観的な評価を伴う形容詞をよく使う。

2006

16. 현대일본어에는 남녀 언어 표현의 차이가 있다. 그 차이를 고려하여 다음 남녀 대화문을 동일한 의미의 표현이 되도록 빈칸 ①~③을 완성하시오. [3점]

<女性同士の対話>
A：(　①　)、韓国から輸入されたCD持っている?
B：ええ、持っているわよ。
A：ちょっと来週の宿題をするために借りたいんだけど、(　②　)。
<男性同士の対話>
A：すずきくん、韓国から輸入されたCD持っている?
B：うん、(　③　)。
A：ちょっと来週の宿題をするために借りたいんだけど、いいかな。

② 年齢

- 老人語(ろうじんご)：身代(しんだい)(財産(ざいさん))・いいなずけ(婚約者(こんやくしゃ))
- 幼児語(ようじご)：お手手(てて)・おべべ・ねんね・マンマ・ブーブー(自動車)・ワンワン

※ 젊은층에서는 신어, 유행어, 외래어 사용이 많다. 예를 들면 「キモイ(気持悪(きもちわる)い)・マイウ(うまい)・セ

レブの女(お金持ちの女) 등이 있다.

③ 職業·階層 등 社会集団

- 隠語サツ(警察)·ムショ(刑務所)·デカ(刑事)·ヒモ(情夫)·ヤク(麻薬)

※ デカは くそでかの 준말로 원래는 角袖巡査(明治時代의 사복형사)에서 온 말로 角袖가 도치되었음

- 学生用語：学食·代返(대리출석)
- 警察用語：ホシ(容疑者·犯人)·タレコミ(密告)
- 忌詞：四→よ·よん / 死ぬ→亡くなる / 散会→お開き

4 日本語 어구성(語構成)에 의한 音의 変化

1. 연탁현상(連濁現象)

두 개의 단어가 복합어가 될 때, 후부의 단어의 語頭가 濁音으로 되는 현상을 말함.

예： (歯車)歯＋車→ はぐるま　　(花火)花＋火→ はなび
(目薬)目＋薬→ めぐすり　　(腕時計)腕＋時計→ うでどけい
(拍子木)拍子＋木→ ひょうしぎ

이처럼 연탁(連濁)은 말이 복합되었을 때 일어나는 현상이라고 해도 반드시 규칙대로 되지 않고, 다음과 같은 환경에서는 連濁 현상이 일어나기 어렵다.(『日本語教育ハンドブック』pp.232~234 참조) 또 공통어의 현상을 보면, 연탁은 말에 따라서는 점차 사용되지 않게 되는 경향이 강하다.

①「動詞＋動詞」의 구조로 되어 있을 경우

話しかける, ふりかける, 使いすてる, 書きとめる

단, 前部要素가 연용형 명사이거나 転成名詞는 연탁(連濁)하는 경우가 있다.(예 : 行きづまる, 行きどまる, 行きがけ·通りがかり·つかみどり·歩きづかれ)

② 並列이나 対等의 관계에 있을 경우

上下, 親子, 草木, 白黒, 高低, 田畑, 父母, 野原, 山川, 読み書き, 売り買い, 生き死に, 開け閉め

③ 수식관계에 있어서도 後部 제2拍이 濁音인 경우

くずかご, ざるそば, さつたば, 絵ちず, 舌つづみ, 絵はがき, 朝かぜ, 口かず, 人かげ, 街かど, 鼻かぜ, 礼儀ただしい, 心さびしい, 手きびしい, ものすごい, ものしずかな

※ 단, 後部 제2拍이 清音인 경우는 다음과 같이 連濁化 한다.

예 : 夜ざくら, 紙ぶくろ, 絵ごころ, 顔じゃしん, 草ぶかい, 計算だかい, 心ぼそい

④「名詞＋動詞」로 前部가 後部의 目的格으로 되어있는 転成名詞는 連濁하기 어렵다.

絵かき, 紙きり, ゴミすて, 魚つり, 肩たたき, 貝ひろい, 罪つくり, 塵とり, 穴ほり, 根ほり葉ほり

例外 : 言葉づかい, 人づかい, 店びらき, 山びらき, 店じまい

⑤ 擬声語·擬態語는 連濁하지 않는다.

かんかん照る, からから鳴る, きいきい言う, きらきら光る, きゃあきゃあ騒ぐ, くんくん鳴る, ころころ転んでる, さらさら流れる, しくしく泣く, すやすや眠ってる, するする登る, せかせかする, ちらちら見える,

ぱらぱら降(ふ)ってる, ふらふら歩(ある)く

⑥ 促音직후는 連濁하지 않는다.

これっくらい, どれっくらい, これっきり, なきっつら, かったるい, ありったけ

※ 단, ハ行音·バ行音이 パ行音(半濁音)이 될 경우가 있다.
書(か)きっぱなし, 立(た)ちっぱなし, だだっぴろい, あけっぴろげ, 話(はな)しっぷり, よっぽど

2. 연성현상(連声現象(れんじょう))(1999·2003 임용)

두 개의 말이 복합어를 이룰 때 뒷말의 어두 음운에 변화가 생기는 것을 말한다. 즉 -m -n -t 다음에 ア·ヤ·ワ行이 올 때 그것이 マ·ナ·タ 行으로 전화되는 현상을 말한다.

중세 말기까지는 일반적이었으나, 점점 쇠퇴하여 현재까지 남아 있는 예는 다음과 같은 것이 있다. 주로 한자음에서 일어나는 현상이다.

예 : 三位(さんみ) サンイ→ サンミ　　陰陽(おんみょう) オンヨウ→ オンミョウ
天皇(てんのう) テンオウ→ テンノウ　　観音(かんのん) カンオン→ カンノン
仏音(ぶっとん) ブッオン→ ブットン　　雪隠(せっちん) セッイン→ セッチン

3. 조수사의 음 규칙(助数詞(じょすうし)の音規則(おんきそく))

助数詞는 数字에 붙어서 数詞를 구성하는 접미사이다. 助数詞가 모두 어떠한 数字에라도 다 붙는 것은 아니다. 「一見(いっけん)」「一睡(いっすい)」는 사용되지만, 「二見(にけん), 三見(さんけん)… 二睡(にすい), 三睡(さんすい) …」등은 사용되지 않는다. 또한 「一工夫(ひとくふう)」「一苦労(ひとくろう)」 등은 겨우 「一(ひと)-, 二(ふた)-…」정도이다. 「一合目(いちごうめ)」「一割(いちわり)」등은 일반적으로 1에서 10까지이다. 따라서 접속방법에 관한 音 규칙이 문제가 되는 것은 1에서 10, 혹은

그 이상의 숫자에 접속되는 것이 중심을 이룬다.

助数詞의 音 규칙은 복잡하지만, 『日本語発音アクセント辞典』의 해설편에서 「数詞의 발음」「助数詞의 발음」「악센트」 등으로 나누어 상세하게 서술하고 있으므로, 이를 참고로 한다.

① 「数詞＋助数詞」의 형태로 1에서 10까지 헤아린 경우, 助数詞의 종류에 따라 数詞가 漢語, 漢語와 和語의 혼합, 和語 등의 그룹으로 나눌 수 있다.

- 漢語 : 一(いち) 二(に) 三(さん) 四(よん) 五(ご) 六(ろく) 七(なな) 八(はち) 九(きゅう) 十(じゅう)
  → 秒(びょう)·位(い)·学期(がっき)·グラム·号(ごう)·台(だい)·ドル·番(ばん) 등
  一(いっ) 二(に) 三(さん) 四(よん) 五(ご) 六(ろく) 七(なな) 八(はっ) 九(きゅう) 十(じゅっ)(十(じっ))
  → 冊(さつ)·才(さい)·週(しゅう)·種類(しゅるい)·章(しょう)·足(そく)·cm·世紀(せいき)·世帯(せたい)·点(てん)
- 漢語와 和語 : 一(ひと) 二(ふた) 三(さん) 四(よん) 五(いつ) 六(む) 七(なな) 八(や) 九(きゅう) 十(じゅう) → 役(やく)·場所(ばしょ)·編(へん)·幕(まく)·棟(むね)
- 和語 : 一(ひと) 二(ふた) 三(み) 四(よ) 五(いつ) 六(む) 七(なな) 八(や) 九(ここの) 十(と) → 月(つき)·幕目(まくめ)·言(こと)·度(たび)·晩(ばん)

② 数詞에 접한 경우, 助数詞의 발음에 따른 분류 방법이 있다.

- 변화하지 않는 것
  番目(ばんめ)· 号(ごう)·秒(びょう)·割(わり)·時間(じかん)·年生(ねんせい)·名(めい)·人(にん)·円(えん)· メートル
  級(きゅう)·か月(げつ)·か国(こく)·か所(しょ)·個(こ)·曲(きょく)·ヘルツ·センチ·キロ 등

- 3에 접속되는 助数詞의 어두가 濁音化하고, 나머지는 변하지 않는 것
  三階(サンガイ), 三軒(サンゲン), 三升(サンジョー)
  三寸(サンズン), 三足(サンゾク), 三尺(サンジャク)

- 1, 3, 6, 8, 10에 접속되는 助数詞의 어두가 パ行音(半濁音)으로 변하는 것
  一分(イップン), 三分(サンプン), 六分(ロップン), 八分(ハップン·ハ

チフン)

十分(ジュップン・ジップン), 一拍(イッパク), 三拍(サンパク)

六拍(ロッパク), 八拍(ハッパク), 十拍(ジュッパク・ジッパク)

一敗(イッパイ), 三敗(サンパイ), 六敗(ロッパイ)

八敗(ハッパイ・ハチハイ), 十敗(ジュッパイ・ジッパイ)

그 외「~泊(ぱく)・~発(ぱつ)・~歩(ぽ)」등이 있다.

- 1, 3, 6, 8, 10에 접속되는 助数詞의 어두 중 3의 경우가 濁音, 그 외는 パ行音(半濁 音)으로 되는 것

  一匹(イッピキ), 三匹(サンビキ), 六匹(ロッピキ)

  八匹(ハッピキ・ハチヒキ), 十匹(ジュッピキ・ジッピキ)

  一杯(イッパイ), 三杯(サンバイ), 六杯(ロッパイ)

  八杯(ハッパイ・ハチハイ), 十杯(ジュッパイ・ジッパイ)

- 1, 6, 8, 10 때는「パ」또는「ワ」로 되고, 그 외는「ワ」로 되는 것

  一羽(イッパ・イチワ), 二羽(ニワ), 三羽(サンワ), 四羽(ヨンワ)

  五羽(ゴワ), 六羽(ロッパ・ロクワ), 七羽(シチワ・ナナワ), 八羽(ハッパ・ハチワ)

  九羽(キュウワ・クワ), 十羽(ジュッパ・ジッパ・ジュウワ)

4. 모음교체 (母音交替(ぼいんこうたい), ablaut, vowel gradation)

하나의 단어 안에서 모음이 다른 모음과 교체되는 것을 말함. 일본어는「e」음을 꺼려한다는 설이 있는데, 일본어학에서는 금후 연구과제로 되어있다.

「e」→「a」　雨(あめ)＋具(ぐ)→雨具(あまぐ)

雨(あめ)＋窓(まど)→雨戸(あまど)

「o」→「a」　白(しろ)＋木(き)→白木(しらき)

「i」→「o」　木(き)＋陰(かげ)→木陰(こかげ)

木(き)＋の＋葉(は)→木葉(このは)

5. 동화(同化, assimilation)

인접하는 2개 음의 한 쪽이, 다른 쪽을 같은 音 또는 닮은 音으로 변화하는 것을 同化라 한다.

예 : くびす＞きびす / ぬの＞のの / さむい＞さみい

6. 이화(異化, dissimilation)

同化와는 역으로 같은 音 또는 닮은 音의 한쪽이 보다 다른 音으로 변화하는 것을 異化라 한다.

예 : ななか＞なぬか、なのか

7. 음운전도(音韻転倒, 音韻転換, 音位転換, metathesis)

語中에서 2개의 音이 서로 위치를 바꾸는 현상을 말한다. 共時的으로는 일종의 「言い誤り」이고, 어린아이들 말에 많이 보인다.

예 : (消ゴム)kesigomu→kesimogu

(小刀)kogatana→koganata

新たし(あらたし)＞あたらし　　しだら＞だらし

茶釜(ちゃがま)> ちゃまが　　晦(つごもり)> つもごり

8. 음운첨가(音韻添加, addition)

音消失(loss)과는 반대로, 語에 어떤 音이 첨가되는 현상이다. 共時的으로는 아마 발음을 쉽게 하기 위하여, 임시적으로 어떤 음이 첨가되는 것을 말한다.

① 어두음 첨가 : ロシア → おロシア(大和 말에는 ラ行로 시작되는 말이 없어, 발음하기 어려웠으므로 「お」를 첨가했다. 현재는 사용되지 않는다.)

② 어중음 첨가 : 場合(ばあい) → ばわい、ばやい(w, j음 첨가)

試合(しあい) → しやい (j음 첨가)

鳶(とび) → とんび / あまり → あんまり / 皆(みな) → みんな(撥音 첨가)

やはり → やっぱり, やっぱし 真青(まさお) → まっさお (促音 첨가)

春雨(はるあめ)→ はるさめ (s음 첨가)

夫婦(ふふ)→ ふうふ (u음 첨가)

③ 어말음 첨가 : いや→ いやん

9. 음탈락(音脱落, loss)

語속의 어떤 音이 消失되는 것을 말한다.

① 어두음 탈락 : (わたし) watashi> (あたし)atashi

② 어중음 탈락 : (かつおぶし) katsuobushi>(かつぶし)katsubushi

(こんぶ)kombu> (こぶ)kobu

(たんどん)tandon> (たどん)tadon(炭団)

(かほ)kaho> (かお, 顔)kao

③ 어말음 탈락 : (大根)daikon> (だいこ)daiko

10. 혼효(混淆(こんこう), 混交(こんこう), Contamination, blending)

형식과 의미가 닮은 2개의 語 또는 構文이 심리적으로 混同·合成되어 새로운 형식이 생기게 되는 것을 말함.

예 : ゆする(揺する)＋すすぐ(濯ぐ)→ ゆすぐ(濯ぐ)

やぶる(破る)＋さく(裂く)→ やぶく (破く)

とらえる(捕らえる)＋つかまえる(捕まえる)→とらまえる(捕らまえる)

まがふ(紛ふ)＋ちがふ(違ふ)→まちがふ(間違ふ)

ゴリラ＋クジラ→ ゴジラ

ライオン＋タイガー → ライガー

ソフト＋ハード → ソード(会社名)

smoke＋fog → smog

magazine+book → mook(잡 지식 서적, 대중 소설 등)

政界(せいかい)＋財界(ざいかい) → 政財界(せいざいかい)　　乳児(にゅうじ)＋幼児(ようじ) → 乳幼児(にゅうようじ)

混淆는 발생적으로는 일종의 오용이지만, 어형성의 한 수단으로 의도적으로 행해지는 경우가 있다.

예 : breakfast＋lunch→ brunch

motor＋hotel→ motel

Europe＋Asia→ Eurasia

짜장면＋스파게티→ 짜파게티

11. 민간어원설(民間語源説(みんかんごげんせつ), folk etymology)

言語史에 지식을 가지지 않은 민중이 語의 語源을 형태나 의미에 가깝게 접근하기 위하여 通俗的으로 해석하는 것을 말한다.

예 : イッショケンメイ(一所懸命)→ イッショウケンメイ(一生懸命)

12. 유추(類推[るいすい], analogy)

언어 형식이 (수적으로)우세한 쪽으로 끌려가는 것을 유추라 한다. (언어형식이 어떤 규범에 따라 동질적으로 변화하는 것을 말한다.)

know-knew-known　　　throw-threw-thrown

→ snow-snew-snown

ヒ(日) → ヒル(昼) ヨ(夜) → ヨル 와의 대응에 응해서 일어난 것

5 日本의 성씨 랭킹 100위

※ 일본인의 姓은 일본인들조차 읽을 수 없을 정도로 그 수가 많고, 또한 동일한 한자의 姓이라도 읽는 방법이 다른 경우도 있다. 일본어를 전공하는 학습자는 최소한 일본의 姓200개 정도는 읽을 수 있었으면 한다. 랭킹 순위는 名字辞曲에 기록된 숫자를 기본으로 하여 동일한 숫자가 나왔을 경우에는 여러 문헌을 참고하여 랭킹 100位를 만들어 보았다. 日本의 성씨 악센트는 平板型 아니면 뒤에서 3번째 拍에 악센트가 온다. 악센트 型은 音声・音韻論편을 참조했으면 한다.

1 佐藤(さとう)220万

2 鈴木(すずき)220万

3 田中(たなか)150万

4 高橋(たかはし)130万

5 渡辺(わたなべ)100万

6 山本(やまもと)100万

7 伊藤・伊東(いとう)88万

8 小林(こばやし・おばやし)85万

9 中村(なかむら)80万

10 斉藤(さいとう)70万

11 加藤(かとう)70万

12 山田(やまだ)60万

13 吉田(よしだ)55万

14 佐々木(ささき・さざき)45万

15 井上(いのうえ・いのかみ・いのえ)45万

16 木村(きむら)45万

17 松本(まつもと)40万

18 清水(しみず・きよみず)40万

19 林(はやし)40万

20 山口(やまぐち・やまくち・やまのくち)40万

21 山崎(やまざき・やまさき)35万

22 池田(いけだ)35万

23 中島(なかじま・なかしま・なかのしま)35万

24 森(もり)35万

25 橋本(はしもと)35万

26 小川(おがわ・こがわ)35万

27 長谷川((はせがわ・ながたにがわ)35万

28 石川(いしかわ)30万

29 岡田(おかだ・おかた)30万

30 青木(あおき)30万

31 金子(かねこ)30万

32 内田(うちだ・うちた)30万

33 太田・大田(おおた)26万

34 近藤(こんどう)22万

35 和田(わだ)22万

36 小島(こじま・おじま)22万

37 阿部(あべ・あぶ)22万

38 島田(しまだ)22万

39 遠藤(えんどう)22万

40 田村(たむら・たのむら)22万

41 前田(まえだ・まえた)20万

42 後藤(ごとう)17万

43 福田(ふくだ・さきた)17万

44 藤井(ふじい・くずい)17万

45 中野(なかの)17万

46 岡本(おかもと)17万

47 横山(よこやま)17万

48 高木(たかぎ・たかき)17万

49 大塚(おおつか)17万

50 小山(おやま・こやま)17万

51 野田(のだ・のた)17万

52 辻(つじ)17万

53 村上(むらかみ)14万

54 原(はら)14万

55 小野(おの・おぬ・さの)14万

56 武田(たけだ・たけた)14万

57 上野(うえの・あがの・かみの・かみつけ・こうずけ)14万

58 関(せき)14万

59 吉村(よしむら・きちむら)13万4千

60 石井(いしい·いわい)13万

61 三浦(みうら)13万

62 宮本(みやもと)13万

63 片山(かたやま)13万

64 横田(よこた)13万

65 西川(にしかわ·にしがわ·さいかわ)13万

66 中川(なかがわ·なかかわ·なかつがわ)13万

67 北村(きたむら)13万

68 大野(おおの·おおや·おの)13万

69 竹内(たけうち·たけのうち)13万

70 原田(はらだ)13万

71 松岡(まつおか)13万

72 矢野(やの)13万

73 安藤(あんどう)13万

74 西村(にしむら)13万

75 森田(もりた)11万

76 上田(うえだ·うえた·かみた·あげた)11万

77 野村(のむら)11万

78 田辺(たなべ·たのべ)11万

79 石田(いしだ·いした·いわた)11万

80 中山(なかやま·なかつやま·うちやま)11万

81 松田(まつだ·まつた)11万

82 丸山(まるやま)11万

83 広瀬(ひろせ)11万

84 山下(やました·やまのした·やまもと)11万

85 久保(くぼ)11万

86 松村(まつむら)11万

87 新井(あらい・にいい)11万

88 川上(かわかみ・かわがみ)11万

89 大島(おおしま・おおじま)11万

90 野口(のぐち・のくち・ののくち)11万

91 福島(ふくしま・ふくじま・ふぐしま)11万

92 黒田(くろだ・くろた)11万

93 増田(ますだ・ましだ・ました)11万

94 今井(いまい)11万

95 桜井(さくらい)11万

96 石原(いしはら・いしわら・いしばら)11万

97 服部(はっとり・はとり・はった・ふくい・はとりべ)11万

98 藤原(ふじわら・ふじはら)11万

99 市川(いちかわ・いちのかわ)10万

100 菊地(きくち・くくち)10万

〈参考文献〉

石野博史(1983)『現代外来語考』大修館書店

玉村文郎(1984)『語彙の研究と教育(上)(下)(日本語教育指導参考書12)』国立国語研究所

西尾寅弥(1988)『現代語彙の研究』明治書院

日本語教育学会編(1998)『日本語教育ハンドブック』大修館書店

日本語教育学会編(2005)『新版日本語教育辞典』大修館書店

野村雅昭(1984)「語種と造語力」『日本語学 5月』明治書院

飛田良文編者(2007)『日本語学研究事典』明治書院

飛田良文(1982)「現代語彙の概説」『講座日本語の語彙7 現代の語彙』明治書院

宮地裕(1982)「現代語の語構成」『講座日本語の語彙7 』明治書院

5

敬語

1998

[2] 次の問いに答えなさい。

(1-3)次の文から敬語の使い方がまちがっている所をとりだし、書きなおしなさい。

1. お客さまが全部お降りしてからお乗りください。 (1점)
2. 母が先生によろしくとおっしゃいました。 (1점)
3. それでは、あすにでもお宅へいただきにいきます。 (1점)

1999

【3】次の文の中で敬語に直せる言葉を全部敬語にして、なるべく丁寧な言い方に書き直しない。(2点)

さあ、遠慮しないで、ゆっくり見ろ。

2000

2. 次の文の下線部(①, ②)を「目上の人」に言う表現にしなさい。(총 4점)

2-1. 風邪で頭痛が① <u>しますので</u>、② <u>休みます</u>。(2점)

→

2-2. 都合の① <u>いい日</u>を② <u>言ってください</u>。(2점)

→

2001

3. 下の会話の場面を考えた上で、下線部A~Dの間違った敬語表現を書き直しなさい。(2점)

金：金ですが、先生A)いますか。
先生の妻：ええ、B)待っていました。どうぞ、お入りください。
金：失礼致します。仙台へC)行ってきましたので、これお菓子、少しばかりですが。D)食べていただこうと思いまして……。
先生の妻：「それはありがとうございます。さっそく今晩いただきます。

2002

5-1. 다음 대화문의 밑줄 친 표현 중에서 잘못되어 있는 3곳을 찾아 바르게 고쳐 쓰시오.(2점)

訪問客：ごめんください。
高校生：はあい。
訪問客：私はこの前お電話したお父さんの古い友だちですが、お父さん、いらっしゃいますか。
高校生：あのう、急用で出かけていて、おりませんが…。
訪問客：そうですか…。困ったなあ。いつごろお帰りになるか、わかりませんか。
高校生：すぐお帰りになると思います。お客さんがあるからすぐもどると言っていましたから。
訪問客：あ、そうですか。それじゃあ…。お母さんはいらっしゃいますか。
高校生：はい。お母さんは裏にいますからいま呼んできます。ちょっとお待ちしてください。

16. 다음 대화를 읽고, 밑줄 친 부분을 경어 표현으로 고치시오. (4점)

> 受付：いらっしゃいませ。
> 木村：木村ともうしますが、経理部の田中さんに① 会いたいのですが。
> 受付：経理部の田中ですね。失礼ですが、お約束していらっしゃいますか。
> 木村：いいえ、近くまでまいりましたので、寄ってみたのですけれど……。
> 受付：そうですか。では、② ちょっと待ってください。
> (電話で)
> 　木村様と③ いう人が来ていますが……。近くまでいらっしゃったのでお寄りになったそうです。
> 　……はい、承知いたしました。
> (木村へ)
> 　④ 今、来るのでここに入ってお待ちください。
> 木村：はい、では待たせていただきます。

2004

7. 밑줄 친 부분의 보통어 표현을 겸양어 표현으로, 존경어 표현을 보통어 표현으로 고쳐 쓰시오. (총 2점)

7-1. これからも世界の動向にたえず注目していこうと思います。(1점)

7-2. そんなにお酒を召し上がったら、お体に毒ですよ。(1점)

13-2. 일본어 대화체에는「です･ます体(정중체)」와「友達言葉(반말체)」가 있다. (보기)와 같이 밑줄 친 부분의 정중체를 적합한 반말체로 고치시오. (1점)

(보기)　鈴木さんも来ますよ。　→ 鈴木さんも来るよ。
　　　　名古屋に住んでいるんですか。→ 名古屋に________。

2005

21. 다음 대화문에서 경어의 사용이 잘못된 부분을 찾아 바르게 고치시오. (2점)

A：今日はどこへおいでになりましたか。

B：ひさしぶりに美術館に行ってまいりました。

A：あ、そうですか。いい作品をご拝見なさいましたか。

B：ええ、ほんとうによかったです。

A：お疲れになったでしょう。お茶でもお入れしましょうか。

2006

23. 다음 두 사람의 대화에서 잘못된 부분을 바르게 고쳐 쓰고, 그 이유를 쓰시오. [3점]

武田(A社)：社長さんいらっしゃいますか。

野村(B社)：はい、社長さんはただいま、お出かけになっていらっしゃいます。

2007

19. 밑줄 친 부분 중 경어 사용법이 바르지 않은 것의 번호를 쓰고, 바르게 고치시오.[3점]

- 来週の日曜日に①参上いたします。
- それでは、発表を②始めさせていただきます。
- 「山下さん、③いらっしゃいましたら、窓口まで④おいでください」と放送が流れた。
- 金魚にえさを⑤やっていた兄が、「今の、変だろう」と言った。
- 「よかった」と先生が⑥おっしゃられた。
- ご用の節は⑦お呼びになってください。
- 弟もそれをあの方から⑧伺ったそうです。

1 일본어 대우표현

대우표현은 보통 경어(敬語)와 비어(卑語)로 나누는데, 비어(卑語)는 일본어교육의 대상이 아니고, 경어가 중요한 대상이 된다. 경어는 話者가 화제의 인물이나 듣는 사람·장면 등의 배려에 따라 敬意나 정중한 태도 등을 나타낸다. 경어는 화제의 인물에 대한 경의 표현인 화제경어(話題敬語)와 듣는 사람에 대해서 정중한 태도를 표현하는 대자경어(対者敬語)로 나눈다.

話題敬語는 존경어와 겸양어로 나누는데, 존경어(尊敬語)는 「仕手敬語」라고도 하는데, 文의 주체가 되는 인물을 높이는 표현을 말한다. 그 対를 이루는 것은 겸양어(謙譲語)로 「受け手敬語」라고도 하는데, 상대를 높이고 자기를 낮추는 경어를 말한다.

또한 対者敬語는 丁寧体(丁寧語)와 丁重体(丁重語)로 이루어지는데, 丁寧体는 「です·ます」体라고도 한다. 그리고 丁寧体라고도 하는 丁重体의 중심을 이루는 것은 「ございます」이다.

이와 같이 일본어의 경어는 중심적인 원형(prototype)에서 주변적인 것까지 연속체를 이룬다고 볼 수 있다.

어떠한 표현이 尊敬語·謙譲語·丁寧語(丁重語)에 속하는지 알아보기로 한다.

1. 尊敬語

- 尊敬動詞－なさる, あそばす(する), おっしゃる(言う), くださる(くれる), いらっしゃる(行く、来る、いる), 召し上がる(食べる、飲む)
- 尊敬の助動詞－れる、られる
- 「お」の添加－お＋動詞の連用形＋になる：お読みになる, お掛けになる

なさる：お書きなさる, お立ちなさる

あそばす：お聞きあそばす

くださる：お示しくださる

お＋形容詞の連体形＋です：お美しいです

お(ご)+形容動詞の語幹+です：おきれいです, ごりっぱです, お元気です

- 尊敬体言－どなた, この(こちらの)方, 令息(れいそく), 令嬢(れいじょう), 貴下(きか), 閣下(かっか), 高見(こうけん)
- 尊敬接頭語(そんけいせっとうご)－ご成功(せいこう), お名前(なまえ), 御身(おんみ), 御仏(みほとけ)
- 尊敬接尾語(そんけいせつびご)－中村(なかむら)さん, 皆様(みなさま)

2. 謙譲語

- 謙譲動詞－さしあげる(やる), まいる(行く, 来る), もうす(言う), いたす(する), いただく(もらう), うかがう(訪問する), 存ずる(知る, 思う), うけたまわる(聞く, 引き受ける)
- 「お、ご + 동사連用形 + する」－お見せする, お持ちする, お借りする, お返しする, お送りする, お受けする, お知らせいたします
- おとどけもうします, おゆるしいただきます, 払いねがいます, 読んでいただきます(読ませていただきます), 教えてあげます, ご一緒します, ご案内いたします, ご協力もうしあげます, ご報告もうしあげます, ご利用いただきます
- 謙譲体言(けんじょうたいげん)－私(わたくし), 私(わたくし)こと, 私供(わたくしども), 僕(ぼく)ら, 家内(かない), 主人(しゅじん), 拙稿(せっこう), 拙筆(せっぴつ), 拝見(はいけん), 小生(しょうせい), 卑見(ひけん), 愚息(ぐそく)

3. 丁寧語·丁重語

丁寧語 →「명사·형용사 + です」,「동사 + ます」

- ソウルは今何時ですか。
- この映画はおもしろいですよ。
- 毎日運動をします。

丁重語 →「ございます(あります)」가 대표적이고, 겸양어와 중복이 되는「参ります·いたします·おります·でございます(です)」도 丁重体 혹은「ご丁寧体」표현이라 할 수 있다.

- 生活用品の売り場は５階にございます。
- お風呂場にご案内いたします。
- 出発のご用意ができております。

◈ 二重尊敬語

1. 先生がお教えになられたことをよく考えなさい。(×)
   先生がお教えになったことをよく考えなさい。(○)

2. 先生はもうご退職されておられます。(×)
   先生はもう退職されています。(○)

3. 今ご家族にお電話なさいますか。(○)
   今ご家族にお電話しますか。(×)

4. ここでお待ちしますか。(×)
   ここでお待ちになりますか。(○)
   ここでお待ちになられますか。(×)

5. そろそろお読みになられますか。(×)

そろそろお読みになりませんか。(○)

そろそろ読まれませんか。(○)

6. お風邪をおひきになった。(×)

風邪をおひきになった。(○)

7. おすわってください。(×)

おすわりください。(○)

おすわりになられてください。(×)

おすわりになってください。(○)

◈ どこかおかしい敬語

1 社長は、ゴルフをおやりになりますか。→

2 部長はおりませんか。→

3 課長、私の説明がわかりますか。(部下が課長に)→

4 課長、そろそろまいりませんか。→

5 課長、遅くまでご苦労さまです。→

6 取引先(とりひきさき)の会長が、ご訪問される →

7 部長、そこの茶碗(ちゃわん)取ってくれませんか →

8 犬にえさをあげる →

9 都合により本日休業(ほんじつきゅうぎょう)させていただきます。→

10 おじいさん、おひとりで行かれますか。→

11 印鑑(いんかん)をご用意してください。→

12 祝電(しゅくでん)がまいっています。→

13 お色直(いろなお)しが終わって.....→

14 おはがきをいただいて、どうも、すみません。→

15 危険(きけん)ですからご注意してください。→

16 川端康成(かわばたやすなり)さんがお書きになった作品です。→

17 老人を先に降ろしてやってください。→

18 手間(てま)が省(はぶ)けてお使いやすい品です。→

19 忘れ物いたしませんよう、気をつけてお降りください。→

20 本商品のお召し上がり方をご説明いたします。→

21 格安(かくやす)のお値段(ねだん)でお求めできる→

22 お問い合わせ先は、下記まで。→

23 お客様、こちらはたいへんお安くなっています。→

24 坊ちゃんに差し上げてください。→

25 荷物は、お客様ご自身の手でお持ちしてください。→

26 社長、長い間お世話様でした。→

27 ご心配(しんぱい)かけまして申(もう)し訳(わけ)ありません。→

28 先生はご本をお読みになっていらっしゃいます。→

2 「お·ご」에 관하여

2001

4. 次の問いに答えなさい。

( )に接頭語「お·ご」を付けなさい。ただし、両方とも付けにくいのは(×)にしなさい。(2점)

1) ( )料理　　2) ( )学校　　3) ( )希望

4) ( )味噌　　5) ( )ゆっくり

1. おとご의 쓰임

① お+和語(순수한 일본어)

お箸(はし), お湯(ゆ), お鍋(なべ), お手紙(てがみ), お名前(なまえ), お忙(いそが)しい, お美(うつく)しい, お帰(かえ)り, お知(し)らせ, お許(ゆる)し, お勤(つと)め, お答(こた)え

② ご+漢語

ご意見(いけん), ご家族(かぞく), ご協力(きょうりょく), ご住所(じゅうしょ), ご専門(せんもん), ご理解(りかい), ご運(うん)

③ お+漢語的 意識이 약한 漢語

お宅(たく), お茶(ちゃ), お盆(ぼん), お肉(にく), お客(きゃく), お味噌(みそ)

④ ご+和語

ごゆっくり, ごもっとも, ごひいき

⑤ 日常生活에서 자주 쓰이는 말은 漢語라도 「お」를 붙여 사용한다.

お時間(じかん), お食事(しょくじ), お電話(でんわ), お弁当(べんとう), お風呂(ふろ), お料理(りょうり), お約束(やくそく)

⑥ 「お」와 「ご」를 함께 쓰는 경우

お返事(へんじ) / ご返事(へんじ), お通知(つうち) / ご通知(つうち), お香典(こうでん) / ご香典(こうでん)(부의금)

⑦ 「お」를 붙이지 않으면 의미가 불분명하거나, 의미가 변하는 경우가 있다.

おむつ, おなか, おしゃれ, おひや, おかず, おひらき, おしぼり, おやつ, ごはん, おてもと, おやじ, おかげ, おにぎり, おまけ

⑧ 미화어(美化語(びかご))로 사용된 「お」의 예

お豆, お花, お米, お化粧(けしょう), お買(か)い上(あ)げ, お魚(さかな), おビール, お水, お茶碗(ちゃわん), お昼, お金, お野菜(やさい), お勉強(べんきょう), お安(やす)い, おトイレ, おズボン

※ 미화어(美化語(びかご))는 「소재를 미화 하는 말, 자기 자신의 말을 장식하는 말, 또는 사물을 미화해서 표현하는 말로 자기의 품위를 유지하기 위해 사용하는 말로 정의되고, 보통 관용화해서 사용되는 말이 많다. 예를 들면, 「お待(ま)ち遠(どお)さま・お世話(せわ)さま・お節句(せっく)・お祝(いわ)い・お見舞(みま)い」등이 있다.

2. お, ご가 붙지 않는 말(柴田武의 調査)

① 외래어는 원칙적으로 「おコーヒー(?)　おトマト(?)　おスカート(?)　おノート(?)」처럼 おい ごか 붙기 어렵다. 그러나 예외로 「おジュース, おソース, おズボン, おトイレ, おビール」등은 お를 붙여 사용하기도 한다.

② お로 시작되는 말과 박수가 긴 단어에는 잘 붙이지 않는다.
お応接間(おうせつま)(?), お大麦(おおむぎ)(?), おじゃがいも(?), おさつまいも(?), おいも(○)
おほうれんそう(?), おこうもり傘(がさ)(?), おしょうちゅう(?)

③ 자연현상, 공공 시설물을 나타내는 말에는 잘 붙이지 않는다.
お雨(?), お雪(?), お霜(しも)(?), ご学校(?), ご駅(?), ご病院(びょういん)(?), ご県庁(けんちょう)(?)

④ 나쁜 감정이나 경멸을 나타내는 말에는 잘 붙이지 않는 경향이 있다.
おつら(?), お顔(かお)(○), おにきび(?), おあばた(?), おぐず(?), おしみ(?)
おまぬけ(?), ご誤解(ごかい)(?), ご失敗(しっぱい)(?), ↔ ご成功(せいこう)(○)

⑤ 구체적인 동물·식물·음식에는 잘 붙이지 않는 경향이 있다.
おねこ(?), おばら(?), お松(?), おカレー(?), おすきやき(?), おうどん(?), お寿司(すし)(○)

⑥ 이미 존경의 의미를 나타낸 말에는 お·ご를 잘 붙이지 않는다.
おどなた(?), ご芳名(ほうめい)(?), ご令嬢(れいじょう)(?), ご貴下(きか)(?), ご高見(こうけん)(?)

〈参考文献〉

大石初太郎(1974)『敬語』筑摩書房
菊地康人(1997)『敬語』(講談社学術文庫)講談社
田近洵一編著(1981)『くわしい国文法』文英堂
竹内美智子(1973)「副詞とは何か」『品詞別日本文法講座5』明治書店
「特集・敬語」『日本語学』明治書院, 1983, 1月号
日本語教育学会編(2005)『新版日本語教育辞典』大修館書店
飛田良文編者(2007)『日本語学研究事典』明治書院

南不二男(1977)「敬語の機能と敬語行動」『岩波講座日本語4　敬語』岩波書店

宮地裕(1971)「現代の敬語」『講座国語史7 敬語史』大修館書店

—— (1977)「日本語の敬語の構造と特色」『岩波講座日本語4』岩波書店

吉沢典男(1986)『どこかおかしい敬語』ごま書房

權奇洙・全成燁(1995)『標準日本語文法』慶成出版社

6

文法論

1 文論

単語 → 文節 → 文 → 文章

1. 単語

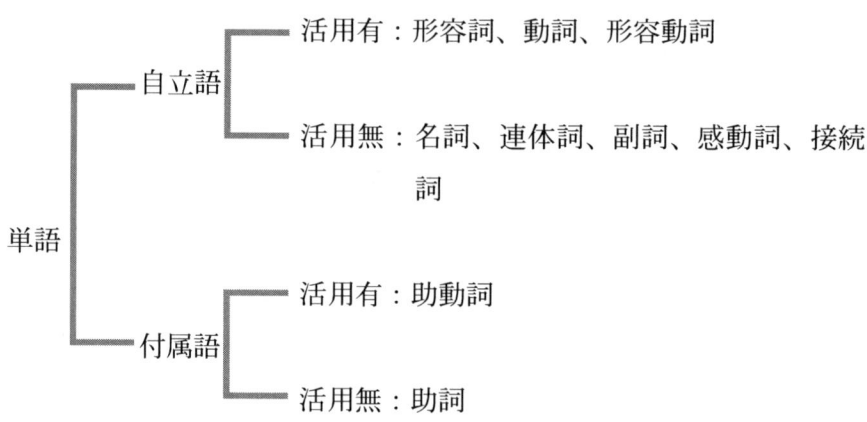

- 単語
  - 自立語
    - 活用有：形容詞、動詞、形容動詞
    - 活用無：名詞、連体詞、副詞、感動詞、接続詞
  - 付属語
    - 活用有：助動詞
    - 活用無：助詞

2007

16. 일본의 학교문법은 크게 3가지 기준으로 품사를 분류하고 있다. (보기)를 참고하여 품사 분류 기준 3가지를 각각 1줄 이내의 일본어로 쓰시오. [3점]

(보기)

連体詞
- 自立語である。
- 活用がない。
- 修飾語になる。

① (　　　　　　　　　　　　　　　　　　)

② (　　　　　　　　　　　　　　　　　　)

③ (　　　　　　　　　　　　　　　　　　)

◈ 일본의 문법학자

● 山田孝雄(やまだよしお)

일본 전통적인 문법연구 뿐만 아니라 서양의 심리학 등을 참조하면서 독자적인 이론체계를 구축한 자로, 대표적인 저작으로『日本文法論(1908)』과『日本文法学概論(1936)』등이 있다. 1927년부터 東北大 교수 역임. 단어를 観念語와 関係語로 나누고, 품사를 体言, 用言, 副詞, 助詞로 나누었다.

● 橋本進吉(はしもとしんきち)

외형에 중점을 둔 문법론을 구축한자로 , 문절의 개념에 핵심을 두었다. 오랫동안 学校文法의 기초가 되고 있다. 대표적인 저작으로는『国語法要説』(1934)이 있고, 단어를 詞와 辞(助動詞, 助詞)로 나누고, 품사를 현재 학교문법에서 사용되고 있는 名詞(代名詞, 数詞), 動詞, 形容詞, 形容動詞, 副詞, 副体詞, 連体詞, 接続詞, 感動詞, 助動詞, 助詞으로 나누었다.

● 時枝誠記(ときえだもどき)

단어를 詞와 辞(助動詞, 助詞, 接続詞, 感動詞)로 나누고, 言語過程説이라는 독특한 이론으로 문법체계를 구축하려고 했던 학자이다. 품사를 名詞, 代名詞, 連体詞, 副詞, 動詞, 形容詞, 接続詞, 感動詞, 助動詞, 助詞로 나눔. 대표적인 저작에『国語学言論(1941)』과『日本文法国語編(1950)』이 있다.

● 松下大三朗(まつしただいざぶろう)

독자적인 용어와 보통문법을 지향한 학자로, 대표적인 저작으로『改選標準日本文法(1928)』과 일본 최초의 口語文法書인『日本俗語文典(1901)』과『標準日本文法』등이 있다. 품사를 名詞, 動詞, 副体詞, 感動詞로 나누고 있다.

● 本居宣長(もとおりのりなが)

1730~1801年 国学者, 医者. 国学을 연구하여 賀茂真淵(かものまぶち)에 入門. 古語의 実証的分析을 행함. 『古事記伝』『玉勝間(たまかつま)』를 저작.

● 鈴木朗(すずきあきら)

1764~1837年 江戸時代後期의 国学者. 本居宣長(もとおりのりなが)한테 배움. 言語学에 뛰어남. 『言語四種論』을 저작.

● 大槻文彦(おおつきふみひこ)

1847~1928年 国語学者. 『大言海』를 편집하여 1924년 자비로 간행했다. 『広日本文典』(1897)의 저작자. 文法論에서 助詞를 「弖爾乎波」로 칭하고, 품사를 8종으로 분류했다.(名詞, 動詞, 形容詞, 副詞, 接続詞, 感動詞, 助動詞, テニオハ(助詞)) 일본어의 形容詞와 서양의 形容詞의 다름을 정확하게 지적했다.

● 佐久間鼎(さくまかなえ)

1888~1970年 東京大 졸업. 言語学者·心理学者 九州大学教授 역임. 日本語 音声学的 研究. 저작에 『音声と言語』『ゲシタルト心理学』가 있고, 「コソアド」의 体系를 세운 학자이다.

● 金田一春彦(きんだいちはるひこ)

1913~ 金田一京助(きんだいちきょうすけ)의 長男. 日本語 악센트의 史的 연구. 東京外大·上智大 教授 역임. 東京大 卒業. 『日本語』『日本語音韻の研究』와 부자지간에 편집한 『新明解国語辞曲』 등이 있다.

2 品詞論

품사분류는 언어에 있어 단어로 인정된 것을 하나의 문 또는 문의 연속 안에서 어떠한 형태로, 어떠한 문법적인 의미를 담당하고 있는 것인지, 또한 어떤 문법적 기능과 성분을 가지고 있는가? 이러한 관점에서 분류하는 것이다. 단어에는 어휘적인 면과 문법적인 면이 있는데, 문법적인 면만 가지고 어휘적인 면을 가지지 않는 독립하지 않는 형태소, 즉 조사와 조동사가 있다, 그러나 일본어교육에서는 품사분류의 원리 자체를 가르치지 않으므로, 조사와 조동사를 문중이나 문말 용법으로 내세워 지도하는 것이 효과적이라 할 수 있다. 본서에서는 일본의 학교문법에서 취급하는 다음의 10품사를 중심으로 품사론을 서술해 나가겠다.

하나의 문의 기본적인 골격을 이루는 품사로서는 명사(名詞), 동사(動詞), 형용사(形容詞:イ形容詞), 형용동사(形容動詞:ナ形容詞)가 있는데 동사, 형용사, 형용동사는 활용이라는 어형변화를 하고, 또한 서술하는 구문적인 역할을 담당한다. 부사(副詞), 연체사(連体詞)는 골격이 되는 구문의 성분에 의미적인 한정을 부가하는 역할을 담당하는 품사이다. 그리고 문을 접속시키는 기능을 가지는 접속사(接続詞)와 단독으로 문을 구성할 수 있는 감동사(感動詞)가 있다. 나머지 조동사(助動詞)와 조사(助詞)는 문법적인 기능을 담당하고 있는 품사이다. 이러한 10품사를 하나하나 보기로 한다.

- 10品詞 : 名詞(めいし), 動詞(どうし), 形容詞(けいようし), 形容動詞(けいようどうし), 副詞(ふくし),
連体詞(れんたいし), 接続詞(せつぞくし), 感動詞(かんどうし), 助動詞(じょどうし), 助詞(じょし)

2001

下線部の品詞名を書きなさい。ただし、学校文法として認められている10品詞の中で答えな

さい。(답은 한글 또는 漢字로 쓸 것) (2점)

1) 彼女は<u>また</u>ふられたね。　2) あの男は<u>おかしな</u>人だわ。　3) <u>うん</u>、私も行くよ。

4) 雨は降ら<u>ない</u>だろう。　5) さっぱり<u>きれいに</u>なった。

2002

4-2. 다음 문장에서 쓰이고 있는 「ない」가 조동사인 것을 모두 골라 그 기호로 쓰시오. (1점)

(a) ひとりでもさびしくは<u>ない</u>よ。	(b) それはよく<u>ない</u>からすぐ改めなさい。
(c) 君の親切は決して忘れ<u>ない</u>。	(d) そんなことぼくにはでき<u>ない</u>ね。
(e) 本がほしかったが金は<u>なかっ</u>た。	(f) 勉強し<u>なけれ</u>ばだめよ。

2006

14. 다음 일본어 문(文)에서 부자연스러운 것을 모두 골라 그 번호를 쓰시오. (3점)

① 佐藤が私の弟から本をもらった。
② おいしいコーヒーをたくさん飲みたい。
③ ヤンさんは鈴木さんのお世話になった。
④ 鈴木さんは彼が犯人だと思っているようだ。
⑤ 道に迷ったとき、親切な人が私に話しかけた。
⑥ 今週の週末にクラス全員でお花見に行くつもりだ。

1. 명사(名詞(めいし))

① 普通名詞(ふつうめいし) : 学校・家・木・建物 → 花・石・家・つくえ

② 固有名詞(こゆうめいし) : 韓国・仙台・巨人軍(きょじんぐん)・明治(めいじ)・大正(たいしょう)・昭和(しょうわ)(2004임용고사)・平成・鈴木ほなみ・木村拓也(きむらたくや)(キムタク)

③ 助数詞(じょすうし) : 本(ほん)・足(そく)・着(ちゃく)・頭(とう)・羽(わ)・丁(ちょう)・個(こ)・軒(けん)・隻(せき)・杯(はい)・台(だい)

④ 代名詞(だいめいし)

- 人称代名詞：わたし·わたくし·あたし·ぼく·おれ·わし(1인칭)
  あなた·おたく·君·おまえ·貴様(2인칭)
  彼·彼女·彼ら(3인칭)
- 指示代名詞：これ·それ·あれ·どれ(物)
  こちら(こっち)·そちら(そっち)·あちら(あっち)·どちら(どっち) (方向)
  ここ·そこ·あそこ·どこ(場所)

※ 이외에도 こそあど 용법에는 연체사 부류에 넣기도 하는「この·その·あの·どの」와「こんな·そんな·あんな·どんな」가 있고, 부사적인 역할을 하는「こんなに·そんなに·あんなに·どんなに(程度)」와「こう·そう·ああ·どう(様子)」와「こいつ·そいつ·あいつ·どいつ」등이 있다.

⑤ 形式名詞：うち·くせ·こと·ため·とき·とおり·ところ·もの·わけ

⑥ 複合名詞：父母(명사＋명사)·渡し船(동사+명사)·嬉しい涙(형용사어간+명사)·読み書き(동사+전성명사)·魚つり(명사+전성명사)·気短(명사+형용사어간)·細長(형용사어간+형용사어간)

⑦ 接辞가 붙은 名詞：

お−·ご−·おん−·み−：お手紙·ご兄弟·御礼·御身·御子·御言·御仏·御空

生−：生娘·生糸·生薬·生放送·生ビール·生物

初−：初音·初恋·初物·初売り·初仕事·初詣

真−：真夜中·真心·真青·真白·真中

※ 和語系 접두사에는 おー, おんー, みー, す, はつ, まー, まっー, まんー 등이 있고, 漢語系 접두사에는 御(ご)ー, 新ー, 超ー, 再ー, 第ー 등이, 外来語 접두사에는 アンチー, スーパー 등이 있다.

◈ 助数詞(じょすうし)

2001

◆ 次の下線部のところをひらがなで書きなさい。(2점)

1) 커피 4잔　2) 자동차 2대　3) 소 1마리　4) 비둘기 3마리　5) 볼펜 3자루

- 本(細くて長いもの)：鉛筆, チョーク, ばら(お花：輪을 사용하기도 함), 傘, タバコ, お箸, お酒類(한 병), きゅうり, ネギ, 人参, ビデオ, 映画
- 枚(うすくてたいらなもの)：紙, 紙幣, 切手, 切符, お皿, ざるそば, すし (한 접시)
- 匹(人間より小さい動物)：猫, 犬, ねずみ, うさぎ(옛날에는 羽를 사용)
- 魚類(生きているもの → 匹、死んでいるもの → 尾), 昆虫類
- 頭(大きな動物)：牛, 豚, 馬, 像さん, カバ, 鯨
- 羽(羽がついている鳥類)：鶏, つばめ, はと, 烏, うさぎ (현재는 주로 匹를 사용)
- 杯(容器の中身を数える：한잔)：コーヒー, お酒類(한 잔), ジュース
- 足：靴下, くつ, ストッキング
- 丁(四角いもの)：豆腐, コンニャク, 焼き魚(한접시)
- 軒：家屋 / 隻：船 / 着：セビロ(양복)
- 一個, 二個와 ひとつ, ふたつ와의 차이점?

◈ 形式名詞

2005

17. 다음 예문에서 ‘ところ’의 공통적인 문법적 기능을 쓰고, 그 문법적 기능이 ①, ②, ③에서 각각 어떻게 달리 나타나는지 설명하시오. (3점)

① ただいま買い物に出かけるところです。
② ただいま電話番号を調べているところです。
③ ただいま書類を事務局に出したところです。

- うち：福(ふく)はうち、鬼(おに)はそと。(本名詞)

  寒(さむ)くならないうちに冬(ふゆ)ぶとん出(だ)しておきましょう。(形式名詞)

- くせ：髪(かみ)のくせが悪い。(本名詞)

  元気なくせに働(はたら)こうとしない。金があるくせにけちだ。(形式-非難)

- こと：世(よ)の中(なか)はいいことがあれば、わるいこともある。(本名詞)

  就職(しゅうしょく)することにしました。(形式-意志による決定)

- ため：先生(せんせい)はためになる話をよくする。(本名詞)

  電車に乗(の)り遅(おく)れないためには、早(はや)めに家を出た方(ほう)がいいですよ。(形式)

- とき：ときの流れが早い。人はときを待つべきだ。(本名詞)

  勉強しているときは、だれにも会いたくありません。(形式)

- ところ：問題(もんだい)は時間(じかん)で、ところは問題でない。(本名詞)

  今、アクセントの説明をするところです。(形式)

  この酒(さけ)は弱(よわ)いどころかかなり強(つよ)いです。(副助詞)

- もの：ものの値段が高すぎる。(本名詞)

  慣(な)れるまではだれでも難しく感じるものです。(形式-当然の帰結)

  学生時代にはよくおそくまで帰らなかったものだ。(形式-過去の習慣)

- とおり：そのとおりを右に曲がってください。(本名詞)

  私が教えるとおりにしなさい。(形式)

- わけ：わけがわからないことを言っている。(本名詞)

  昨日(きのう)習(なら)ったばかりですから、よくできるわけです。(形式)

〈参考文献〉

名柄すすむ・広田紀子・中西家栄著(1987)『形式名詞 外国人のための日本語例文・問題シリーズ2』

2002

4-3. 다음 문장의 ( ) 안에 공통으로 들어갈 가장 적당한 말을 히라가나로 쓰시오. (2점)

- 一人17万、つまり3人で50万強かかる(　　)です。
- 熱が四十度もあるのですから、苦しい(　　)です。
- あんなに小さい関取が横綱に勝てる(　　)がない。
- 少々の病気で仕事を休む(　　)にはいかない。
- 来月から地方の支社に転勤だ。と言っても左遷される(　　)ではないよ。

2. 動詞

① 동사의 종류

- 五段活用動(ごだんかつようどう) : 1류동사 , u동사
- 上一段動詞(かみいちだん)・下一段動詞(しもいちだん) : 2류동사 , る동사 또는 一段動詞
- サ変格動詞(へんかく), カ変格動詞(へんかく) : 3류동사 또는 불규칙동사, 변칙동사
- 例外5段動詞 : 형태는 상・하1단동사의 형태를 취하고 있지만, 5단동사 활용을 하는 동사 부류이다.

  走る, 要る, 知る, 限る, ちぎる, 参る, くぎる, 散る, 入る, 帰(かえ)る, 蹴(け)る, 湿(しめ)る, しゃべる

2003

8-2. 다음 (보기)에서 촉음편형「っ」으로 활용하는 것을 두 개만 골라 기호를 쓰시오. (2점)

(보기)　(a) 寝る　(b) 蹴る　(c) 居る　(d) 甦る　(e) 得る　(f) 似る

- 音便現象(おんびんげんしょう) : 5단 동사(예외5단동사 포함)가「て・た・たら・たり」에 접속 될 때 생기는 현상.

  イ音便(おんびん) → 5단 동사의 어미가「く・ぐ」로 끝나는 것.(예외行く → 行って)

  促音便(そくおんびん)(=つまる音便) → 5단 동사의 어미가「う・つ・る」로 끝나는 것.

  撥音便(はつおんびん)(=はねる音便) → 5단 동사의 어미가「む・ぬ・ぶ」로 끝나는 것.

※ www.thkim.net → 자료실 → 일본어학습 (동사활용 노래를 배울 수 있다)

② 可能動詞(かのうどうし)

読める(読まれる), 乗れる(乗られる), 見られる, 食べられる

③ 瞬間動詞(しゅんかんどうし)와 継続動詞(けいぞくどうし)

순간동사 → 生まれる, 折れる, まばたく

계속동사 → 寝る, 勉強する, 走る

④ 自動詞(じどうし)와 他動詞(たどうし)

通過点 → ○せまい道を通る ○公園を散歩していた。

○とんぼが空を飛ぶ

起点 → ○来年大学を卒業する ○駅前でバスを降りた

○いそいで部屋を出た

※ 일반적으로 「목적격」을 취하고, 수동태를 만들 수 있으면 타동사, 그렇지 못하면 자동사가 되는데, 日本語는 자동사가 「を」格을 취하는 경우가 있는데, 이것은 「を」가 通過点과 起点을 나타낸다.

2000

9-2. 다음 (a)와 (b)의 문장에서 밑줄 친 「を」의 의미와 용법 차이를 「よむ」와 「とおる」의 동사의 성격과 관련지어 설명하시오. (3줄 이내) (3점)

(a) 本をよむ。

(b) 道をとおる。

⑤ 補助動詞(ほじょどうし)(~ている, ~てある)

自動詞 + ている(状態) → 花が咲いている。

自動詞 + ている(進行) → 車が走っている。

他動詞 +ている(進行) → 黒板に字を書いている。

他動詞 +てある(状態) → 黒板に字が書いてある。

※ 자동사는 「~ている」가 状態와 進行의 의미를 나타내고, 타동사는 「~ている」가 進行, 「~ている」가 状態를 나타낸다. 단, 예외로 「眼鏡をかけているひと(状態)」는 「타동사+ている」라도 状態의 의미를 나타낸다.

⑥ 授受動詞

2005

15. 다음 두 문(文)에서 보조동사 「くれる」와 「あげる」가 구분되는 조건을 '話者의 視点'이라는 관점에서 3줄 이내로 설명하시오. (2점)

① 太郎が花子に水泳を教えてくれる。 ② 太郎が花子に水泳を教えてあげる。

2006

4. '의사소통을 위한 일본어교육문법'이라는 관점에서 ①~④의 표현을 가르칠 때 적절한 우선 순위를 번호로 쓰고, 그 근거를 1줄 이내로 설명하시오. [3점]

① 受動文　　② 能動文

③ ~てくれる文　　④ ~てもらう文

◈ 変っていく文法

- 「ら抜きことば」

食べ(ら)れる, 寝(ら)れる, 見(ら)れる, 起き(ら)れる, 来(ら)れる

- 「れ足すことば」: 行ける→ 行けれる / 言える→ 言えれる
- 「さ入れことば」: 行かせる→ 行かさせる / 読ませる→読まさせる
- 「い抜きことば」: 言っている→ 言ってる / 雨が降っています→ 雨が降ってます。

- すごく早い→ すごい早い　すごく暑かった→ そごい暑かった

◈ 受身文과 うなぎ文

- 能動文 : 犬が私を助けた。　　　　お母さんが私をしかる。
- 受身文 : 私は犬に助けられた。　　私はお母さんにしかられる。
- 迷惑(めいわく)の受身(うみ) : 父に死なれる。　雨に降られる。　赤ん坊に泣かれる。
  泥棒(どろぼう)に入(はい)られた。

※ 앞서 서술한 바와 같이 일반적으로 타동사가 수동태문이 되는데, 日本語의 경우 앞의 예처럼, 자동사가 수동태문(受身文)이 되는 경우가 있다. 이러한 수동태는 本人에게 폐가 되는 「迷惑の受身」로 일컬어 진다.

- うなぎ文 : 奥津敬一郎(おくつけいいちろう)의 학설로 「私はうなぎだ」문에서 「私は学生だ」처럼 私=学生가 아니라 「私が食べたいのはうなぎだ」 또는 「私はうなぎを食べたい」라는 의미를 나타내고 있다. 이러한 문을 「うなぎ文」이라고 한다. 즉 술어를 「た・です」로 代用, 또는 생략해서 「XはYだ(です)」로 한 문을 말한다. 「お母さんは家です」라는 것은 「お母さんは家にいます」를 생략한 것이다.

2004

11-1. (보기)의 일본어 복합동사 중에 전항과 후항의 조합이 바르지 않은 것 2개를 골라 번호를 쓰시오. (1점)

(보기)　① 食べ始まる　② 走り終わる　③ 駆け上がる　④ 這い上げる
　　　　⑤ 張り上げる　⑥ 運び上げる

◈ 形容詞에서 動詞가 된 것

怪(あや)しい→ 怪(あや)しむ　　　　卑(いや)しい→ いやしむ、卑(いや)しめる
羨(うらや)ましい→ 羨(うらや)む　　　惜(お)しい→ 惜(お)しむ

悲しい→ 悲しむ
苦しい→ 苦しむ、苦しめる
楽しい→ 楽しむ
微笑ましい→ 微笑む
憎い→ 憎む

悔しい→ 悔やむ
親しい→ 親しむ
懐かしい→ 懐かしむ
痛い→ 痛む、痛める

◈ 自動詞와 他動詞

※ 日本語 동사에는 형태상으로 자동사와 타동사가 쌍을 이루고 있는 것이 있다. 기본적인 동사 중에도 비교적 많이 있어, 학습자가 습득에 어려움을 느끼는 경우가 적지 않다. 이러한 형태적인 대응관계는 몇 개의 형으로 정리할 수 있는데, 어떤 단계에서 이러한 것을 지도하면 도움이 될 것 같다.

2005

11. (보기 1)의 동사를 자타대응동사(自他対応動詞)라 한다. 동일한 관점에서 (보기 2)의 ①과 ②에 들어갈 동사를 쓰시오. (2점)

(보기 1) ● 旗があがりました。　대 旗をあげました。
(보기 2) ● 皆がおどろきました。　대 皆を(①)。
● 部屋が(②)。　대 部屋をかたづけました。

＜自動詞＞	＜他動詞＞
-aru	-eru
物価が上がる(上がらない)	物価を上げる(上げない)
宝くじが当たる(当たらない)	宝くじを当てる(当てない)
体が温まる(温まらない)	体を温める(温めない)
寄付が集まる(集まらない)	寄付を集める(集めない)
喧嘩が収まる(収まらない)	喧嘩を収める(収めない)
鍵がかかる(かからない)	鍵をかける(かけない)

ドアが閉《し》まる(閉《し》まらない)	ドアを閉《し》める(閉《し》めない)
車《くるま》が止《とま》る(止《とま》らない)	車《くるま》を止《と》める(止《と》めない)
-aru	**-u**
電話《でんわ》がつながる(つながらない)	電話《でんわ》をつなぐ(つながない)
道《みち》がふさがる(ふさがらない)	道《みち》をふさぐ(ふさがない)
目《め》が回《まわ》る(回《まわ》らない)	目《め》を回《まわ》す(回《まわ》さない)
-u	**-eru**
店《みせ》が開《あ》く(開《あ》かない)	店《みせ》を開《あ》ける(開《あ》けない)
腰《こし》が痛《いた》む(痛《いた》まない)	腰《こし》を痛《いた》める(痛《いた》めない)
火《ひ》がつく(つかない)	火《ひ》をつける(つけない)
旅《たび》が続《つづ》く(続《つづ》かない)	旅《たび》を続《つづ》ける(続《つづ》けない)
-eru	**-asu**
目《め》が覚《さ》める(覚《さ》めない)	目《め》を覚《さ》ます(覚《さ》まさない)
水《みず》が出《で》る(出《で》ない)	水《みず》を出《だ》す(出《だ》さない)
氷《こおり》が溶《と》ける(溶《と》けない)	氷《こおり》を溶《と》かす(溶《と》かさない)
噂《うわさ》が流《なが》れる(流《なが》れない)	噂《うわさ》を流《なが》す(流《なが》さない)
髪《かみ》が濡《ぬ》れる(濡《ぬ》れない)	髪《かみ》を濡《ぬ》らすロ(濡《ぬ》らさない)
秘密《ひみつ》が漏《も》れる(漏《も》れない)	秘密《ひみつ》を漏《も》らす(漏《も》らさない)
-eru	**-yasu**
ビールが冷《ひ》える(冷《ひ》えない)	ビールを冷《ひ》やす(冷《ひ》やさない)
人口《じんこう》が増《ふ》える(増《ふ》えない)	人口《じんこう》を増《ふ》やす(増《ふ》やさない)
家《いえ》が燃《も》える(燃《も》えない)	家《いえ》を燃《も》やす(燃《も》やさない)

髭(ひげ)が生(は)える(生(は)えない)	髭(ひげ)を生(は)やす(生(は)やさない)
-iru	-osu
子(こ)どもが起(お)きる(起(お)きない)	子(こ)どもを起(お)こす(起(お)こさない)
チョークが落(お)ちる(落(お)ちない)	チョークを落(お)とす(落(お)とさない)
人(ひと)が降(お)りる(降(お)りない)	客(きゃく)を降(お)ろす(降(お)ろさない)

2002

8-2. 다음 문장의 (　) 안에 들어갈 가장 적당한 말을 (보기)에서 골라 쓰시오. (1점)

> 言表内容に対する話し手の捉え方、および聞き手に対する働きかけや伝達のあり方といった、発話時における話し手の心的態度に関する情報を(　　　　)という。これは、文の中の「事柄」以外の話者の主観的な部分で、たいていは文末に位置する。

(보기)

テンス　ムード　アスペクト

ヴォイス　ストラテジー　モーラ

◈ 문법용어

동사 술어, 더욱이 한정된 동사 술어만 대상이 되는 문법 범주에 태(Voice)와 애스펙트(Aspect)가 있고, 이것에 대해 텐스(Tense)와 모댈리티(Modality) 등은 기본적으로 모든 술어가 대상이 되는 문법범주이다.

● テンス(時制 : Tense)

시제는 시간적인 국면을 나타낸다는 점에서는 애스펙트(Aspect)와 유사한 점을 가지고 있다. 한국어의 시제와 유사한 점이 많지만, 다른 점도 있다. 예를

들면, 우리말「가다(현재형)」와 「갈 것이다(미래형)」가 일본어로는 「行く」밖에 표현할 수 없다. 즉 한국어는 현재시제와 미래시제가 각각 존재하지만, 일본어는 현재형이 미래형을 대신한다. 「となりのトトロ」에서 사츠키가 메이의 모자를 발견한 장면에서 「お父さん！メイの帽子があった。(아빠 메이 모자 있어.)」로 과거시제인 「た」로 표현하고 있다. 또한 「안경을 쓴 사람」을 「メガネをかけた(かけている)人」로 현재상태를 나타낼 경우에도 과거시제를 사용한다. 이처럼 일본어는 시점이 과거가 아닌 경우에도 과거시제인 「た」를 많이 사용한다.

アスペクト(相 : Aspect)

일본어로 상(相)이라고도 하는 애스펙트는 동사가 나타내는 동작 작용이 어떠한 과정(단계)에 있는가? 즉 진행 중인지 아닌지 등, 움직임의 국면(Aspect)을 나타내는 문법범주를 말한다.

「食べる」의 일례를 들면 「食べるところだ。(밥을 먹기 직전 단계), 食べ始める。(밥을 먹기 시작하는 단계), 食べている。(밥을 한창 먹고 있는 단계(진행 단계)), 食べ終わった。(밥을 이미 다 먹은 단계(완료, 결과 단계))」와 같다.

애스펙트는 이전, 이후와 같은 사건의 시간적인 관계를 나타내는 경우에도 관계가 되는 것이 있어, 텐스(テンス)와 근접하다고 볼 수 있다. 예를 들면, 「すでにそのときには～している」라고 할 때 이전에 동작이 있었다는 것을 상태표현을 이용해서 나타내고 있다. 이러한 표현을 퍼펙트(パーフェクト)라고 하는데, 이것도 애스펙트의 범주 속에서 생각하는 것이 보통이지만, 이것은 텐스(시제)와 관계없는 것은 아니다. 보통 과거시제는 「ル」형과 共起하지 않지만, 「～ている」형에 의한 퍼펙트 표현에서는 「去年死んでいる」와 같이 과거의 부사가 「ル」형과 共起할 수가 있다.

ヴォイス(Voice, 態)

태(態)는 동작의 방향성에 관한 문법범주를 말하는데, 상(相) 또는 보이스(ヴォイス)라고도 한다. 애스펙트의 상과 혼동하기 쉬우므로 태는 원어 보이스(ヴォイス)를 많이 사용한다.

동작의 방향성을 나타내는 방법은 언어에 따라 다르지만, 일반적으로 동작・작용을 나타내는 술어동사를 중심으로 동작주와 피동작주 사이에서 성립한다.

일본어의 태를 「보어의 격과 상관관계에 있는 술어형태의 체계」로 규정하는 연구자에 따르면, 일본어에는 수동(受動)・가능(可能)・자발(自発)・사역(使役)의 4종이 있다고 한다.

수동태(受動態 또는 受身라고 한다)는 예를 들면, 「先生が学生をしかる。」즉 「XがYをVる」라는 능동문이 「学生が先生にしかられる。」 즉 「YがXにV(ら)れる」로 변한 문을 말한다. 일본어 수동태 문에는 우리말에는 볼 수 없는, 예를 들면, 「母に死なれる」처럼 본인한테 폐가 되는 내용 즉 「迷惑受身(폐가 되는 수동태)」표현이 존재하고, 사역(使役)에는 「飲ませられた(억지로 술을 마시게 되었다)」 처럼「使役受身(사역수동태)」가 존재한다.

ムード(Mood, 法)

무드는 사태(事態)에 대한 화자의 심적태도를 나타내는 문법범주를 말하는데 법(法), 서법(敍法), 모드(モード)라고도 한다. 화자의 심적태도에는 여러 가지가 있기 때문에, 무드(ムード)라는 용어는 학자에 따라 다른 정의가 이루어지고 있다. 일본어 연구에서는 무드에 관한 일정한 이해를 얻을 수 있는 단계는 아니다. 무드와 모댈리티(Modality)를 같은 의미로 사용하는 경우도 있다. 무드는 지금까지 문법 연구에서는 동사활용형의 의미기능과 관련지어 논해져 왔다. 예를 들면, 鈴木重幸는 무드를 형태론적 카테고리로 하고, 「叙述」「さそ

いかけ」「命令」의 3종을 내세운다. 애스팩트・텐스와의 관계를 어떠한 식으로 받아들일 것인가가 향후 무드연구의 과제가 될 것이다.

モダリティ(Modality)

화자의 심적태도를 나타내는 문법 카테고리로 서법(敍法), 법(法), 무드(ムード)라고도 한다. 원래 명제에 대한 판단 양식을 가르키는데, 일본어 연구에서는 일반적으로 문에 있어서 발화자의 심적태도를 나타낸다. 무드가 형태와의 관계에 중점이 있는 것에 반해 모댈리티는 의미도 포함한 포괄적인 개념이라 할 수 있다.

예를 들면, 「きっと雨はふらないだろうね。」라는 문에서 의미의 중심이 되는 사항(내용)은 「雨は降らない」로 문의 내측에 나타나 있다. 이것에 대해 밑줄친 「きっと」와 문말표현인 「だろう」「ね」와 같이 문의 외측에 나타나는 요소는 「雨は降らない」에 대한 화자의 주관적인 심적태도를 나타내고 있다. 「雨は降らない」처럼 내용을 나타내는 부분을 명제(命題), 「きっと」,「だろう」,「ね」와 같이 화자의 주관적인 심적태도를 나타내는 부분을 모댈리티(モダリティ)라 부른다.

명제(命題)
雨は降らない

きっと　　　だろうね。
모댈리티(モダリティ)

〈参考文献〉
寺村秀夫(1982)『日本語のシンタクスと意味 I』くろしお出版

寺村秀夫(1984)『日本語のシンタクスと意味Ⅱ』くろしお出版
森山卓郎(1984)「アスペクトの意味の決まり方について」『日本語学』3-12
国立国語研究所(1985)『日本語動詞のアスペクトとテンス』国立国語研究所報告82, 秀英出版
仁田義雄(1991)『日本語のモダリティと人称』ひつじ書房
益岡隆志(1991)『モダリティの文法』くろしお出版
木村新次郎(1991)「ヴォイスのカテゴリーと文構造のレベル」『日本語のヴォイスと他動性』くろしお出版
工藤真由美(1995)『アスペクト・テンス体系とテクスト』ひつじ書房
鈴木重幸(1996)『形態論・序説』むぎ書房
田中春美編主幹(1988)『現代言語学辞典』成美堂
日本語教育学会編(2005)『新版日本語教育辞典』大修館書店
飛田良文編者(2007)『日本語学研究事典』明治書院

3. 形容詞(イ形容詞)

형용사는 전형적인 의미로서 사람이나 사물의 속성, 사람의 감각이나 감정을 나타내는 품사이다. 활용이라는 어형 변화를 하므로 문(文)안에서는 연체수식어로 기능하는 것 외, 술어나 연용수식어 기능도 한다. 일본어교육에서는 형용사를 활용형에 따라 「イ形容詞」와「ナ形容詞」로 분류하기도 하는데, 본서에서는 「イ形容詞」를 형용사로, 「ナ形容詞」를 형용동사로 부르기로 한다. 형용사에서 주의할 점은 「寒かろう」는 현재는 잘 사용되지 않는 말이고, 「寒いだろう」 또는 「寒いでしょう」를 주로 사용한다는 것이다.

① 属性形容詞

高い, 大きい, 重い, 広い, おもしろい

② 感覚形容詞

痛い, かゆい, あまい, からい, しおからい, にがい, しぶい, すっぱい

③ 感情形容詞

楽しい, 苦しい, 寂しい, 厳しい, 嬉しい, 悲しい

④ 形容詞のウ音便：めでたい：めでたく→めでとう→おめでとうございます

ありがたい：ありがたく→ありがとう→ありがとうございます

はやい：はやく→はよう→おはようございます

⑤ 補助形容詞：(1) 時間がない (형용사) (2)これはおいしくない (보조형용사) (3) 生活がなりたたない (조동사) (4) おさえられない (조동사) (5) 思いがけない (思いがけない 전체가 형용사) (6) 彼は学生で(は・も)ない (보조형용사)

※ 보조형용사 「ない」는 형용사 뒤에 접속했거나, 명사를 부정하는 「ない」의 경우에 해당한다. 동사와 조동사에 접속한 「ない」는 조동사임에 주의해야 한다. 또한 (5)와 같이 ない로 끝나는 형용사가 있음에 주의한다.

⑥ 形容詞의 다양한 의미

あまい

あまい味がする, あまい味噌汁, あまい言葉, あまい点数, 子供にあまい, 人があまい, あまくみる, ねじがあまい, ピントがあまい, あまいのこぎり, 今週の相場はあまい, あまい酒, あまい小説

しぶい

しぶい味がする, しぶい好み, しぶい文章, しぶいのど, しぶい顔(返事), 金にしぶい, しぶい男, しぶい女

⑦ 「ない」로 끝나는 형용사

危(あぶ)ない, えげつない, きたない, こころない, だらしない, もったいない, なさけない, はかない, はしたない

※ 조동사 「ない」와 형용사 「ない」 그리고 「ない」로 끝나는 형용사를 잘 구분해야 한다. 또한 「つまらな

い(くだらない), 足りない」 등은「동사의 未然形+부정의 조동사(ない)」로 이루어진 連語에 속한다.

⑧ 형용사의 접미사

형용사 어간에 접미사「さ・み・め・け・げ」등이 붙어서 명사가 된다.

さ : 深さ(깊이)・広さ・暑さ・寒さ・長さ・強さ(세기)↔弱さ・重さ・辛さ・厚さ・悲しさ・楽しさ・渋さ

み : 深み(깊은 맛, 깊이 ～のない文章)・強み(강점)↔弱み(약점))・甘み・重み・辛み・厚み・悲しみ・楽しみ・渋み・白み

め : 長め・辛め(～に味をつける)・早め・遅め

け : 寒け(～がする)・眠け(～がさす)

げ : 惜しげ・はかなげ・しぶげ

⑨ 複合形容詞

형용사어간+형용사 → せま苦しい・浅黒い・おもしろおかしい・ずる賢い・悪賢い

형용사어간＋형용사적 접미사 → 重たい・くろっぽい・長たらしい

형용사적 접두사＋형용사 → 小高い・か弱い

⑩ 형용사의 동사화(～がる)

「～がる」는 형용사, 형용동사의 어간 및 조동사「たい」의「た」에 붙여 5단 활용동사를 만드는데, 그 뜻은 (1)「～하게 여기다, ～싶어하다」이고, (2)「～체 하다」이다.

예 : (1) → うれしがる・さびしがる・悲しがる・寒がる・おもしろがる・懐かしがる

(2) → 強がる・痛がる・えらがる

2004

11-3. 일본어 형용사의 어간에 「~がる」를 붙여서 사용할 수 없는 것 2개를 골라 번호를 쓰시오. (1점)

① 悲しい ② 痛い ③ 太い ④ 懐かしい ⑤ 薄い ⑥ おもしろい

4. 形容動詞(ナ形容詞)

(和語) のどかだ·すなおだ·きれいだ·まじめだ·静かだ

(漢語) 重要だ·健康だ·複雑だ·親切だ·便利だ·新鮮だ

(外来語) デリケートだ·ユニークだ·ホットだ·ハンサムだ· シンプルだ

① 形容動詞(けいようどうし)의 형태적인 분류

~だ : 円満(えんまん)だ, 元気(げんき)だ, 親切(しんせつ)だ, 新鮮(しんせん)だ, 満足(まんぞく)だ

※「親切だ」는「親切+형용동사의 語尾」이고,「学生だ」는「学生(명사)+だ(단정을 나타내는 조동사)」로 전자는 정도부사(非常に, なかなか, かなり, とても 등)를 넣어도 말이 되나, 후자는 문맥이 통하지 않는다. 정도부사의 삽입은 양자를 구별하는 좋은 방법의 하나이다.

~かだ : 静(しず)かだ, 暖(あたた)かだ, のどかだ

~らかだ : 明(あき)らかだ, 柔(やわ)らかだ

~やかだ : 穏(おだ)やかだ, さわやかだ, しなやかだ, 健(すこ)やかだ, 和(なご)やかだ, 睦(むつ)まやかだ

② 連体修飾形 語尾「な」「の」의 형태를 취하는 것

いろいろな本	特別な本	わずかなお金	別な問題	高度な技術
いろいろの本	特別の本	わずかのお金	別の問題	高度の技術

③「い」「な」같은 경우

柔(やわ)らかい人(ひと) / 柔(やわ)らかな人(ひと)
温(あたた)かい人(ひと) / 温(あたた)かな人(ひと)
暖(あたた)かい天気(てんき) / 暖(あたた)かな天気(てんき)

5. 連体詞

연체사란 활용을 하지 않고, 체언만을 수식하는 말을 나타내는 품사이다. 주된 연체사로는 「大きな」「いろんな」등 형용동사 등의 활용어가 활용을 잃어버린 것(「大きだ(×)」「いろんだ(×)」) , 「この」「こんな」「かの」등 지시어로 되어 있는 것, 「ある」「いわゆる」「来たる」등 동사에 의한 것 등이 있다. 다음에 연체사를 어말의 형태가 같은 것 끼리 묶어 놓았다.

～の → この, その, あの, どの, かの, ほんの, 例の

～な → こんな, そんな, あんな, どんな, 大きな, 小さな, おかしな, いろんな

～た(だ) → たいした, たった, とんだ

～る → ある(어느), さる, 来たる, 来たるべき, あらゆる, いかなる, あくる, かかる(이러한), さしたる

그 외 → たかだか30人, わずか3人, *同じもの, ちょっとした店, あきれた人

※ 「同じ」는 연체사로도 볼 수 있지만, 불규칙적인 형용동사로도 볼 수 있음에 주의한다. 「ちょっとした」와 「あきれた」등은 동사이지만, 당해용법에서는 명사 수식만 한다는 점에서 연체사로볼 수가 있다.

2000

★1. 次の文章を読んで、あとの問いに答えなさい。

1-1. (①, ②)の中に「この、その、あの」のうち、適当なものを入れなさい。(2점)

A : 鈴木先生が今度学会で発表なさった論文、もう読みましたか。

B : ええ、ゆうべ一気に読み上げました。

A : (①)結論どう思いましたか。

B : そうですね。今図書館から借りてきた(②)本の結論とは大分違いますね。

2003

14-1. 다음 대화 내용에서 (　) 에 알맞은 지시어를 히라가나로 쓰시오. (1점)

A : 昨日山田さんという人に会いました。その人、道に迷っていたので助けてあげました。
B : (　　)人、ひげをはやした中年の人でしょ。
A : はい、そうです。
B : あの人なら、私も知っています。

2005

16. 다음을 참고로 하여 문맥 지시의 경우, 'そ'계열의 지시어와 'あ'계열의 지시어가 구분되는 근거를 3줄 이내로 설명하시오. (2점)

① A : 山田さんが事故で入院したって。
　B : うん、その話、鈴木さんから聞いたよ。
② A : 例の話、どうなった？
　B : あの話か、あまりうまくいってないようだよ。

6. 副詞

부사는 여러 설이 존재하지만, 크게 상태부사(状態副詞(じょうたいふくし) 또는 様態副詞(ようたいふくし))・정도부사(程度副詞(ていどふくし))・진술부사(陳述副詞(ちんじゅつふくし))로 분류하는 것이 일반적이다. 비가내린다고 가정할 때, 「雨がザアザア降っている。」에서 「ザアザア」는 비가 내리는 상태(모양)을 나타내는 상태부사이고, 「雨がちょっと降っている。」에서 「ちょっと」는 비가 내리는 정도를 나타내는 정도부사에 속한다. 그리고 「雨は決して降らない。」에서 「決して」는 문말표현인 「ない」와 호응하는 진술부사에 속한다. 그래서 이 진술부사는 호응부사(呼応副詞(こおうふくし))라고도 한다.

상태부사와 정도부사는 속성과 정도 등 객관적인 의미를 지니는 것에 대해, 진술부사는 화자의 심적태도라는 주관적인 의미를 지닌다고 볼 수 있다.

1999

【2】次の文の(　)に入れるのに最も適当なものを選びなさい。〈1点〉

赤ちゃんが(　　)寝ている。

①ほやほや　②もやもや　③すやすや　④どやどや　⑤さやさや

2001

◆ 1)~4)の意味に当てはまるものを選び、その<u>記号</u>を書きなさい。(2점)

1) 一点に集中しない　　2) 雨が静かに降る

3) 油気なくて、ざらざらする　　4) 勢いよく伸びる

例) ⓐ しとしとと ⓑ ぼんやりと ⓒ がさがさ ⓓ もぐもぐと ⓔ すくすくと

2002

7-1. 다음 각 문장이 설명하고 있는 말을 (보기)에서 골라 그 기호를 쓰시오. (3점)

(1) わざわざ苦心してやったのに、それにふさわしくない結果が出て、残念だという気持ちを表す。
(2) ゆるやかで気持ちのよい様子。また、心や体がのんびりして気持ちのよい様子。
(3) これまでと比べてずっとよくなるようす。

(보기)

(a) ぐんと　(b) すっかり　(c) ゆったり　(d) せっかく

(e) たまたま (f) とっくり　(g) ふっつり

2002

7-2. 다음 (　) 안에 들어갈 가장 적당한 말을 (보기)에서 골라 그 기호를 쓰시오. (2점)

(1) (　　)しないで早くやりなさい。	(3) 雨が(　　)降る。
(2) 地震で家が(　　)揺れる。	(4) 涙を(　　)流しながら話した。

(보기)

(a) ぐらぐら　(b) ぐずぐず　　(c) くすくす

(d) ひらひら　(e) ぽろぽろ　(f) ざあざあ

2004

12-2. 가장 자연스러운 일본어문의 완성을 위해 (보기)의 부사들 중에서 각각 1개만 골라 그 번호를 쓰시오. (2점)

(1) (　　　)植えた木が、台風で倒れてしまったんです。

(2) いつまで昔の恋人の写真をとっておくの。(　　　)燃やしてしまいなさい。

(보기)　① つい　　② さっさと　　③ せっかく　　④ ひととおり
　　　⑤ あまり　　⑥ かえって

2005

13. (보기)에 제시한 부사를 「情態副詞」「程度副詞」「陳述副詞」로 분류하여 쓰시오. (3점)

(보기)　ひょっとしたら、ざあざあ、必ずしも、かなり、ずっと、そっと、たぶん

2006

3. 그림 (1), (2), (3)을 표현하는 알맞은 말을 (보기)에서 골라 쓰시오. [3점]

(보기)　にこにこ　ぐうぐう　おいおい　すやすや　うとうと
　　　げらげら　しくしく　くすくす　せかせか　めきめき

① ____________　② ____________　③ ____________

2007

18. 빈칸 A~C에 알맞은 말을 (보기)에서 찾아 번호를 쓰시오. [3점]

- お姉さんは結婚の申し込みを断られたのか(A)して帰り、食事もしない。
- 昨日海水浴場で日焼けした肌が(B)する。
- このコートはぼくには(C)だ。大きすぎる。

(보 기)

① だぶだぶ ② ひりひり ③ がらがら ④ さらさら ⑤ がんがん

⑥ こつこつ ⑦ しょんぼり ⑧ ねばねば ⑨ からから ⑩ じめじめ

A( ) B( ) C( )

① 状態副詞：雨がザアザア降っている。

ころころ(と), こっそり(と), そよそよ(산들산들), どっかり(と), ひらひら(と), しみじみ(と), にっこり(と), はっきり(と), ゆっくり(と)

ぐんぐん(부쩍부쩍)=すくすく, しばしば, すっかり, そっと(살짝), どしどし(척척, 줄줄), ふたたび, ますます(前よりいっそう)

② 程度副詞：雨がちょっと降っている。

たいへん, とても, だいぶ, かなり, なかなか, きわめて, ごく, すこぶる, やや, 少し, いささか, ちょっと, わずか

③ 陳述副詞：雨は決して降らない。(否定)

少しも成績があがらない。(否定)

時間がなくてなかなか彼女に会えない。(否定)

(めったに~ない・ろくに~ない・たいして~ない・とうてい~ない)

※「少し・なかなか」등은 정도부사이지만, 앞의 예처럼「ない」와 호응할 때는 진술부사가 됨에 주의

한다.

北京オリンピックでぜひ優勝したい。(希望)

せめてあと5分寝ていたい。(希望)

彼はたぶん約束しないでしょう。(推量)

まさか韓国が金メダルを取るとは思わないだろう。(推量)

もし雨が降ったら, やめよう。(仮定)

どうせお金を出すならいい物を買いましょう。(仮定)

どうも本当のことを知らないらしい。(推量)

ひょっとしたら台風が方向が変るかもしれない。(推量)

④ 時間副詞 : しばらく·当分·そろそろ·まもなく·いつか·やがて·さしあたり·当面·まだ·いつまでも·常に·年中·しょっちゅう·よく·ときどき·たまに·すぐ·さっそく·急に·突然·たちまち·結局·ついに·いよいよ·とっくに·さっき·もはや·すでに·かつて·次第に·次々と·一時

⑤ 그 외의 副詞 : わざわざ·わざっと·せっかく·思い切って·何だか·どうせ·なるほど·案外·案の定·心から·頭から·強いて·見る見る·代わる代わる·念のため·どっちみち(いずれにしても)

◈オノマトペ(擬声語·擬態語)=音象徴語

의성어·의태어는 和語 외에, 外来語(チクタク、ジグザグ등)도 있지만 그 수는 아주 적다. 漢語계통(あくせく、汲汲(きゅうきゅう)、唯唯諾諾(いいだくだく)등)은 많은 편이다. 의성어·의태어의 구별은 어렵지만, 의성어보다 어태어가 더 많다. 和語의 오노마토페는 형태적으로 다음과 같은 유형으로 분류할 수 있다. (『日本語教育ハンドブック』 pp 365~368 참조)

① 促音 コロ→コロッ(と) : 瞬間性, 빠름, 一回性을 나타낸다. 促音으로 끝나는 음에는 반드시「と」가 붙는다.

② 撥音 コロ→コロン、コロリ→コロリン : 좋은 울림, 余韻, 가벼움 등을 나타낸다.

③ 長音 ドン→ドーン : 시간이 보다 많이 걸림을 나타낸다.

④ リ音 コロ→コロリ、ドキ→ドキリ : 어떤 종류의 미끈거림, 누긋한 느낌을 나타낸다. 前者의 예가 첫 움직임에 역점을 두고 있는 반면에, 後者의 예는 처음부터 완전히 끝날 때까지를 나타내고 있는 느낌이 든다.

⑤ 反復 キラキラ、コロコロ、サラサラ、ヌルヌル、ブツブツ : 일 회 뿐만 아니라, 몇 번이나 반복하는 것을 나타낸다.

⑥ 音의 일부 교체 : あたふた、ぎゃくしゃく、カラコロ、ちらほら、ノラリクラリ、がさごそ、ペチャクチャ

⑦ 清音과 濁音의 대립 : コロ/ゴロ、キー/ギー、サラサラ/ザラザラ、トン/ドン : 濁音이 무거운 소리, 둔탁한 소리, 큰 소리, 강한 소리를 나타내는 반면에, (半濁音을 포함해서)清音은 가벼움, 예리함, 작은 것, 약한 것을 나타낸다. 또 濁音은「シットリ/ジットリ」「ペラペラ/ベラベラ」와 같이 불쾌한 느낌을 준다.

⑧「ガタガターがたつく」「ヨロヨローよろめく」처럼 일부의 의성어·의태어는「つく」「めく」가 붙어 動詞가 되지만, 이 경우는 마이너스 평가를 가지는 것이 많다.

일본어의 음상징어는 副詞로 분류되지만, 의성어는「と」를 동반하거나 그 대로 문중에 사용된다. 의태어는「と」나「に」를 동반, 또는 그 대로 부사적으로 사용된다. 그러나 의태어 중에는「部屋の中が<u>ごちゃごちゃだ</u>」「部屋の中が<u>ごちゃごちゃになる</u>」「部屋の中が<u>ごちゃごちゃする</u>」「<u>ごちゃごちゃの</u>部屋」와 같이 문중에서 여러 가지 기능을 하는 것도 많기 때문에 주의가 필요하다.

7. 接続詞(せつぞくし)

접속사는 뒤에 접속되는 내용이 앞의 내용과 어떠한 의미관계에 있는지를 나타내는 형식으로, 일반적으로 다음과 같이 분류된다. 자세한 내용은 부록이 있는 보충자료를 참조했으면 한다.

- (並立) → および, また, あるいは, ならびに, かつ, そして, それから
- (添加) → しかも, そのうえ, それに, おまけに, なお
- (選択) → それとも, ないし, あるいは, もしくは
- (順接の条件) → だから, したがって, それで, ゆえに, それゆえ, そこで, すると
- (逆接の条件) → しかし, しかしながら, だが, けれども, それでも, でも
- (転換) → ところで, さて, ところが, では

1999

(본문 1999참조)[9]

(4) A~Dの(　　)には、前後の文の間の連接関係を示す言葉が入る。下記の中から最もよく当てはまるものを選び、書きなさい。(0.5点)

だから	そして	すると	しかし	それでは
すなわち	なお	ところで	もし	もしかすると

2000

1-2. (①, ②)の中に「しかし、そうすると、そこで、ただし、そして」のうち、適当なものを入れなさい。(2점)

大金持ちになった杜子春はすぐ立派な家を買って、玄宗皇帝にも負けないくらいぜいたくな暮らしをしはじめました。(　　①　　)、いくら大金持ちでもお金には際限がありますから、

さすがのぜいたくやの杜子春も一年、二年とたつうちにはだんだん貧乏になりだしました。そうすると人間は薄情なものできのうまでは毎日来ていた友達も、きょうは門の前を通ってさえ、挨拶ひとつしていきません。(②)とうとう三年目の春、また杜子春が以前のとおり、一文なしになってみると、広い洛陽の都の中にも、彼に宿を貸そうという家は一軒もなくなってしまいました。いや、宿を貸すどころか、いまでは碗に一杯の水も恵んでくれるものはないのです。

そこで彼はある日の夕方、もう一度あの洛陽の西の門の下に行って、ぼんやり空を眺めながら、途方にくれて立っていました。

(芥川竜之介『杜子春』)

2001

7. 次のA~Cに入る最も適当なものを選び、書きなさい。(2점)

一定の年齢以上の人が口にする言葉に、「近ごろの若い者はものを知らない」というのがあります。私もそう思っています。しかし、だからといって「近ごろの若い者は知るべきことを知らない」と思っているわけではありません。(A)、「近ごろの若い者はものを知らない」というのは、「高齢者が知っていることを知らない」ということに過ぎないからです。(B)、「若者が知っていることを高齢者は知らない」という意味では、「近ごろの高齢者はものを知らない」とも言えるのです。(C)若者と高齢者とでは、知っていることが違うというだけのことなのです。

● それで ● なぜなら ● 要するに ● たとえば ● 逆に

2002

8-1. 다음 문장의 ( ) 안에 들어갈 가장 적당한 말을 (보기)에서 골라 쓰시오.(1점)

話すことはむずかしいという声をときどき聞く。そうだなと思う。と、また別に、いや、書くことはむずかしいという声も聞く。それも、そうだなと思う。わたしはずっと今まで教育に関係のある仕事をやってきたから、話すことや書くことに縁が深いほうの人間だ。( )話すことのむずかしさに共感できるかもしれない。

(보기) だから　けれども　ところで
しかし　それとも　たとえば

2003

(2003 참조)

15-3. B~D에 알맞은 말을 (보기) 중에서 하나씩만 골라 기호를 쓰시오. (3점)

(보기)

(a) しかるに　(b) したがって　(c) やはり
(d) しかし　(e) さて　(f) たとえば
(g) もし　(h) そして

2004

(2004 참조)

16-1. (ⓐ), (ⓒ), (ⓓ)에 들어갈 알맞은 것을 (보기)에서 골라 쓰시오. (2점)

(보기) ● たとえば ● それだけに ● それで ● さらに ● けれども ● それとも

2006

17. 밑줄 친 ①과 ②의 의미용법 차이, ③과 ④의 의미용법 차이를 각각 1줄 이내로 설명하시오. [3점]

● 午後から雨が降りだした。①そして、夕方には雪だった。
● ハンバーガーを２つ食べた。②それから、コーヒーを飲んだ。

● 静かで、③そして便利な場所。
● 鈴木さんは、英語とフランス語とドイツ語と④それから韓国語も話せる。

8. 感動詞(かんどうし)(감동사)

광의의 감동사는 담화에 있어서 독립적으로 사용되는 형식이다. 感動을 나타내

는「ああ、わあ」등의 좁은 의미의 감동사(감탄사) 이외에「あいさつ、応答、呼びかけ、いいよどみ」등도 품사분류상으로는 감동사로 분류된다.

- (感動)→ あれ(え), あら(あらあら), まあ, あらまあ, おや, おっと
- (あいさつ)→ こんにちは, さようなら, ありがとう, ごめん, どうも, すみません
- (応答)→ はい, はあ, はっ, いいえ, いや, ああ, ええ, なに
- (呼語 또는 呼びかけ) → さあ, おい, もしもし, ちょっと, なあ, あのね, やい
- (いいよどみ : 머뭇거림)→ あのう

① あれ(え)(아니, 저런) : あれ、どうしたんですか。

② あら(어머나) : あら、おひさしぶりですね。

③ まあ(어머, 어머나) : まあ、びっくりしたわ。

④ あらまあ(あら, まあ와 동일하게 사용)

⑤ おや(어, 아니, 어럽쇼)(주로 남성들이 많이 사용한다.) : おや、君だったのか。

⑥ おっと(아이쿠, 아차) : おっと、忘れちゃった。 おっと、どっこい。

앞의 예 ① ~ ⑤의 감동사는 전부 깜작 놀라는 소리로「아니, 어머나」에 해당이 되는「あら、まあ、あらまあ」는 주로 여성들 사이에서 많이 사용되고,「おや、おっと」는 주로 남성들이 많이 사용하는 감동사이다.

인사말 표현에 있어서는 일상적인 것을 대별하면「こんにちは・さようなら」등 만남과 헤어짐에 관한 것,「ありがとう・ごめん」등 감사나 사과에 관한 것으로 구별된다. 단,「どうも」와 같이 그 사용범위가 넓은 것,「すみません」처럼 상대방에게 사과(I'm sorry)하는 의미, 감사(Thank you)의 의미, 또한

상대방을 부르는(Excuse me) 의미 등 폭 넓게 사용되는 것도 있다.

일본어 문제로 자주 거론되는 것에 「おはよう」「こんばんは」등 시각에 따른 분류(전자는 원래 새벽 이후 오전의 인사말인데, 저녁 무렵에 출근하는 사람들은 밤에도 「おはよう」라고 인사하는 경우 등 그 용법이 확장되고 있다.)가 있지만, 어떤 상대에게, 어떠한 상황에서, 어떤 표현으로 인사말을 할지 등 문화에 따른 차이도 크다.

呼語(부르는 말)는 전형적으로「ねえ」「おい」「もしもし」등 청자의 주의를 환기하는 것이지만, 「あのう」등의 머뭇거림(いいよどみ)이나, 「やあ」등에 연속해서 사용되기도 한다.

9. 助動詞(조동사)

단독이 아니라, 항상 다른 말에 부속해서 사용되는 말(附属語·辞) 중에 활용이 있는 말을 조동사라고 한다. 이 명칭은 本 動詞에 부가되어 여러 가지 의미를 첨가하는 보조적인 동사라는 의미이다.

종래 학교문법에서는 현대어의 조동사를 다음과 같이 의미상으로 분류하는 일이 많다.

Tense－タ
Copula－ダ
否定－ナイ·ヌ·ズ(ン)
法(Mood)助動詞－ダロウ·デショウ·ソウだ·ラシイ·マイ·ヨウだ(ミタイダ)

① た(だ)·です→ 過去·完了
② だ·です→ 断定·指定

③ ます→ 丁寧(ていねい)

④ ない(ぬ, ず, ん)→ 否定(ひてい)

⑤ たい·たがる→ 希望(きぼう)

⑥ う(よう)→ 意志(いし)·推量(すいりょう)まい(ないだろう)→ 否定(ひてい)の意志(いし)·推量(すいりょう)

⑦ れる·られる→ 受身(うけみ)·可能(かのう)·自発(じはつ)·尊敬(そんけい)

⑧ せる·させる→ 使役(しえき) (せられる·させられる→ 使役受身(しえきうけみ))

⑨ そうだ→ 様態(ようたい)·伝聞(でんぶん)

⑩ らしい→ 推定(すいてい)

⑪ ようだ·みたいだ→ 推量(すいりょう)·比況(ひきょう)

⑫ だろう·でしょう→ 推量(すいりょう)

2000

9-1. 다음 문장 속에 쓰인 밑줄 친「た」는 각각 서로 다른 의미 용법으로 쓰이고 있다. ①, ②, ③에 해당하는 같은 의미의 용법을 (a)~(f) 중에서 두 개씩 골라 쓰시오. (3점)

① 机の上に飾った花がとても美しい。② あっ、汽車が来た。③今朝は五時に起きた。

(a) 見つけた時には届け出なさい。

(b) 心配していたことがついにやってきた。

(c)よく似た兄弟だ。

(d) ぼくも東京へ行ってきたことがある。

(e) 彼が来た時はたしか十二時だった。

(f) 南側に面した部屋は暖かい。

①(　　　) ②(　　　) ③(　　　)

2000

11. 다음의 밑줄 친 부분은 크게 두 가지 의미로 나눌 수 있다. 두 가지 의미를 쓰고, 그 용법에 따라 (a)~(f)를 나누어 쓰시오. (4점)

(a)さじがなかったので、食べにくかったそうです。

(b)なんだか元気が出そうな曲ですね。

(c)日本の秋はきれいそうなので、いつか行きたいと思います。

(d)ミンホさんは一人で行ってみたいそうです。

(e)韓国語の先生は親切でやさしそうな女の先生です。

(f)上手になるには練習しかいい方法がなさそうです。

2001

3. 下線部「れ」の文法的意味を下の例ⓐ~ⓓから選び、その記号を書きなさい。(1점)

1) この絵はあの方がかかれました。

2) この子は、父に死なれて、学校へも行けなくなりました。

3) まだ若いのに気の毒に思われてならない。

例) ⓐ可能　ⓑ自発　ⓒ受身　ⓓ尊敬

17. A)~C)の「ようだ」の文法上の用法をそれぞれ漢字または韓国語で書きなさい。(2점)

A) 彼はまるで白痴のようだ。　　B) 君のようなのを怠け者というのだ。

C) とても助からないようだ。

2002

4. 다음은 일본어 문법 교육과 관련된 항목들이다. 각 문항을 읽고 답하시오. (총 5점)

4-1. 다음 각 문장에 알맞게 「行く」를 활용하여 (　) 안에 써넣으시오. (2점)

(1) (　　)ぬと言ったけれども、それでは行くとしようか。

(2) 行こうか(　　)まいかと迷ったが、けっきょく行かないことにきめた。

4-2. 다음 문장에서 쓰이고 있는 「ない」가 조동사인 것을 모두 골라 그 기호로 쓰시오. (1점)

(a) ひとりでもさびしくはないよ。	(b) それはよくないからすぐ改めなさい。
(c) 君の親切は決して忘れない。	(d) そんなことぼくにはできないね。
(e) 本がほしかったが金はなかった。	(f) 勉強しなければだめよ。

2004

8-1. 문장 (1)과 (2)의 밑줄 친 「ぬ」에 대해 그 의미와 활용형을 (보기)에서 골라 쓰시오. (2점)

(1) 風と共に去りぬ。 (　　　) (　　　)

(2) 言わぬが花。 (　　　) (　　　)

(보기) 意味 : 過去　完了　推量　断定　否定　比況

活用形 : 未然形　連用形　終止形　連体形　已然形·仮定形　命令形

2004

11-3. 일본어 형용사의 어간에 「~がる」를 붙여서 사용할 수 없는 것 2개를 골라 번호를 쓰시오. (1점)

① 悲しい ② 痛い ③ 太い ④ 懐かしい ⑤ 薄い ⑥ おもしろい

2005

14. 다음 문(文)을 각각 부정문(否定文)으로 고치시오. (2점)

① 今日は雨が降りそうです。

② 今日は天気がよさそうです。

◈ た(だ)

- 弟は先週アメリカへ行った。(과거)
- 部屋の掃除が今済んだ。(완료)
- 今忙しいから今度会った時、ゆっくり話しましょう。(미래)
- 来た、来た、バスが来た。(현재동작의 진행)

- お父さんめいの帽子(ぼうし)あった。(발견) ああ、ここにあった。(발견)
- 池田さんはあの眼鏡をかけた人です。(かけている 결과의 상태)
- 白くめった壁。(めっている 결과의 상태)

※ た(だ)는 단순한 과거나 과거완료를 나타낼 뿐만 아니라, 현재진행과 상태 등 여러 가지 문법적 의미를 내포하고 있다.

◈ だ·です

단정을 나타내는 「だ」는 예를 들면 「私は学生だ(명사(N)+だ)」에서 「N이다」에 해당된다. 이 때 주의할 점은 「複雑だ(복잡하다), 健康だ(건강하다)」에서 「だ(形容動詞의 語尾)」와 혼동해서는 안 된다는 점이다. 이 둘을 구별하는 방법은 程度副詞인 「非常に」「なかなか」「かなり」등을 앞에 넣어 문맥이 통하면, 形容動詞의 語尾인 「だ」이고, 문맥이 통하지 않으면 「명사(N)+だ」에 해당된다고 보면 된다. 예를 들면 「非常に複雑だ(○)」「なかなか健康だ(○)」「かなり学生だ(×)」 등이다. 「です」는 「だ」의 정중체형이다.

◈ たい(たがる)→ 希望(きぼう)

※ 희망을 나타내는 조동사 「たい」文에서는 「水が飲みたい。」「水を飲みたい。」로 조사 「が」와 「を」 둘 다 허용이 된다. 그러나 다음 ①의 예처럼 「たい」 다음에 「～と思う・～という・～から・～ので」 등이 접속되면 「を」만 허용이 된다. 또한 ②의 예처럼 조건구가 올 때 주어와의 혼동을 피하기 위하여 「を」를 사용하고, ③과 같이 「を」와 「たい」 사이 문장이 길어질 때도 「を」만 허용된다. 그리고 ④와 같이 「受身・使役+たい」의 文에서도 「を」만 허용된다.

① 水を飲みたいと思う。

お話を聞きたいという、…

ラーメンを食べたいから、…

小説を読みたいので、…

② アフリカの子供を助けたいが、…

中村先生を訪ねたいですけれど、…

③ 山田さんと話をもっとゆっくり話したいと思います。

④ 李(2008)を参照されたい。

私は母を喜ばせたい。

2005

18. 형용사 'ほしい'와 동사 'ほしがる'가 구별되는 문법적 조건을 2줄 이내로 설명하시오. 단, 적절한 예문을 제시 하시오. (2점)

2007

20. 다음 글을 제시된 〈조건〉에 맞게 일본어로 옮기시오. [3점]

田中씨는 매일 늦게까지 잔업을 하고 있는 것 같다.

<조 건>

① 'らしい'를 사용할 것.

② 밑줄 친 부분은 한자(漢字)로 쓸 것.

③ 명령이나 강요 등에 의해 어쩔 수 없이 잔업을 하고 있다는 뜻의 '使役受身'를 사용할 것.

답(   )

◈ せる·させる

① 韓国の野球選手は私たちを失望させなかった。(使役)

② 入らせていただきます。(겸양·겸손의 의미)

③ 私は反省文をむりやりに書かせられた。(=書かされた/使役受身)

◈ 使役受身

飲ます(飲まされる)·待たす(待たされる)·読ます(読まされる)·書かす(書

かされる)・言わす(いわされる)・悩ます(悩まされる)

※ 「使役受身」文에서는 「억지로 ～하게 되었다」로 해석하면 자연스럽다.

◈ れる・られる

① 彼のことばに、私は気持をひどく傷つけられた。(受身)

② この種のきのこは毒があって食べられない。(可能)

③ 私には、どうも疑わしく思われる。(自発)

④ 先生の書かれた本はベストセラーとなった。(尊敬)

10. 助詞

품사론 상 자립하지 않고 각종 語에 붙어, 활용하지 않는 語를 助詞라 하는데, 영어 등의 전치사(前置詞)와는 逆順으로 되어 있는 것에서 후치사(後置詞)로 부를 때도 있다. 그 기능은 여러 가지 있기 때문에, 助詞는 보다 더 下位 품사로 분류 된다. 그 분류법과 助詞의 명칭 및 소속어휘에는 여러 가지 설이 있다. 본서에서는 격조사(格助詞), 접속조사(接続助詞), 부조사(副助詞), 종조사(終助詞)등 크게 4종류로 분류해서 보기로 한다. 먼저 格助詞부터 알아보기로 한다.

2006

15. 밑줄 친 ①~③은 문법적 기능이 다르다. 각각의 문법적 기능을 쓰시오. [3점]

- 一年①か二年、外国で勉強するつもりだ。
- 市長②ならびに教育長の出席をえて卒業式を挙行した。
- 中学生になった息子が新しいゲーム③だの携帯電話だのうるさい。

2007

17. 다음 ②는 문법적으로 잘못된 문(文)이다. 바른 문으로 고치고, ①과 비교하여 잘못된 문법적 이유를 1줄 이내로 쓰시오. [3점]

① 田中さんは息子を椅子に座らせ、本を読ませた。

② * 田中さんは息子を本を読ませた。

* : 비문(非文)표시

②의 바른 문 : (　　　　　　　　　　　　　　　)

문법적 이유 : (　　　　　　　　　　　　　　　)

① 格助詞(かくじょし) : 격조사에는 일반적으로 「が·の·を·に·へ·と·から·より·で·や」등이 있다. 차례로 그 예문을 보기로 한다.

- が : (1) 仙台(せんだい)には松島(まつしま)がある。(주어)
  この店(みせ)にはお客(きゃく)さんがたくさん来(く)る。(주어)
  (2) 妹の合格(ごうかく)が皆を喜(よろこ)ばせた。(원인)
  (3) ビールが(を)のみたい。(대상어격)
  (4) 日本語ができる(好きだ·嫌いだ)。(대상어격)
  (5) わが家(いえ)。君(きみ)が代(よ)。自由(じゆう)が丘(おか)。(관용적인 표현)

- の : (1) 来年の春には、高等学校の入学試験を受ける。(연체수식어)
  (2) 私の書いた本はベストセーラになった。(節속의 주어)
  高校生までが集まる蝋燭(ろうそく)集会。(節속의 주어)
  ※ 절속의 주어로 사용되는 경우라도 부조사가 동반될 때는 「の」대신 「が」가 사용됨에 주의한다.
  (4) 私の友人の田中です。(동격)

(5) 勉強するの(こと)がいやだ。新しいのを買った。
(체언의 자격)
(6) 行くの行かないのと、いつまでもすねている。
(並立의 의미)

● を： (1) 父は新聞を読んでいる。(目的・対象)
(2) 家を出る。なつかしい故郷を離れる。(起点・出発点)
(3) 公園を散歩する。道を走る。スーパーマンは空を飛べる。(通過点)
(4) みんな、こちらを見てください。(方向)
(5) 一日を読書で過ごす。(경과하는 시간)
※「忙しいところを,どうもすみません。」「4月1日をもって(=で)学長に任命する。」등의 예문에서「を」는 관용적인 용법으로 사용됨에 유의한다.

● に： (1) 生徒が運動場に集合する。(場所)
(2) 私は毎朝5時に起きる。(時間)
※ 때를 나타내는 명사에는 일반적으로「に」가 붙지만,「に」를 동반하지 않는 경우와 또한 양쪽 다 사용되는 경우도 있으므로 주의한다.
★「に」를 동반하는 것 → 3時, 9日, 5月, 2007年 등
★「に」를 동반하지 않는 것 → 先週, 来週, 今週, 先月, 今月, 来月, 去年, 今年, 来年, 昨日, 今日, 明日, 明後日, 朝, 今朝, 毎日, 午前, 午後, 一日中, 一年中, 一週間등
★ 양쪽 다 사용하는 경우 → 昼, 晩, 夜, (月・火・水・木・金・土・日)曜日 등

(3) 魚をつりに行く。映画を見に行く。(動作의 目的)
(4) 私たちは仙台に着いた。私は明日アメリカに行く。(帰着点과 行先地)
(5) いちごがジャムになる。すべてが失敗に終わった。(変化

의 結果)

(6) 一円を笑うものは一円に泣く。(原因과 理由)

(7) ぼくは犬にかまれた。 (受身의 동작출처)

(8) 赤ちゃんにミルクを飲ませる。(使役의 동작목표)

(9) 明日、購読に会話に日本語学概論のテストがある。(並立)

(10) 彼は私に比べて体が丈夫だ。(比較의 基準)

(11) 髪を長めにのばす。(動作・作用의 状態)

(12) この仕事を君に頼もう。(動作・作用의 対象)

※ 그 외 比率·割当의 基準을 나타내는「に」와 動作·状態의 内容 등을 나타내는「に」가 있다.

● へ： (1) 探検隊は、東へ向かった。その道を左へ曲がってください。(方向)

(2) 向こうへ着いたら、手紙をくださいね。(動作의 帰着点)

(3) 韓国の女子大生へ送る。母への手紙。(動作의 対象)

※ 예문의「へ」는「に」로 대치할 수 있다.

● で： (1) 今夜、公園で音楽会開かれる。(場所)

(2) 自転車で行く。鉛筆で書く。ワインはぶどうで作る。(手段·材料)

(3) 風邪で休む。今日は期末テストで行けない。(原因·理由)

(4) この野菜は生で食べられます。(状態)

(5) 来年で卒業する。あと5分でできる。(時間)

(6) これは2本で100円です。(数의 限定)

(7) ここにいる人で、宿題をまだ出していない人は。(範囲의

限定)

富士山は日本で最も高い。(範囲의 限定)

(8) ちらのほうで用意しておきます。

みんなで歌を歌っています。(動作의 主体)

(9) わたしでよければ、喜んでやります。(辞譲·謙遜)

ウイスキーでもお飲みになりますか。いいえ、お茶でけっこうです。(辞譲·謙遜)

● と : (1) 毎朝コーヒーにパンとサラダを食べる。(並列・列挙)

(2) 母と買い物に行った。(공동의 상대)

(3) お前と喧嘩する気はない。(動作의 対象)

(4) 一所懸命努力した結果、とうとう日本語の先生となった。

ちりも積れば山となる。(動作의 結果)

(5) ゆうべは遅く帰ったという。(引用의 意味)

(6) あなたのものは私のと違う。(比較의 基準)

(7) 雨がぱらぱらと降っている。(動作·状態의 모양)

(8) こんな安い物は３日ともたない。(強調의 意味)

(9) 2008年のオリンピックの開催地は北京と決まった。(動作·状態·作用의 内容)

● から : (1) 友だちから手紙が来た。(動作·作用의 起点)

映画は1時から始まります。(動作· 時間의 起点)

(2) ぶどう酒はぶどうから(で)つくる。(原料)

(3) 風邪から肺炎になる。疲れから(で)病気になる。(原因·理由)

(4) 成績が悪くて母から(に)しかられた。

日本語は池田先生から教わりました。(動作の主体・相手)

(5) いいパソコンは、安くても10万円からする。

(「数字+から」로 最低限을 나타냄。~이상)

● より： (1) 英語より日本語のほうが勉強しやすい。(比較의 基準)

(2) 試合に勝つには、練習するよりほかはない。

(限定의 意味를 나타내고, 뒤에 부정어가 온다.)

(3) 入学式は9時より(から)始まります。(時間・場所의 出発点)

(4) ここより(から)向こうは隣りの土地です。(境界)

(5) より楽しい人生。(副詞的인 의미)

※ (5)는 격조사에서 온 말로「より+形容詞」의 형태로「보다, 더욱더 (いっそう・もっと)」와 같은 副詞的인 의미로 쓰임에 주의한다.)

② 接続助詞(から・ので・ば・と・けれど(も)・が・ても(でも)・ながら・て(で))

이중에서「から・ので・ば・と」등의 접속조사는 의미론에서 다루었으므로, 여기서는 생략하기로 한다.

● が： (1) 朝晩、涼しくなったが、昼間はまだ暑い。(逆接)

(2) その話ですが、私もききました。(단순한 接続)

(3) 夏は日が長いが、冬は短い。(並立・対比)

● ながら： (1) ご飯を食べながら音楽を聞く。(同時動作)

(2) 悪いと知りながら、改めない。(逆接의 確定条件)

(3) しかしながら。昔ながらのしきたり。生まれながら。

(여러 가지 連語를 만드는 接尾語로 사용)

● て(で) : (1) 暑い夏が過ぎて、秋が来た。(단순한 接続)
(2) 体が疲れて、何もできません。(原因·理由)
(3) この部屋は広くて、明るい。(並立)
(4) 今、料理を作っている。(本動詞와 補助動詞를 接続)

③ 副助詞 : 부조사는 용언이나 체언뿐만 아니라 여러 말에 붙어 여러 가지 의미를 첨가한다. 격조사나 접속조사는 생략하면 문의 의미를 이해할 수 없게 되지만, 부조사는 생략해도 문의 의미에 변화가 없는 경우가 있다. 또한 부조사는 다른 종류의 조사나 같은 부조사에도 붙을 수가 있다. 부조사의 종류에는「は·も·こそ·さえ·でも·しか·まで·ばかり·だけ·ほど·だって·くらい·など·きり·なり·やら·か」등이 있다.

2004

11-2. 다음은 일본어의 주어와 주제에 관한 설명이다. 맞는 것에는 (○)표, 틀린 것에는 (×)표를 하시오. (2점)

(1) 主語と主題は文法的に全く異なる概念である。 ( )
(2) 一つの文には必ず主語がある。 ( )
(3)主語に対応する語は述語である。 ( )
(4)主題はすべて「名詞＋は」の形をとる。 ( )

● は : (1) 勉強をした。(格助詞)
(2) 勉強はした。(다른 것과 구별하여 특별히 내세울 때 사용)
(3) 私はうなぎだ。岡山は桃が有名だ。象さんは鼻が長い。
(題目(話題))
(2) 山田さんは中国語は上手だが、韓国語は下手だ。

(対照・対比)

(4) 日本のあちこち旅行したが、北海道には行ったことがない。日本では富士山が一番高い。(범위를 限定)

(5) これは10万円はするでしょう。これは10万円はしないでしょう。(「は」가 数의 단위 등에 붙어, 数・程度의 上限・下限을 나타냄)

- も： (1) 勉強もした。私も賛成です。(同類의 하나인 것을 나타냄)
 (2) お前の顔など見たくもない。(強調)
 (3) 一人でビールを3本も飲んだ。(数量詞와 함께 사용되어「それほどたくさん」의 의미를 나타냄)
 (4) 一匹も生きていない。(전체 不定)

- こそ：(1) 勉強こそ大事だ。(強調)

- さえ：(1) 勉強さえする時間がない。(「も」보다 강한 強調, ～조차도) 韓国人でさえハングルを間違える。
 (2) お金さえあれば何でもできると思う。(조건 強調)

- だって： (1) そんなまずいもの、猫だって食べないよ。(でも)
 (2) あの家はいつだってお客さんが来ている。(でも)
 (3) 今からだって遅くないから、電話してごらん。(でも)

- まで： (1) これは5人まで食べられます。(程度・限定)
 (2) 子供にまでわかる内容だ。(一例를 들어 다른 것을 유추시키는 의미)

● ばかり： (1) 費用は1万円ばかりかかった。(程度)

(2) あの人は毎日けんかばかり売っている。(限定, 오로지)

(3) 授業はいま始まったばかりです。(방금, 막)

(4) 油断したばかりに失敗した。(原因・理由, 탓으로)

● だけ： (1) これは二人だけの秘密にしましょう。(限定)

(2) それだけわかれば、問題はない。(程度)

(3) 努力しただけのかいはある。(만큼)

期待していただけに失望も大きい。(만큼)

教育者だけあって子供の面倒みがよい。(답게)

※「～だけの～はある」「～だけに」「～だけあって」의 형태로 어떤 상태에 상응하는 뜻을 나타냄. (~답게, ~한 만큼)

● ほど： (1) 腰を抜かすほど驚いた。(程度)

(2) 家が近い人ほど遅刻することが多い。(比例, ~일 수록)

(3) 蛇ほど嫌らしいものはない。(~ほど~ない「그것이 제일~하다」)

(4) この映画は見れば見るほどおもしろい。(~ば~ほど「~하면~할수록」)

(5) 苦労したというほどのことだ。(정도가 가벼움을 나타냄)

苦労したというほどのことではない。(정도가 심함을 부정하는 뜻)

● なり： (1) テレビを見るなりして待っていましょう。(例示 ~라도, ~든지)

(2) 私は私なりに考えている。(~나름대로)

(3) 山なり海なり、好きなところへ行きなさい。
焼くなり煮るなりしておいしく食べましょう。
(並立, 選択)

(4) 何なりと質問してくれ。(전면적인 긍정, 무엇이든 질문하게)

④ 終助詞 : 종조사는 이름대로 보통, 문의 끝에 붙으므로, 종조사를 분별할 때는 문중에서의 위치에 주의한다. 그러나 「ね(ねえ)」「さ」등은 문중의 문절토막(文節の切目)에도 붙을 수가 있다는 것을 기억해 두자. 그 종류에는 「か・な(あ)・や・よ・ぞ・ぜ・とも・の・わ・ね(ねえ)・さ・て・かしら」 등이 있다.

2005

22. 다음 대화문의 ①~⑤에 들어갈 자연스러운 종조사(終助詞)를 (보기)에서 하나씩 고르시오. (단, 중복 사용 불가)(2점)

森：	もしもし。山田さんいますか。
山田：	はい。私です(①)。
森：	ああ、私です。森です。
	突然ですけど、今ひまかしら。出てこれない(②)。
山田：	ええ……いいですけど。どうして？ どうしてうちがわかったの。
森：	どうしても知りたい(③)、と思うと自然にわかるようになってる(④)。
	じゃあ、駅前百貨店の五階の家電売場の所で(⑤)。
山田：	うん。わかった。じゃね。

(보기) な, ね, のよ, が, かな

● か： (1) これは何ですか。そんなに厳しいのか。(質問・疑問)

(2) 私だけひとり怠けていてよいのか。(反語)

(3) なんだ、そうだったのか。(感動・詠嘆)

- な： (1) 早く食べな。(命令)

 (2) このことはだれにも言うな。(禁止)

 (3) これを壊したのはおまえたちだな。(確認을 나타냄)

 (4) この映画、とてもおもしろいな(あ)。(感動·詠嘆)

- や： (1) この景色は本当にすばらしいや。(感動)

 (2) 皆で一緒に行こうや。(다짐)

 (3) 幸子や、ちょっとお使いに行ってくれ。(呼語)

- よ： (1) この小説は、なかなかおもしろいよ。(感動)

 (2) そんなことをしてはいけないよ。(다짐)

 (3) 雨よ、降らないでおくれ。(呼語)

- ぞ： 期末テストには絶対にトップするぞ。(강한 다짐)

 ※「ぜ」와 함께 주로 男性 終助詞로 사용된다.

- とも：(1) もちろん、いいとも。(강한 同意)

 (2) (もちろん)これから一所懸命、勉強するとも。(強調)

- の： (1) なぜ、お前は行かないの。(疑問)

 (2) 残さず全部食べるの(よ)。(命令)

 (3) この辺はとても静かなの(ね)。(가벼운 断定, 女性語)

- わ：(1) あら(まあ)、雨が降り出したわ。(感動・詠嘆)
  (2) 私もついていきますわ。(가벼운 다짐)
  ※ 女性語이지만, 끝 부분이 내려가는 억양으로 男性도 사용하기도 한다.

- ね(ねえ)：(1) やあ、すごいべっぴんだね。(感動・詠嘆)
  (2) 君に渡しておいたね。(確認)
  (3) わたしはね(ねえ)、毎日108拝をしているよ。(다짐)
  (4)そうですね。(주저)
  ※ 이 외에도 「주의환기」나 「의아」의 의미를 나타낼 때가 있다.

- さ：(1)ぼくだってできるさ。(강한 意志)
  (2) そこにあるさ。(환기)
  (3) それは君の間違いさ。(자명한 일)
  (4) 何の疑いがあるのさ。(反対의 기분)

〈参考文献〉

天沼寧編(1974)『擬音語・擬態語辞典』東京堂出版

市川 孝(1976)「副用言」『岩波講座 講座日本語6 文法1』岩波書店

北川千里 他(1988)『外国人のための日本語例文・問題シリーズ 7 助詞』荒竹出版

北原保雄(1967)「形容詞のウ音便」『国語国文』京都大学文学部

――――(1976)「文の構造」『岩波講座日本語6』岩波書店

――――(1984)『日本語文法の焦点』教育出版

木村かつみ・山田信一(1998)『すぐに使える実践日本語シリーズ接続詞』専門教育出版

木村新次郎(1991)「ヴォイスのカテゴリーと文構造のレベル」『日本語のヴォイスと他動性』くろしお出版

教育技術研究所『国語基本用例辞典』教育社

金田一春彦(1955)「日本語」『世界言語概説』研究社

――――(1976)『日本語動詞のアスペクト』むぎ書房

工藤真由美(1995)『アスペクト・テンス体系とテクスト』ひつじ書房
グループ・ジャマシイ編著(1998)『日本語文型辭典』くろしお出版
国広哲弥(1982)『意味論の文法』大修館書店
――――(1985)『日本語動詞のアスペクトとテンス』国立国語研究所報告82, 秀英出版
国際交流基金(1980)『教師用日本語教育ハンドブック(文法)』凡人社
国立国語研究所(1972)『形容詞の意味・用法の記述的研究』秀英出版
小山恵美子・渡辺摂(1996)『すぐに使える実践日本語シリーズ 副詞』専門教育出版
坂倉篤義(1966)『語構成の研究』角川書店
佐藤喜代治(1973)『日本文法 -理論と教育-』明治書院
鈴木重幸(1996)『形態論・序説』むぎ書房
田近洵一編著(1981)『くわしい国文法』文英堂
田中春美編主幹(1988)『現代言語学辞典』成美堂
玉村文郎(1984)『語彙の研究と教育(上)(下)(日本語教育指導参考書12)』国立国語研究所
寺村秀夫(1982-1991)『日本語のシンタクスと意味Ⅰ.Ⅱ.Ⅲ』くろしお出版
「特集・擬音語・擬態語」『日本語学』明治書院.1986.7月号
「特集・数詞・助数詞」『日本語学』明治書院.1986.8月号
飛田良文編者(2007)『日本語学研究事典』明治書院
長野賢(1965)「形容動詞」『口語文法講座6』明治書院
仁田義雄(1991)『日本語のモダリティと人称』ひつじ書房
――――(2002)『副詞的表現の諸相』(新日本語文法選書 1)くろしお出版
日本語教育学会編(1998)『日本語教育ハンドブック』大修館書店
日本語教育学会編(2005)『新版日本語教育辞典』大修館書店
林巨樹編(1973)『品詞別日本文法講座(助詞)』明治書院
久野暲(1973)『日本文法研究』大修館書店
益岡隆志(1991)『モダリティの文法』くろしお出版
増田アヤ子(1993)『すぐに使える実践シリーズ、擬声語・擬態語』専門教育出版
松村明編(1971)『日本文法大辞典』明治書院
南不二男(1974)『現代日本語の構造』大修館書店
――――(1981)『日本語の世界 6 日本語の文法』中央公論社
森岡健二(1973)「文章展開と接続詞・感動詞」『品詞別日本文法講座6』明治書院
森山卓郎(1984)「アスペクトの意味の決まり方について」『日本語学』3-12
山口佳紀(1973)「形容詞活用の成立」『国語と国文学』

渡辺実(1957)『副用語・付属語」『日本文法講座1』明治書院
權奇洙・全成燁(1995)『標準日本語文法』慶成出版社

7

音声·音韻論

1 音声学과 音韻論

- 音声学(Phonetics) : 인간이 내는 말소리를 가능한 한 자세하게 분석·기록하는 것으로 음성의 調音方法 및 音響学的 연구를 하는 물리적인 분야이다.(음향음성학, 조음음성학, 청각 음성학)
- 音韻論(Phonology) : 어떤 언어에서 意味를 구별하기 위해, 어떠한 音의 체계를 가지는가, 즉 언어를 기능적·구조적 관점에서 심리적인 현상으로 본 분야이다.

2 音声·音韻論的인 측면에서 韓国語와 日本語의 차이점

2000

10. 한국어는 평음(平音 : ㄱ·ㄷ·ㅂ·ㅈ), 경음(硬音 : ㄲ·ㄸ·ㅃ·ㅉ), 기음(気音 : ㅊ·ㅋ·ㅌ·ㅍ)의 세 가지로 말의 뜻이 구별되는 언어이지만, 일본어는 영어처럼 무성음과 유성음이라는 두 가지로 말의 뜻이 구별되는 언어이다. 따라서 일본어의 음성 교육에서 가장 중요한 것은 무성음과 유성음을 구분하여 발음하는 일이다. 예를 들면 「だいがく」[daigaku]는 '大学'이지만 「たいがく」[taigaku]는 '退学'으로써 서로 전혀 다른 뜻이 된다. <u>일본어의 오십음도(五十音図)에 나타나는 46개의 음절 중에서 무성자음이 포함되는 음절을 행(行)으로 구분</u>하여 쓰시오. (5줄 이내) (5점)

2003

5-1. 다음은 일본어 음성의 특징에 대한 설명이다. 설명한 내용이 맞는 것을 세 개만 골라 기호를 쓰시오. (3점)

(1) 環境により音が決まるものを自由異音という。

(2) ハ行子音の調音点は声門、硬口蓋、両唇である。

(3) 尾高型とは最後の拍が他の拍より特に高いので尾高型という。

(4) 撥音は前の音によって実際の音が決まる。

(5) アクセントによって単語の意味を区別する機能を弁別機能という。

(6)「日本語能力試験」は8音節で11拍である。

2004

3. 다음 글을 읽고, (①)과 (②)에 들어갈 알맞은 말을 쓰시오. [2점]

한국인은 일본어의 파열음과 파찰음 발음 시, 무성음·유성음을 구별하지 못해 오류를 범하는 일이 많다. 즉 「ぎん(銀)」을 「きん」으로 발음하여 듣는 사람이 '金'과 혼동한다든지, 「また(또)」를 「まだ」로 발음하여 '아직'이라는 의미와 혼동하게 된다든지 하는 것이다. 이는 근본적으로는 한국어와 일본어의 음운체계가 다른 것에 기인하지만, 구체적으로는 한국어의 다음과 같은 발음 특징 때문이다.

- 한국어의 파열·파찰음은 어두에서 (①)으로 소리 나는 일이 없다.
- 한국어의 파열·파찰음은 유성음과 유성음 사이에서는 (②)으로 소리난다.

2006

7. 밑줄 친 부분의 내용과 달리 현대 일본어에서는 이중자음(二重子音)이 존재한다. 그 음절의 종류를 들고 각각의 음운적 특징을 2줄 이내로 쓰시오. [3점]

音韻の面では、音節の構造が母音で終る特色を持ち、特殊な音節を除くと、すべて開音節となる。音節の最初にｒ音で始まる語がなく、また子音が二つ並ばない。音節の数も111と少なく、アクセントは高さアクセントで、強さアクセントを持たない。現代語では、アクセントの滝の有無とその位置により形の違いが示される。また、上代の日本語には母音調和の傾向を持っていたことが認められる。

1. 有声音과 無声音

有声音(Voiced) : 声帯의 진동에 의해 나오는 소리를 말한다.

母音「アイウエオ」와 子音「ガ, ザ, ダ, ナ, マ, ラ」行 및 「ン」한국어의 「우[u]」는 원순모음이고 日本語의 「う[ɯ]」는 비원순모음이다.

無声音(Voiceless) : 声帯를 울리지 않고 나오는 소리를 말한다.

カ, サ, タ, ハ行의 子音

2. 有気音과 無気音

한국어는 有気音과 無気音이 弁別的 또는 対立的이라 한다.

例 : 공[koŋ] : 콩[kʰoŋ]　달[tal] : 탈[tʰal] : 딸[t̕ al]

日本語는 有声音과 無声音이 弁別的 또는 対立的이라 한다.

{例 : か[ka]蚊모기) : が[ga](蛾나방)}

3. 母音의 無声音化

1997

모음의 무성음화가 어떤 환경에서 일어나는지 예를 들어 설명하세요.(7점)

2003

5-2. 다음 (보기)에서 원칙적으로 모음이 무성화하는 음절(가나)을 모두 찾아 쓰시오. (1점)

(보기)　くかん　しがい　アイスコーヒー　かきかた　ちから　かけぶとん

원래 有声音이야 할 母音이 声帯의 진동을 동반하지 않는 無声音으로 발음되는 현상을 말한다. 母音의 無声音化에는 다음과 같은 원칙이 있다.

① 母音「イ, ウ」가 無声子音과 無声子音사이에 끼여 있을 때 無声音化된다.

例 : キシャ(汽車)[ki̥ʃa]　　　タクサン(沢山)[takɯ̥saN]

ヒカリ(光)[çi̥kaɾi]　　　フスマ(襖)[ɸɯ̥sɯma]

② 「イ, ウ」다음에 促音「ッ」가 올 경우에도 無声音化가 일어난다.

例 : キップ(切符)[ki̥ppɯ]　　　シッケ(湿気)[ʃi̥kke]

③ 語末, 文末가 無声子音+「イ, ウ」로 끝날 경우 또한 높은 악센트로 발음되지 않을 경우에는 無声音化된다.

例 : アキ(秋)[aki̥]　　　カク(書く)[kakɯ̥]　　　ハシ(箸)[haʃi̥]

～デス(～です)[desɯ̥]　　　～マス(～ます)[masɯ̥]

④ 無声子音 사이의 「ア・オ」는 無声音化 되는데, 주로 같은 모음이 계속될 때 무성자음 사이에서 일어나는 경우가 많다.

例 : カカシ[kḁkaʃi]　　カタナ(刀)[kḁtana]　　ココロ(心)[ko̥koɾo]

ホコリ[ho̥koɾi]　　　ハカル[hḁkaɾɯ]

⑤ 아주 드물지만 無声子音과 有声子音 사이에서도 모음이 無声化 할 경우가 있다. 주로 有声子音 앞의 「ス[sɯ]」에서 일어난다.

例 : ムスメ(娘)[mɯsɯ̥me]

원래 有声音이야 할 母音이 声帯의 진동을 동반하지 않는 無声音으로 발음되는 현상을 말한다. 母音의 無声音化에는 다음과 같은 원칙이 있다.

2001

16. 일본어 음성교육의 현장에서 50音図의 「ア行」과 「カ行」을 지도할 경우, 특히 주의해야할 점을 쓰시오.(각각 50字 내외의 한글로 답할 것) (2점)

2001

8. 次の単語の音節数と拍(mora) 数を書きなさい。(1점)

(答案)

1) センセイ(先生)	(　　音節、　　拍)
2) イッタイ(一体)	(　　音節、　　拍)

4. 音節(syllable)과 拍(mora)

한국어는 閉音節(closed syllable) : 주로 자음으로 끝나는 음절

日本語는 開音節(open syllable) : 주로 모음으로 끝나는 음절

さくら(桜) : 3音節3拍　　　　おかあさん : 3音節5拍

いっぱい : 3音節4拍　　　　かんたん : 2音節4拍

いもうと(妹) : 3音節4拍

＊さとおや(里親) : 4音節4拍　　　　さとうや(砂糖屋) : 3音節4拍

スプーン(spoon) : 2音節4拍　　　　エレベーター : 4音節6拍

3 特殊拍 = 特殊音素

2004

5-1. 다음 글을 읽고, 물음에 답하시오. (3점)

> 일본어의 「ん」은 하나의 음처럼 인식되지만, 실제로는 뒤에 오는 음에 따라 여러 가지 異音으로 나타나며 그 異音들은 상보분포를 이룬다. 「ん」 뒤에 모음이나 반모음이 오면 「ん」은 그 모음이나 반모음에 가까운 鼻母音으로 발음되는데, 그 鼻母音은 대략 [ĩ]과 [ɯ̃]의 두 가지로 나눌 수 있다.

어떤 음들이 「ん」 뒤에 올 때 「ん」이 [ĩ] 또는 [ɯ̃]으로 발음 되는가 히라가나로 모두 쓰시오.

(1) [ĩ]으로 소리날 때 : 「ん」 뒤에 ______________가 올 때

(2) [ɯ̃]으로 소리날 때 : 「ん」 뒤에 ______________가 올 때

2005

10. 일본어 발음을 지도할 때에 유의해야 할 것의 하나로 독립된 음가(音価)가 없으면서도 하나의 박(拍)을 갖고 있는 특수음소(特殊音素)라는 것이 있다. 이들 특수음소의 명칭을 모두 한자(漢字) 또는 히라가나로 쓰고, 각각의 특수음소가 들어 있는 단어를 1개씩만 쓰시오. (3점)

1. /Q/「ッ」 促音(そくおん)=つまる音(촉음)

「ッ」은 「促音(そくおん)(촉음)」 또는 「つまる音(おん)」이라 하고, 音素 표시는 /Q/로 나타낸다. 한국인 일본어 학습자는 대개 이러한 촉음을 우리말의 받침으로 생각하여 짧게 발음해 버리는 경향이 있는데, 특수박(特殊拍(とくしゅはく))의 하나로 1拍을 가지는 음이므로 충분히 1박자로 발음해야 한다. 2.4 의 音節과 拍에서 서술한대로 1박자로 발음하지 않으면 의미상의 문제가 발생하므로 주의를 기울여 발음해야한다. 아래의 예처럼, 촉음은 보통 어두이외의 無声子音 앞에 나타난다. 외래어나 강조형(すばらしい→すっばらしい), 의성어・의태어 등에서는 유성음 앞에서도 촉음이 나타날 수가 있다. 그리고 「アッ[aʔ]」처럼 촉음이 어말에 나타나는 경우는 드물다.

(一句)イック[ikkɯ]	(一足)イッソク[issokɯ]
(一体)イッタイ[ittai]	(一歩)イッポ[ippo]
どっしり[doʃʃiɾi]	すっばらしい[sɯbbaɾaʃiː]
ベット[beddo]	バッグ[baggɯ] アッ[aʔ]

2. /N/「ン」撥音=はねる音(발음)

撥音「ン」은 어두에는 나타날 수 없는 비음(鼻音)으로, 단독으로는 발음 불가능하지만, 후속음(後続音)에 따라 그 발음이 달라진다. 후속음에 따라 다양하게 발음되는 특수한 拍이지만, 어떠한 경우에도 후속음의 조음점(調音点)에 가까운 장소에서 발음되어지는, 비음(鼻音)인 점이 공통된 특징이라 할 수 있다. 보통 초급에서는 ①②③정도로 구분하여 지도하면 무난하고, 그 이상의 레벨에서는 다음의 6가지로 구분하여 지도하는 것이 좋다.

「ン」은 앞에서도 서술했듯이 이 자체만으로 1拍을 이루기 때문에, 다른 拍과 비교하여 짧게 발음하지 않고, 충분히 1박자로 발음하도록 유의한다.

또한 어말(語末)의 발음에 「オ」「へ」등과 같은 모음으로 시작되는 조사가 접속되는 경우에 많은 학습자들이 그 앞의 「ン」과 리에종 시켜 발음하는 경향이 있다. 예를 들면, 「ごはんを食べました」를 「ゴハンノタベマシタ」로 「日本へ来ました」는 「ニホネキマシタ」로 발음을 해버린다.

결국, 이러한 현상도 「ン」을 짧게 발음하는 데서 생기는 결과라고 할 수 있겠다. 그러므로 「ン」다음에 끊음(切れ目/)을 넣어 발음하는 습관을 가지는 것이 좋다. 예를 들면 「ゴハン/オ タベマシタ」「ニホン/へ キマシタ」로 끊어서 연습하는 것이다.

① [m]는 같은 양순음에 속하는 [m,b,p]직전에서 발음된다.
日本橋(にほんばし)[ɲihombaʃi]
散歩(さんぽ)[sampo]　　　　秋刀魚(さんま)[samma]

② [n]는 같은 치경음에 속하는 [n,d,t]직전에서 발음된다.
日本刀(にほんとう)[ɲihonto:]
案内(あんない)[annai]　　　　三台(さんだい)[sandai]

※ [n]는 [n,d,t]이외에도 같은 치경음에 속하는 [dz, ʤ, ʦ, ɾ]의 직전에서도 발음된다.

③ [ŋ]는 같은 연구개음 [ŋ,g,k]의 직전에서 발음된다.

日本画(にほんが)[ɲihoŋga]

銀行(ぎんこう)[giŋkoː]　　　　音楽(おんがく)[oŋgakɯ]

④ 구개수비음인[N]은 어말에서 발음된다.

日本(にほん)[ɲihoN]　　本(ほん) [hoN]　　パン[paN]

⑤ 치경경구개음인 [ɲ]는 [ɲ]직전에서 발음된다.

ニンニク[ɲiɲɲikɯ]　　筋肉(きんにく)[kiɲɲikɯ]

⑥ 鼻母音(びぼいん)[ṽ] 은 /N/이 鼻母音化된 것으로, 音素로서는 자음이지만, 음성적으로는 모음으로 나타나는 것이 있다. 鼻母音으로 발음되는 것은, 다음의 예「電話」처럼 여러 가지 설이 분분한데, 본서에서는 다음과 같이 보기로 한다. 어중에서 모음[a], [i], [ɯ], [e], [o]와 접근음(接近音) 반모음인 [j], [w], 마찰음(摩擦音)인 [s][ʃ][h][ç][ɸ]와 같은 폐쇄(閉鎖)를 형성하지 않는 음이 올 경우에는 鼻音化한 모음(鼻母音)으로 나타나는 것이 보통이다.

恋愛(レンアイ)[ɾeãai]・[ɾeṽai]

単位(タンイ)[tãii] [taṽi]

陰鬱(インウツ)[inɯ̃ɯtsɯ]・[inṽɯtsɯ]

万円(マンエン)[maẽeN]・[maṽeN]

千億(センオク)[seõokɯ]・[seṽokɯ]

観察(カンサツ)[kaṽsatsɯ]

※ [kaɯ̃satsɯ]발음 說도 있다.

検査(ケンサ)[keṽsa]

※ [keẽsa]발음 說도 있다.

本屋(ほんや)[hoĩja]・[hoṽja]

電話(でんわ)[deṽwa]

※ [deɯ̃wa]・[deẽwa]・[deũwa]발음 說도 있다.

3. /R/ 「ー」(引く音)과 長音(장모음)

흔히 長音이라고 부르는「ー」는, 長(母)音의 후반의 부분(棒引き部分)으로, 정확히 말하면 「引く音」또는 「引き音」이라고 해야 한다. 音素로 표시하면 /R/, 발음표기에서는 장음기호[ː]를 늘이는 모음 뒤에 붙여서 나타낸다.([aː], [iː], [ɯː], [eː], [oː]) 長音에는 「アア, イイ, ウウ, エエ, オオ」와 같이 같은 모음이 겹치는 경우와 「エイ」「オウ」가 있다. 보통 자연스러운 회화체에서는「お母さん」을 [okaasaN]이 아니라, 뒤의 [a]를 「引く音」인 [ː]로 하여 [okaːsaN]으로 발음한다. 또한 「高校」를 [koɯkoɯ]아닌 [koːkoː]로, 「成功」는 [seikoɯ]가 아닌 [seːkoː] 로 [ei]와 [oɯ]는 각각 長母音[eː]와 [oː]로 발음함에 주의한다.

물론 연설문이나 설교, 무대의 발음 등에서는, 특히「e+i」는 장음이 아닌 [ei] 발음이 나타날 때도 있다.

「(가오리)えい[ei], (姪)めい[mei], (pay)ペイ[pei], (Spain)スペイン[sɯpeiN]」의 예처럼 和語, 外来語 계통의 「e+i」는 자연스러운 발음에서도 가능한 한 長音으로 발음하지 않음에 주의한다. 그러나 「きれいだ」는 和語임에도 불구하고 [kiɾeida]로 발음하지 않고, [kiɾeːda]로 발음하는 것이 일반적이다.

「o+u」계열은 漢語・和語에서도 장음화해서 발음하는 것이 일반적이다. 妹(いもうと)를 和語라 하여 [imoɯto]라 발음하면 이상하고, [imoːto]로 발음해야 한다.

①「aa, ii, uu, ee, oo」→ [aː], [iː], [ɯː], [eː], [oː]

おばさん[obasaN] / おばあさん[obaːsaN]

角(かど)[kado] / カード(카드)[kaːdo]

おじさん[oʒisaN] / おじいさん[oʒiːsaN]

ビル(building)[biɾɯ] / ビール(맥주)[[biːɾɯ]

茎(くき)[kɯki] / 空気(くうき)[kɯːki]

おねえさん[oneːsaN]　おおい[oːi]　こおり[koːɾi]　とおい[toːi]

②「e+i」→ [eː]

英語(えいご)[eːgo]　衛生(えいせい)[eːseː]

生活(せいかつ)[seːkatsɯ]　丁寧(ていねい)[teːneː]

時計(とけい)[tokeː]　迷惑(めいわく)[meːwakɯ]

③「o+u」→ [oː]

応答(おうとう)[oːtoː]　交番(こうばん)[koːbaN]

強盗(ごうとう)[goːtoː]　商売(しょうばい)[ʃoːbai]

成功(せいこう)[seːkoː]　放送(ほうそう)[hoːsoː]

黒(くろ)[kɯɾo] / 苦労(くろう)[kɯɾoː]

新語(しんご)[siŋgo] / 信号(しんごう)[siŋgoː]

そうです[soːdesɯ]　向う(むこう)[mukoː]

申す(もうす)[moːsɯ]　昨日(きのう)[kinoː]

今日(きょう)[kʲoː]　神戸(こうべ)[koːbe]

4 조심해야 할 日本語 발음

IPA[International Phonetic Alphabet 国際音声記号(字母)]

어떤 언어의 음이라도 가능한 한 정확하게 나타낼 수 있도록, 19세기 후반에 국제음성협회에서 정한 국제음성기호 또는 국제음성자모를 IPA라 한다.

[IPA 표기연습]

①「は」行

はは[haɦa]　ひこうき[çiko:ki]　ひみつ[çimitsɯ]

ふもと[ɸɯmoto]　ふうふ[ɸɯ:ɸɯ]　おへそ[oheso]

ほぼ[hobo]

② 어중의「ざ・ず・ぜ・ぞ」→ [z]

例：ひざ[çiza]　ねずみ[nezɯmi]　かぜ[kaze]

かぞく[kazokɯ]

③ 어중의 /i/와 /j/ 앞→ [ʒ] 또는 [ʑ]

例：ふじさん[ɸɯʒisaN]　くじゃく[kɯʒakɯ]

④ 어두 및 ん뒤→ [dz]

例：ざせき[dzaseki]　ずばり[dzɯbaɾi]

ぜいきん[dze:kiN]　ぞうり[dzo:ɾi]

みんぞく[mindzokɯ]

⑤ 어두의 /i/와/j/ 앞 및 ん다음의 /i/와/j/ 앞→ [ʤ] 또는 [dʑ]

例：じもと[ʤimoto]　じゃり[ʤaɾi]　かんじ[kanʤi]　かんじゃ[kanʤa]

⑥「な行」의 /i/앞 및 /j/앞

例：かに[kaɲi]　にもの[ɲimono]　こんにゃく[koɲɲakɯ]

⑦ 요음(拗音) 발음연습

例：お客(おきゃく)[okʲakɯ]　　牛乳(ぎゅうにゅう)[gʲɯːɲɯː]

處理(しょり)[ʃoɾi]　　中心(ちゅうしん)[ʧɯːʃiN]

標準語(ひょうじゅんご)[çoːʤɯŋgo]

山脈(さんみゃく)[sammʲakɯ]　両親(りょうしん)[ɾʲoːʃiN]

発表(はっぴょう)[hapʲpʲoː]

2007

9. 다음 대립하는 2가지 '音声(おんせい)'는 각각 어떤 음을 가리키는지 한자(漢字)로 쓰고, 그 대립하는 구체적인 변별소성(弁別素性)을 (보기)에서 골라 번호를 쓰시오. [3점]

日本語には軟口蓋破裂音[k , g] の対立があり、韓国などアジア系の多くの学習者にとって、大きな泣き所ともいわれている。この問題は[t , d] [p , b] などの破裂音の対立や、さらには摩擦音[s , z] [ʃ , ʒ] にも及ぶことである。

(보기)

① 唇の閉鎖　② 唇の振動　③ 声帯の振動

④ 声門の閉鎖　⑤ 歯茎の使用　⑥ 硬口蓋の使用

음의 종류 : [k , t , p , s , ʃ] －

[g , d , b , z , ʒ] －

변별소성 : (　　　　)

1999

【11】次の文を読んで下の質問に答えなさい。<4点>

日本語の教育上、もっとも問題になるのは教師の音声言語に対する意識と教科書、教材の取り扱いである。特に話し言葉を使用してコミュニケ-ション活動をするとき、音声上のどんな要素 (形) が心の態度と情報の伝達に関与するのかを明らかにすることは音声研究上の重要な課題である。日本語の教育においてコミュニケ-ションの観点から考えられる日本語の文音語の種類をあげ、その特徴を簡単に韓国語で説明しなさい。(300字 程度)

2001

16. 다음 질문에 답하시오.

일본어 音調중에서, 악센트·인토네이션과 함께 음성교육상 중요한 위치를 차지하고 있는「프러미넨스(プロミネンス)」에 대하여 설명하시오. (한글로 답할 것, 50字 내외) (2점)

2002

8-3. 다음 문장의 ( ) 안에 공통으로 들어갈 가장 적당한 말을 한자(漢字)로 쓰시오. (1점)

「語の意味を区別する働きのある最小の音声的単位」は(　　)と呼ばれる。(　　)とは、いわば「ある言語の音の組織を考える上での抽象的な音の単位」である。

2003

5-1. 다음은 일본어 음성의 특징에 대한 설명이다. 설명한 내용이 맞는 것을 세 개만 골라 기호를 쓰시오. (3점)

(1) 環境により音が決まるものを自由異音という。
(2) ハ行子音の調音点は声門、硬口蓋、両唇である。
(3) 尾高型とは最後の拍が他の拍より特に高いので尾高型という。
(4) 撥音は前の音によって実際の音が決まる。
(5) アクセントによって単語の意味を区別する機能を弁別機能という。
(6)「日本語能力試験」は8音節で11拍である。

2007

8. 일본어의 특성에 관한 내용이다. 바르지 않은 것 3가지를 골라 번호를 쓰시오. [3점]

① 母音が9つある。

② 地域方言がない。

③ 開音節構造である。

④ 修飾語が被修飾語の前にくる。

⑤ 特殊音素のモーラ(拍)音素がある。

⑥ 漢字を使用しているので中国語と同じ系統である。

⑦ 数(number)や性(gender)は義務範疇ではない。

5 日本語의 音調

2006

8. 다음 ①~④에서 밑줄 친 부분의 의미를 변별하는 음성적 요소를 모두 쓰시오. [4점]

① ハシデ(橋で / 箸で / 端で)ご飯を食べます。

② キョウカイ(教会 / きょう買い / きょう会)に行きます。

③ 彼女はきれいな先生の妹(きれいな、先生の妹 / きれいな先生の、妹)です。

④ A ：あしたも雨でしょう。

B1 ：またか。(推量) B2 ：さあ。(同意表現)

1. 인토네이션(ントネーション, Intonation)

발화 중 話者의 표현 의도를 나타내기 위하여 文末등에서 나타나는 억양을 말함. 악센트는 단어에 따라 고정적이고 객관적이어서 話者의 느낌에 따라 임의로 바꿀 수 없으나, 인토네이션은 의지·감정을 나타내는 심리적인 것으로,

話者의 주관에 의해 항상 변화할 수 있다.

① 上昇調 ↗

질문(의문형 상승조)이나 권유, 다짐, 확인, 강한 주장이나 고집(강조형 상승조) 등을 나타낼 때 주로 나타난다.

ありますか？ ↗　　　　よかったらどうぞ。↗

よくわかったね。↗

一緒に行くでしょう。↗

② 下降調 ↘

불만, 실망 등 의외의 기분을 나타낼 때 주로 나타난다.

あした、雨ですか。↘ 本当にだめですか。↘

③ 上昇下降調↗↘

早く!↗↘　(어린아이가 부모를 재촉할 때)

④ 下降上昇調 ↘↗

주로 놀람, 감탄의 기분을 나타낸다.

ああ、びっくりしたわ。↘↗

ああ、きれいだわ。↘↗

⑤ 平(板)調 →

일반 평서문에 전형적으로 나타나는 형으로, 断定이나 말이 아직 계속 됨을 나타낸다. 또한 질문에 대한 대답에서 주로 나타나는 억양이라 할 수 있다.

本を買いました。→ ああ、そしてノートも買いました。

A: いつからですか。↗　　B: 金曜日からです。→

2. 프로미넌스(プロミネンス, Prominence)

文中의 어떤 한 부분을 강조하기 위하여, 그 부분을 높게 또는 강하게 또는

길게 발음하여 두드러지게 하여 文의 의미를 명확히 하는 역할을 프로미넌스(プロミネンス=卓立)라 한다.

프로미넌스는 Pause(ポーズ=休止)와 Rhythm(リズム)도 관여된다. 話者의 표현의도와 깊게 관계되는 점에서 인토네이션과 공통된다.

「今日は彼女と田舎へ行きます」라는 文은 話者의 의도, 심리상태에 따라 다음 3종류의 강조표현을 할 수 있다.

① **キョーワ** カノジョト イナカヘ イキマス。(いつ)
② キョーワ **カノジョト** イナカヘ イキマス。(だれと)
③ キョーワ カノジョト **イナカヘ** イキマス。(どこへ)

3. 포즈(ポーズ, Pause)

포즈(ポーズ)는 기본적으로는 발화 중에 無音구간(silent pause)을 말하는데, 단 促音이나 破裂音은 제외된다. 休止(きゅうし), 間(ま)라고도 한다. 이에 대해 「あの」「まー」「えーと」 등의 間投詞를 포즈의 일종(field pause)으로 하는 입장도 있다.

포즈에는 3종류가 있는데, 하나는 숨을 쉬기 위한 포즈이고, 두 번째는 문법적 경계와 관련된 구문적 포즈이다. 이 구문적 포즈는 숨을 멈추는 경우가 많은데, 이것이 적절하지 않으면, 의미를 이해하기 어렵게 된다. 일본어 초급 학습자의 경우, 조사 앞 등 문절내에서 포즈를 취하는 경향이 있다. 가능한 한 큰 의미 묶음에서 포즈를 취하도록 지도하는 것이 바람직하다. 세 번째는 듣는 사람의 의미이해를 돕기 위한 의미상의 포즈이다. 예를 들면 다음과 같다.

① 田中さん書いた本読んでる。

(田中さんが書いた本を私が読む)

② 田中さん__#__書いた本読んでる。(だれかが書いた本を田中さんが読む)

③ あいつぶったことを後悔してる。(私が後悔する)

④ あいつ_#_ぶったことを後悔してる。(だれかをぶったことをあいつが後悔する)

⑤ あのひと**は**_#_やまださんです。(あのひとはだれですか)

⑥ あのひと**が**やまださんです。(えーと…どのひとですか)

4. 리듬(リズム, Rhythm)

규칙적으로 일어나는 강약이나 장단의 배치를 리듬이라 한다. 고저악센트를 가지는 일본어 리듬형식은 음수율(音数律) 즉 음절수에 따라 다른 음율을 나타낸다. 특히 일본어는 모라(モーラ)가 等時的으로 반복한다는 모라리듬(モーラリズム)을 가진다. 일본어교육에서는 이러한 모라(拍)에 바탕을 두어 拍감각을 양성하고 있다. 리듬의 규칙은 다음과 같다.

(規則1) 각각의 文節안에서는 SS보다 L이 우선된다. (S는 短音節, L은 長音節)

① ニ ホン ゴノ レン シュウ ト エー ゴノ レン シュウ ガ

S L SS L L S L SS L L S

(規則2) L과 L사이에 S가 있을 경우와 S의 직후에 文節의 끊어짐(切れ目)이 있을 경우

② ソウ ダ ロウ ト # オ モイ マス。

L S L S S L L

(規則3) 文節中에 L이 없고 말의 구성이 특히 확실하지 않으면, 원칙으로 앞에서부터 순서대로 「SS SS…」로 한다.

③ アタ マガ イタ クテ

SS SS SS SS

5. 악센트(アクセント, Accent)

1998

6.次の対話文を発音する際、番号のついているところの音節が高く発音される所と、上昇調イントネーションの所をすべて選び、その番号を書きなさい。(2점)

①② ③④ ⑤

A：このあめ(雨), 午後にはあがるそうですよ。

⑥⑦ ⑧ ⑨ ⑩

B：あ、そうですか。じゃあ、午後からでかけます。

1999

【8】次の事項について日本語で説明しなさい(但し、(1)(2)は例を三つ以上あげること)。〈11点〉

(1) 湯桶読み (2点)
(2) 連声 (3点)
(3) 係り結び (2点)
★ (4) 日本語のアクセントの特徴 (3点)

2001

8. 同音異意語(ミニマルペア)になっている語の中で1拍(mora)目が高く発音される語をⓐ~ⓗから選び、その記号を書きなさい。(2점)

ⓐ ハシ(橋) ⓒ アサ(朝) ⓔ キル(切る) ⓖ カウ(買う)

ⓑ ハシ(箸) ⓓ アサ(麻) ⓕ キル(着る) ⓗ カウ(飼う)

◈ 초분절음소(超分節音素, suprasegmental phoneme)

음의 강세, 고저, 길이 등 몇 개의 연속적인 분절음에 걸쳐서 대립을 나타내는 음성적 특징을 초분절음소라 한다.

① Stress(強弱) Accent : 英語(ímport수입/impórt수입하다), 独語, 스페인語

② Pitch(高低) Accent : 日本語, 경상도 방언

동서(高低)●○(同婿) / 동서(低高)○●(東西)

신문(高低)●○(訊問) / 신문(低高)○●(新聞)

양식(高低)●○(洋食) / 양식(低高)○●(糧食)

③ Length(長短) Accent : 경상도 방언

굴(牡蛎) / 굴:(洞窟)　눈(目) / 눈:(雪)

발(足) / 발:(簾)　밤(夜)/밤:(栗)

④ Juncture(連接) : 아버지가 ∨ 방에 들어가신다.

아버지 ∨가방에 들어가신다.

ここで ∨ はきものを ぬいでください。

ここでは ∨ きものを ぬいでください。

◈ 일본어 악센트(日本語のアクセント, accent of Japanese)

일본어 악센트는「하나하나의 語에 대해서 사회적 관습으로 정해진 박(拍) 상호간에 인정이 되는 상대적인 高低 관계의 규칙」이라 할 수 있다. 예를 들면, 동경방언의 2박 이상의 악센트 절에서는「雨(アメ) : 비」의 경우는「ア」를 높게,「メ」쪽을 낮게 발음하고,「飴(アメ) : 사탕」의 경우는「ア」를 낮게,「メ」쪽을 높게 발음한다.

이와 같이 일본어(동경어) 악센트는 음의 고저에 의한 악센트이고, 語 또는

文節에 관하여 사회적 관습으로 정해져 있는 것이 있는데, 그 기능으로는 語의 의미의 변별(弁別)과 문중(文中)에 있어서 語 또는 문절의 끊김을 확실히 하는 역할, 즉 통어적기능(統語的機能)을 한다. 예를 들면, 다음과 같은 것이 있다.

(統語的機能) → 진하게 표시된 박이 높게 발음되는 곳이다.

① カネオクレタ ○●●●●● (金をくれた)

② カネオクレタ ○● ○●●● (金, 遅れた)

③ ニワトリガイタ ○●●●●●● (鶏がいた)

④ ニワトリガイタ ●○ ○●●●● (二羽, 鳥がいた)

⑤ キョーヨーガナイ ○●●●●●○ (教養がない)

⑥ キョーヨーガナイ ●○ ●○○ ●○ (今日, 用がない)

◈ 악센트 핵(アクセント核, pitch of accent)

악센트山 또는 악센트滝(たき)라고도 함. 악센트가 있는 拍(내려가는 拍의 바로 직전拍)에 악센트核이 있다. 예)ア**ナ**タ(貴方)/**ミ**ドリ(緑)/ミズ**ウ**ミ(湖)(진하게 표시된 부분이 악센트 핵이 있는 곳) 평판형(平板型)은 악센트核이 없다. 보통 악센트가 있다고 하는 것은 악센트 핵이 있다고 하는 말과 같다고 보면 된다.

◈ 악센트型(アクセント型, type of accent)

① 東京式 악센트 : 공통어(표준어)악센트. 東京 시타마찌(下町)를 중심으로 한 악센트

② 京阪式 악센트 : 京都, 大阪를 중심으로 악센트

③ 一型 악센트 : 東北지방의 일부 특히 仙台에서 나타나는 단순 악센트

④ A, B型 악센트 : 鹿児島 방언에서 나타나는 악센트

◈ 東京式 악센트(일본어 악센트)

① 平板式－平板型－いす, つくえ, わたし, がっこう, はな(鼻)ガ
② 起伏式－ 頭高型－**テ**レビ, **な**みだ, **あ**いさつ, **は**な(端)ガ
中高型－あ**な**た, た**ま**ご, あ**さ**って, みず**う**み
尾高型－かえ**り**ガ, あた**ま**ガ, いもう**と**ガ, は**な**(花)ガ

◈동경 악센트의 특징(東京アクセントの特徴, feature of Tokyo -accent)

① 1拍째와 2拍째는 반드시 高低 위치관계가 다르다. (진하게 표시된 부분이 악센트 가 높게 발음 되는 박)

ワ**タシ**(私) ○●●　　**ナ**ミダ(涙) ●○○　　ア**ナ**タ(彼方) ○●○

☆**ムカ**シ(昔)●●○(×)

② 한번 낮아진 후 다시 높아지는 위치관계는 없다.

イノチ(命)●○○　　ム**ラ**サキ(紫)○●○○　　ミ**ズウ**ミ(湖)○●●○

☆オー**キ**ニ○○●○(×)

③ 마지막 拍이 높게 끝나는 경우, 助詞가 같은 높이로 붙는 경우와 낮게 붙는 경우가 있다.

ハ**ナガ**(鼻が)○●▶　　ハ**ナ**ガ(花が)○●▷

④ n拍語의 악센트型의 数는 (n+1)개가 된다. 2박어의 예를 들면 다음과 같이

3개의 악센트형으로 나타난다.

ハナ　　ハ**ナガ**(鼻が)　　ハ**ナ**ガ(花が)　　**ハ**ナガ(端が)

○○　　○●▶　　○●▷　　●○▷

◈ ミニマル・ペア 악센트

악센트에 따라 뜻이 달라지는 경우를 품사별로 나누어 보았다.

① 動詞

イル(居る, 要る) → 居**ま**す・要り**ま**す　　カウ(買う) → 買い**ま**す

イル(射る) → 射**ま**す　　**カ**ウ(飼う) → 飼い**ま**す

カエル(変える, 蛙) → 変え**ま**す　　キル(着る) → 着**ま**す

カエル(帰る) → 帰り**ま**す　　**キ**ル(切る) → 切り**ま**す

サク(咲く) → 咲き**ま**す　　スル(する) → し**ま**す

サク(裂く) → 裂き**ま**す　　**ス**ル(刷る, 抜き取る) → 刷り**ま**す

ナル(鳴る) → 鳴り**ま**す　　ネル(寝る) → 寝**ま**す

ナル(成る) → 成り**ま**す　　**ネ**ル(練る) → 練り**ま**す

ハレル(腫れる) → 腫れ**ま**す　　フル(振る) → 振り**ま**す

ハ**レ**ル(晴れる) → 晴れ**ま**す　　**フ**ル(降る) → 降り**ま**す

ヘル(減る) → 減り**ま**す　　モル(盛る) → 盛り**ま**す

ヘル(経る) → 経**ま**す　　**モ**ル(漏る) → 漏り**ま**す

② 名詞

ア**カ**(垢; 때)	アサ(麻)	イ**シ**(石)
アカ(赤)	**ア**サ(朝)	**イ**シ(医師, 意志, 意思)
イツカ(５日)	ウミ(膿)	カキ(柿)
イツカ(언젠가)	**ウ**ミ(海)	**カ**キ(牡蛎)
カミ(紙, 髪)	キョーダイ(鏡台)	コーカイ(公開)
カミ(神, 上)	**キ**ョーダイ(兄弟)	**コ**ーカイ(後悔)
サケ(酒)	サ**トー**(砂糖)	シカイ(司会)
サケ(鮭)	**サ**トー(佐藤)	シ**カ**イ(歯科医)
ジドー(自動)	セ**キ**(咳;기침)	デンキ(伝記)
ジドー(児童)	**セ**キ(席)	**デ**ンキ(電気)
ト**シ**(年, 歳)	ハシ(端)	ヒガシ(東)
トシ(都市)	ハ**シ**(橋)	ヒ**ガ**シ(干菓子)
	ハシ(箸)	**ヒ**ガシ(東 - 姓)

- ト**シ**(年, 歳)を取れば取るほど、**ト**シ(都市)がいやになる。
- **ハ**シ(箸)のハシ(端)を持ってハ**シ**(橋)を渡った。
- **ヒ**ガシ(東)さんがヒ**ガ**シ(干菓子)を持って、ヒガシ(東)の方へ行った。

ニ**ホ**ン(日本)	ムシ(虫)	モモ(桃)
ニホン(2本)	**ム**シ(無視)	**モ**モ(股)

ヨージ(用事・楊枝)

ヨージ(幼児)

③ 形容詞

アツイ(厚い)

ア**ツ**イ(暑い, 熱い)

④ 품사가 다른 경우

オモイ(重い)ⓐ	**シャ**ベル(shovel)ⓝ	**タ**オル(towel)ⓝ
オ**モ**イ(思い)ⓝ	シャ**ベル**(喋る)ⓥ	タ**オ**ル(手折る)ⓥ
ハル(張る)ⓥ	マク(巻く)ⓥ	ヤク(焼く, 妬く)ⓥ
ハル(春)ⓝ	**マク**(蒔く)ⓥ	**ヤ**ク(約, 訳)ⓝ
	マ**ク**(幕)ⓝ	ヤ**ク**(役)ⓝ

◈ ミニマル·ペア 악센트 短文練習

① 厚(あつ)いコートではもう暑(あ**つ**)い。

② 雨(**あ**め)の日に飴(あめ)を買う。

③ 医師(**い**し)が石(い**し**)につまずいた。

④ それ以上(**い**じょう)は異常(いじょう)だ。

⑤ あれ以来(**い**らい)、依頼(いらい)がない。

⑥ それは奥(**お**く)に置(お)く。

⑦ 飼(**か**)うためにいぬを買(か)う。

⑧ 蛙(かえる)の鳴き声を聞きながら家に帰(**か**え)る。

⑨ 新しい家具(**か**ぐ)のにおいを嗅(か)ぐ。

⑩ この勝(か)**ち**は価値(**か**ち)がある。

⑪ この紙(か**み**)に髪(かみ)の神(**か**み)がかいてあった。

⑫ 兄弟(**きょ**うだい)で鏡台(きょうだい)を運んだ。

⑬ いろいろな言語(**げ**んご)の原語(げんご)を研究している。

⑭ 資料を公開(こうかい)して後悔(**こ**うかい)した。

⑮ 酒(さけ)を飲(の)みながら鮭(**さ**け)を食べた。

⑯ 佐藤(**さ**とう)さんは砂糖(さ**と**う)が好きだ。

⑰ 彼自身(かれ**じ**しん)、地震(じしん)の研究に自信(じしん)がない。

⑱ **セ**ンスのいい扇子(せんす)だ。

⑲ 電気(**で**んき)をつけて伝記(でんき)を読んだ。

⑳ 橋(はし)の端(はし)で箸(**は**し)を拾った。

㉑ 花(は**な**)に鼻(はな)を近づけた。

㉒ 用意(**よ**うい)は容易(ようい)ではない。

◈ 準 악센트와 連文節 악센트

トリ(鳥)와 ナク(鳴く)를 각각 발음할 때는, 「トリ(○●), ナク(○●)」「ト・ナ」부분을 「リ・ク」보다 낮게 발음한다. 그러나 「鳥が鳴く」라고 할 경우는 「トリガナク(○●●○●)」로 발음하지 않고, 「トリガナク(○●●●●)」와 같이 「ト」만 낮게 발음되고, 나머지 박은 전부 높게 발음된다. 또한 이 文앞에 「この」를 넣어서 발음하면, 「コノトリガナク(○●●●●●●)」로 되는데, 이러한 현상을 神保格(じんぼかく)는 준 악센트(準(じゅん)アクセント)라 불렀다.

이와 같이 악센트를 모두 단어 레벨에서 발음시키면, 부자연스럽게 되는 경우가 많으므로, 주의가 필요하다.

① 見て(**ミ**テ)＋いる(イル) → **ミ**テイル(＋人(ヒト))→ **ミ**テイルヒト

●○　　○●　●○○○　　○●　●○○○○○

② 着て(キテ)＋行く(イク) → キテイク(＋人(ヒト)) → キテイクヒト

○●　　○●　○●●●　　○●　○●●●●●

③ 食べて(**タ**ベテ)＋みる(**ミ**ル)＋こと(コト) → **タ**

●○○　　●○　　○●　　＼ベ－テ－**ミ**

＼ル－コ－ト

シ

／　＼

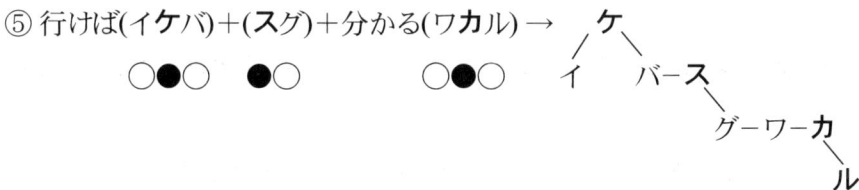

④ 不自然に(フ**シ**ゼンニ)＋**ナル**＋コト → フ　ゼ－ン－ニ－**ナ**

○●○○○　●○　○●　＼ル－コ－ト

⑤ 行けば(イ**ケ**バ)＋(**ス**グ)＋分かる(ワ**カ**ル) → **ケ**

○●○　●○　　○●○　／　＼

イ　バ－**ス**

＼グ－ワ－**カ**

＼**ル**

①은 高에서 低로 변한 곳에 平板型가 오면, 그대로 낮고 평평하게 접속되는 예이고, ②는 平板型에 平板型가 계속 접속되는 예로, 이러한 경우는 그대로 높고, 평평하게 이어진다. 「聞いて＋くる＋こと」와 같이 「平板＋起伏＋平板」이 되면, 「キイテクルコト(○●●●○○○)」처럼 「ク」가 악센트 핵이 되고, 「コト」는 (○●低高)가 되는 것이 아니라 (○○低低)로 됨에 주의한다.

起伏式 악센트가 2개 이상 이어지고, 특히 강세나 강조 등이 동반되지 않는 경우는 앞의 예 ③④⑤처럼 된다. 이와 같이 起伏式 악센트는 그 型은 잃지 않으나, 서로 대등한 높이가 되지 않음에 주의한다.

6 品詞別 악센트 規則

1. 副詞

① 첩어로 된 의성·의태어는 1째拍에 악센트 핵이 오고, 형태가 변함에 따라 악센트도 규칙적으로 변한다.

キラキラ　キ**ラ**ッと　キラ**リ**と　キラキラだ

コロコロ　コ**ロ**ッと　コロ**リ**と　コロコロだ

チラチラ　チ**ラ**ッと　チラ**リ**と　チラチラだ

ニコニコ　ニ**コ**ッと　ニコ**リ**と　ニコニコだ

パラパラ　パ**ラ**ッと　パラ**リ**と　パラパラだ

※ 「～りと」는 현재는 「キ**ラ**リト・コ**ロ**リト・チ**ラ**リト・パ**ラ**リト」와 같이 2번째 拍에 악센트가 있는 型으로 발음하는 경향이 강하다.

② 3拍語로 끝이 「と」로 끝나고, 바로 앞에 「ッ」「ン」이 있는 경우는 平板型로 발음 된다.

ソット, ジット, ズット, ホット, タント(たくさん), ポント

③ 4拍語 가운데 끝이「リ」로 끝나고, 2拍째가 「ッ」「ン」가 올 경우는 「リ」바로 앞에 악센트가 온다.

アッ**サ**リ, ウッ**ト**リ, ガッ**カ**リ, タッ**プ**リ, ウン**ザ**リ, ノン**ビ**リ, ボン**ヤ**リ

2. 形容動詞

① 어간이 3박어인 것 중에서 「○○か」型은 頭高型으로 발음된다.

かすか(微か), **し**ずか(静か), **た**しか(確か), **の**どか(閑か), **は**るか(遥か)

② 어간이 4박어인 것 중 「○○○か」型은 2번째 박에 악센트 핵이 온다.

あ**き**らか(明らか), あ**ざ**やか(鮮やか), お**だ**やか(穏やか), し**な**やか, す**こ**やか(健やか), ほ**が**らか(朗らか), な**ご**やか(和やか), に**ぎ**やか(賑やか)

3. 外来語

① 원칙으로 뒤에서 3번째 拍에 악센트 핵이 온다.

2박어 : **ジ**ャム, **ゴ**ム, **ド**ア, **バ**ス, **パ**ン

3박어 : **ジ**ュース, **テ**ニス, **テ**レビ, **ト**イレ, **ト**マト, **ナ**イフ, **ホ**テル, **ラ**ジオ

4박어 이상 : ス**ポ**ーツ, デ**パ**ート, ブ**ラ**ウス, アル**バ**イト, オリン**ピ**ック

コンク**リ**ート, ダイヤ**モ**ンド, アイスク**リ**ーム

★ 단 악센트 핵이 올 자리에 特殊拍이 올 경우는 악센트 핵은 1拍 앞으로 당겨진다.

エンジン, ス**ポ**ンサー, **サ**ッカー, **シ**ャッター

エレ**ベ**ーター, エスカ**レ**ーター, **ネ**クタイ, **キ**ャプテン

② 오래전부터 일본어에 들어와 일상생활에 자주 사용되는 단어는 平板型로 발음되는 경향이 있다.

ガラス, バケツ, ピアノ, アイロン, アンテナ, オムレツ, ガソリン, テーブル, ベランダ, メリヤス, バイオリン, フライパン, ランニング

※「エアコン・コンビに・パソコン・マザコン・ラジカセ」등 4拍語의 또한 和製英語 또한 平板型로 발음되는 경향이 있다.

③ 새롭게 들어온 말로, 외국어라는 의식이 강하게 남아 있는 단어는 原語 악센트를 살려서 발음하는 경향이 있다.

アクセント(accent), **ガ**イダンス(guidance), **タ**ーミナル(terminal)

4. 固有名詞(人名, 地名)

원칙으로 平板型 아니면 −3型(뒤에서 헤아려 3번째 拍에 악센트가 있는 型)이다.

① 平板型 : タナカ(田中), ナカムラ(中村), サイトー(斎藤), カオル(香), マコト(真), ヒロシマ(広島), オオサカ(大阪), トーキョー(東京)

② −3型 : **カ**トー(加藤), **サ**トー(佐藤), タ**カ**ハシ(高橋), **ア**イコ(愛子), **キ**ヨシ(喜義), フ**ク**オカ(福岡), シ**ズ**オカ(静岡), フ**ク**シマ(福島), ヤ**マ**ガタ(山形), **ニ**ッコウ(日光), **セ**ンダイ(仙台), ホッ**カ**イドー(北海道)

5. 複合語

後部 구성요소의 악센트型에 의해 복합어 전체 악센트가 결정된다.

① 後部요소가 平板型의 경우는, 後部요소의 1째 拍에 악센트가 온다.

スチーム**ア**イロン, テレビ**ア**ンテナ, パイプ**オ**ルガン, グランド**ピ**アノ

カイシャ → カブシキ**ガ**イシャ(株式会社)

クスリ → ノミ**グ**スリ(飲薬)

シンゴー → アカ**シ**ンゴー(赤信号)

ダイガク → トウホク**ダ**イガク(東北大学)

② 後部요소가 起伏型인 경우는, 後部요소의 악센트가 전체 복합어 악센트가 된다.

ス**ポ**ーツ → ウインタース**ポ**ーツ

ツ**リ**ー → クリスマスツ**リ**ー

ストーブ → 電気ストーブ

イインカイ → キョーイクイインカイ(教育委員会)

6. 頭高型 名詞

イノチ(命), **ス**ガタ(姿), **カ**ゾク(家族), **カ**ナイ(家内), **ク**ーキ(空気), **ケ**シキ(景色), **ゲ**ンキ(元気), **ゴ**ゼン(午前), **テ**ンキ(天気), **デ**ンキ(電気), **フ**ベン(不便), **ベ**ンリ(便利), **ア**イサツ(挨拶), **キョ**ーダイ(兄弟)

7. 動詞악센트

終止形은 平板型 아니면 -2型으로 발음되나, 활용에 따라 악센트는 변화한다.

※ 대부분이 -2型이므로 平板型 動詞를 암기해 두면 편리하다.

★ 平板型 動詞

① 2拍 : 言う, 行く, いる, 買う, 貸す, 聞く, 着る, 知る, する, 寝る, やる

② 3拍 : あらう, もらう, ひろう, わらう, 上がる, 借りる, 決める, 消える, 足りる

③ 4拍 : いただく, うかがう, くらべる, ならべる, はじめる, はたらく, 見つける

★ 頭高型 動詞 : カエル(帰る), カエス(返す), トース(通す), トール(通る), ハイル(入る), マイル(参る), モース(申す)

★ 動詞의 活用

① 平板型 : 買う, 買って, 買った, 買**え**ば, 買**お**う, 買っ**た**ら(**た**り)

買わない, 買いたい, 買いながら, 買いそうだ, 買い**ま**す

② 起伏型：食べる, 食べて, 食べた, 食べれば, 食べよう, 食べたら(たり)
食べない, 食べたい, 食べながら, 食べそうだ, 食べます

8. 形容詞악센트

動詞악센트와 같이 終止形은 平板型 아니면 －2型으로 발음되나, 활용에 따라 악센트는 변화한다.

※ 형용사도 -2型이 대부분이므로 平板型를 외워두면 편리하다.

★平板型 形容詞(총30개)

① 3拍：アカイ(赤い) アサイ(浅い) アツイ(厚い) アマイ(甘い)
アライ(荒い) ウスイ(薄い) オソイ(遅い) オモイ(重い)
カルイ(軽い) カタイ(堅い) キツイ(きつい) クライ(暗い)
ケムイ(煙い) ツライ(辛い) トーイ(遠い) ネムイ(眠い)
マルイ(丸い)

② 4拍：アカルイ(明るい) アブナイ*(危ない) アヤシイ*(怪しい)
イヤシイ*(卑しい) オイシイ*(美味しい) カナシイ(悲しい)
キイロイ(黄色い) ツメタイ(冷たい) ヤサシイ(優しい)
ヨロシイ*(宜しい)

③ 5拍：ムズカシイ*(難しい) ノゾマシイ*(望ましい)
ナマヌルイ*(なまぬるい)

※ 4拍語의 *표시의 예는 현재 平板型(0)와 起伏式(0,2)가 병존하고 있다. 5拍語는 오히려 -2가 더 우세하다.

★形容詞 活用

① 平板型：軽い かるく, かるくて, かるければ, かるかった, かるかろう
② 起伏式：寒い さむく, さむくて, さむければ, さむかった, さむかろう

① 平板型：☆かるいか, ☆かるいです, かるさ, かるくない, かるくなる
② 起伏式：さむいか, さむいです, さむさ, さむくない, さむくなる
★例外：ない, なくなる, なかった, なければ, なくて
すっぱい, すっぱくなる, すっぱかった, すっぱければ, すっぱくて
大きい, おおきくなる, おおきかった, おおきければ, おおきくて
小さい, ちいさくなる, ちいさかった, ちいさければ, ちいさくて

7 会話体에서 나타나기 쉬운 발음 현상

長音은 「がっこう → がっこ」「そういうこと → そゆこと」처럼 短音化되기 쉽다. 「かっこいい」「さようなら → さよなら」「めんどくさい」 등과 같이 어형이 안정된 語도 많다. 長音이 아니더라도, 같은 母音이 연속되면, 「あぶらあげ → あぶらげ」로 되는 例가 있지만, 회화체에서도 「～だとおもった → ～だともった」와 같이 동음생략(同音省略)이 일어나는 경우도 있다.

1. 축약형(縮約形(しゅくやくけい))

5-2. 다음 밑줄 친 부분을 축약형(縮約形)으로 고쳐 쓰시오. (2점)

(1) それで食べ物やラジオなどを準備しておいたほうがいいわよ。

(2) みんな忙しいから今日は来てはだめだよ。

2004

5-3. (보기)와 같이 ______ 에 알맞은 축약형을 쓰시오. (1점)

(보 기)

行けば → 行きゃ

行ければ →

2005

9. 다음은 실제의 언어 사용 장면에서 많이 사용되는 축약 표현의 예이다. ①과 ②를 축약 이전의 형태로 쓰시오. (2점)

● なにしてんの。やめたきゃ、やめなさい。 ① ②

축약형은 사용자에게 있어서는 발음하기가 쉽고, 아주 자연스럽게 들리지만, 외국어로서 학습할려고 하는 日本語 学習者에게는 완전히 다르게 받아져 意味 파악이 힘드는 경우가 허다하다. 축약형이 나타나는 경우는, 자연스러운 会話体 뿐만 아니라, 公式的인 장면에서 그렇게 빠르지 않는 会話体에서도 꽤 빈번하게 관찰된다. 여기에 대표적인 축약형의 예를 제시하도록 한다. (『日本語教育ハンドブック』 pp. 228~231 참조)

① 助詞「は」에 관한 것

書きは⇒ 書きゃ　急ぎは⇒ 急ぎゃ　行っては ⇒ 行っちゃ
では⇒ じゃ　なくしは⇒ なくしゃ　飲みは⇒ 飲みゃ
飲んでは⇒ 飲んじゃ　こっちは⇒ こっちゃ　そこには⇒ そこにゃ
ありは⇒ ありゃ　あれは⇒ ありゃ　それは⇒ そりゃ⇒ そら
これは⇒ こりゃ⇒ こら　ぼくは⇒ぼかぁ

② 「～テ」形에 관한 것

● 「い」가 생략되는 경우

生きていく⇒ 生きてく 着ていく⇒ 着てく　していく⇒ してく

来ている⇒ 来てる　　見ている⇒ 見てる　　死んでいく⇒ 死んでく
喜んでいる⇒ 喜んでる
※「～た」「～ます」「～ました」形이 접속되어도 동일하다.

- 「て＋あ」→「た」, 「て＋お」→「と」로 되는 등 「e」가 생략되는 경우

見てあげる ⇒ 見たげる　　読んであげる ⇒ 読んだげる
閉めておいて ⇒ 閉めといた　　読んでおいた ⇒ 読んどいた
やっておく ⇒ やっとく　　ほおっておけ ⇒ ほっとけ
来てしまう ⇒ 来ちまう⇒ 来ちゃう
書いてしまう ⇒ 書いちまう⇒ 書いちゃう

③「(仮定の)ば」에 관한 것

いけば⇒いきゃ　　泣けば⇒なきゃ　　あれば⇒ありゃ
早ければ⇒早けりゃ⇒はやきゃ　　よければ⇒よけりゃ⇒よきゃ
なければ⇒なけりゃ⇒なきゃ　　来なければ⇒来なけりゃ⇒来なきゃ

④ その他

あるのです⇒あるんです⇒あんです　　～という人⇒～って人
友達のところ⇒友達んとこ　　まったく⇒ったく
そんなものは⇒んーなもな　　ほんとうにもう⇒んーとにもう
ふざけるのでは⇒ざけんじゃ

2. 발음화(撥音化(はつおんか))

박수가 적어지는 것이 아니기 때문에, 축약형의 종류로 생각하기 어렵지만, 다음과 같은 음운변화의 예도 일본어 학습자에게 주의를 요할 부분이다.

①「の」의 撥音化

～のだ⇒～んだ　　～のです⇒～んです

～のだろう⇒～んだろう　　～のでしょう⇒～んでしょう

～ので⇒～んで　　私のだ⇒私んだ　　～のじゃ⇒～んじゃ

②「ない」에 선행하는 ラ行音의 撥音化

わからない⇒わかんない　くだらない⇒くだんない

おこらない⇒おこんない　変わらない⇒変わんない

来られない⇒来らんない　見られない⇒見らんない

くれない⇒くんない　　知らない⇒知んない

3. 요음의 직음화 현상(拗音の直音化現象)

ガイシュツ → ガイシツ(外出)　　キジュツ → キジツ(記述)

シュクジツ → シクジツ(祝日)　　シュジュツ → シジツ(手術)

シンジュク → シンジク(新宿)　　ハラジュク → ハラジク(原宿)

앞의 例처럼 「シュ」「ジュ」가 「シ」「ジ」로 변화하여 발음되는 현상을 요음의 직음화 현상이라 한다.

4. 촉음화 현상(促音化現象)

다음의 예와 같이 母音의 無声音化 현상이 일어나는 박에 促音을 넣어 발음하는 현상으로 東京 특유의 발음 현상이었으나, 근래에 와서는 전국적인 현상으로 나타나고 있다. 三角形(サンカクケー・サンカッケー)와 旅客機(リョカクキ・リョカッキ)등은 어형이 동요(動揺)가 있는 상태라고 할 수 있다.

例：オンガクカイ(音楽会) →オンガッカイ

サンカクケー(三角形) →サンカッケー・サンカクケー

スイゾクカン(水族館) →スイゾッカン

センタクキ(洗濯機) →センタッキ

タイショクキン(退職金) →タイショッキン

リョカクキ(旅客機) →リョカッキ・リョカクキ

5. 연모음의 장음화(連母音(れんぼいん)의 長音化(ちょうおんか)/ ベランメー口調(くちょう))

2001

元々はアイ[ai]、オイ[oi]、アエ[ae]の発音が東京方言でエー[e:]に発音される現象(例えば「いたい」が「イテー」になること)を何というのか、書きなさい。(1점)

원래는 アイ[ai], オイ[oi], アエ[ae]인 발음이 동경방언에서 エー[e:]로 발음할 때가 있다. 이러한 것을 연모음의 장음화 현상 또는 베란메쵸(ベランメー口調(くちょう))현상이라 한다. 에도시대(江戸時代(えどじだい))초기부터 시작된 현상으로, 동경방언뿐만 아니라 오우(奥羽,지금의 東北地方)방언이나 큐슈(九州(きゅうしゅう))방언 등에서도 같은 현상이 보인다.

예) イタイ(いたい) →イテー　　ウルサイ(煩い) →ウルセー

オマエ(お前) →オメー　　ヒドイ(酷い) →ヒデー

〈参考文献〉

天沼寧・大坪一夫・水谷修(1978)『日本語音声学』くろしお出版

猪塚元・猪塚恵美子(2003)『日本語音声学のしくみ』研究社

王伸子・大島中正他(2004)『音声・文字・表記－日本語教師養成シリーズ３-』東京法令出版

川上 秦(1986)『日本語音声概説』桜楓社

――― (1973)『日本語アクセント法』学書房

金田一春彦(1942)『日本語音韻の研究』東京堂出版

国際交流基金日本語国際センター編(1988)『発音-教師用日本語教育ハンドブック６-』凡人社

窪薗春夫(2005)『音声学・音韻論』くろしお出版

小林法子(1987)『日本語アクセント教室』新水社

柴谷方良也(1984)『言語の構造 -音声・音韻篇-』くろしお出版

田窪行則・前川喜久雄他(2004)『言語の科学２ 音声』岩波書店

田代晃二(1988)『美しい日本語の発音 - アクセントと表現 - 』創元社

田中春美・中村完他(1982)『言語学演習』大修館書店

田中春美他(1982)『言語学のすすめ』大修館書店

土岐哲也(1989)『発音・庁解-外国人のための日本語例文・問題シリーズ12－』荒竹出版

中條修(1989)『日本語の音韻とアクセント』勁草書房

日本語教育学会編『日本語教育ハンドブック』大修館書店

文化庁(1970)『音声と音声教育(日本語教育指導参考書1)』大蔵省印刷局

文化庁(1987)『音声と音声教育 － 日本語教育指導参考書1－』大蔵省印刷局

文化庁・国立国語研究所(1982)『日本語と日本語教育－発音・表現編－』大蔵省印刷局

松崎寛・河野俊之(2004)『理解しやすい音声－日本語教師・分野別マスターシリーズ』アルク

고수만(2004)『日本語의 音声과 音韻』불이문화

민광준(2002)『일본어 음성학 입문』 건국대학교 출판부

신지영(2000)『말소리의 이해』한국문화사

이향란(1995)「日本語における外来語アクセントの研究」東北大学大学院文学研究科, 博士学位論文

――― (2001)『악센트중심애니메이션日本語会話－となりのトトロ－』제이앤씨

――― (2004)「東京語における形容詞アクセントの変化」『日本語文學第23輯』韓國日本語文學會

――― (2005)「日本語における形容詞アクセントの実態調査－地方出身者の発音を中心に－」『日本文化學学第24輯』韓國日本文化學會

――― (2005)(공저)『일본어 어학용어사전』박이정

――― (2006)「韓国人日本語学者における形容詞アクセントの実態調査」

――― 『日本文化學報第24輯』韓國日本文化學會

――― (2008)「日本語における外来語アクセントの型の地域方言の差」『日本語文學第36輯』韓國日本語文學會

최광우(1992)『日本語教育音声学－이론과 실제－』學士院

〈参考辞典〉

秋永一枝(1958)『明解日本語アクセント辞典』三省堂

田中春美他共著(1988)『現代言語学辞典』成美堂

飛田良文編者(2007)『日本語学研究辞典』明治書院

NHK編(1987,1998)『日本語発音アクセント辞典』日本放送出版協会

日本音声学会編(1976)『音声学大辞典』三修社

日本語教育学会編(2005)『新版日本語教育事典』大修館書店

8

부록

1 用言 誤用例 보충자료

〈誤用例 →日本語表現〉

가슴이 뛰다·고동치다(胸が飛ぶ) → 胸が高鳴る

※「가슴이 두근거리다」는「胸がどきどきする」이다.

건강을 되찾다(元気を探す) → 元気を取り戻す·元気になる

기억이 되다(記憶がなる) → 記憶に残る

날씨가 시원하다(天気が涼しい) → 涼しい

낮잠을 자다(昼寝を寝る) → 昼寝をする

마음에 들다(心に入る) → 気にいる

몸부림치다 → 정신적 몸부림 身もだえをする(苦しみのあまり~)

육체적 몸부림(뒤치락거리다) 寝返る·寝返りをうつ

바지를 입다(ズボンを着る) → ズボンをはく

방심했어요(放心してしまいました) → 油断してしまいました

분위기에 젖다(雰囲気にぬれる) → 雰囲気に浸る

백(연줄)이 좋다(バックがいい)→ コネがいい

비자를 얻다(ビザを得る) → ビザを取る

사전을 찾다(辞書を探す) → 辞書を引く

샤워를 하다(シャワーをする) → シャワーを浴びる

소문이 나다(噂がでる) → 噂が立つ

손해를 보다(損を見る) → 損をする

시간을 내다(時間を出す) → 時間を作る

(약을)먹다(薬を食べる) → 飲む

어떻게 오셨습니까?(どうしていらっしゃったんですか) → どのようなご用件でしょうか

이상했다(異常した) → おかしかった　おかしいでした(×)→ おかしかったです

중요합니다(重要します) → 重要(じゅうよう)です

(출석을)부르다(出席を呼ぶ) → 出席(しゅっせき)を取る

키가 크다(背が大きい)→ 背(せ)が高(たか)い

2 명사 誤用例 보충자료

〈誤用例 →日本語表現〉

각자부담(各自負担) → 割(わ)り勘(かん)·自前(じまえ)

간담회(懇談会) → 懇親会(こんしんかい)·懇談会(こんだんかい)

감봉(減俸)→ 減給(げんきゅう)

개인전(個人展) → 個展(こてん)(個人展覧会(こじんてんらんかい))

거물(급)(巨物) → 大物(おおもの)

경치(景致) → 景色(けしき)

고생(苦生) → 苦労(くろう)

궁합(宮合) → 相性(あいしょう)

기본안주(基本按酒) → お通(とお)し·突(つ)き出(だ)し

기생(妓生) → 芸者(げいしゃ)

기호(嗜好) → 好(この)み·嗜好(しこう)

낙하산인사(落下傘人事)→ 天下(あまくだ)り人事(じんじ)

뇌물(賂物) → 賄賂(わいろ)

다방(茶房)→ 喫茶店(きっさてん)

단독주택(単独住宅)→ 一戸建(いっこだ)て

단점(短点) → 短所(たんしょ) ↔ 長所(ちょうしょ)

대기실(待機室) → 控室·待合室

도매(都買) → 卸売り

독방(独房)→ 一人部屋

동거(同居) → 同棲

동반자살(同伴自殺) → 心中

명함(名銜) → 名刺

물건(物件) → 品物·物件

※ 물건은 品物이고 物件은 부동산에서 사용하는 가옥 등을 나타낸다.

변명(弁明) → 弁解 ·言訳

복덕방(福德房)·부동산(不動産) → 不動産屋

부실공사(不実工事) → 手抜き工事

본전(本銭) → 元手

불참(不参) → 不参加

미국(美国) → 米国·アメリカ

사고방식(思考方式) → 考え方

사양(辞譲) → 遠慮

상사병(相思病) → 恋煩い·恋患い

선불(先払) → 前払い↔後払い

성경(聖経) → 聖書

세상(世上) → 世間·世の中

속담(俗談) → 諺

수표(手票) → 小切手

신청서(申請書) → 申込書·申請所

신호(信号sign) → 合図

암표(闇票) → 闇(闇取引)の切符

애인(愛人) → 恋人·彼氏(彼女)

※ 일본에서 愛人은 「あいじん」으로, 대개 불륜의 관계로 맺어진 애인을 뜻하고, 한국에서 의미하는 애인은 恋人·彼氏(彼女)라 말하는 것이 좋다.

언론(言論·매스콤) →マスコミ

외환(外換) → 爲替

요즘(今頃) → 最近·近頃

용무(用務) → 用事·用件

유부녀(有夫女) → 人妻

유품(遺品) → 形見·遺品

유흥가(遊興街) → 歓楽街

은하수(銀河水) → 天の川

음란물(淫乱物) → 猥褻物

이발소(理髪所)·이용원(理容院)·이발관(理髪管) → 床屋·理髪店·散髪屋

일력부족(人力不足) → 人手不足

일어교육과(日語教育科) → 日本語教育学科

임원(任員) → 役員

입주(入住)→ 入居

자기자신(自己自身) → 自分自身

장기(長技) → 十八番·十八番·特技

적금(積金) → 積立

전당포(典当鋪) → 質屋

제사(祭祀) → 法事·法会

(집)주인(主人) → 大家(大屋)さん

줄기세포(茎細胞) → 胚性幹細胞·ES細胞

직장여성(職場女性) → OL

차례(次例)·순서(順序) → 順番

채소가게(野菜屋) → 八百屋

초면(初面) → 初対面

평상복(平常服) → 普段着

평생(平生) → 一生

표절(剽窃) → 剽窃·盗作

풀장(プール場) → プール

혼담(婚談) → 縁談

홍역(紅疫) → 麻疹·麻疹

화재(火災) → 火事·火災(保険·警報)

환갑(還甲) → 還暦

효자(孝子) → 親孝行

휴지(休紙) → 紙屑·塵紙

흡연실(吸煙室) → 喫煙室

9회초(9回初 ↔ 9回末) → 9回表 ↔9 回裏

3 한·일 속담 보충자료

가는 말이 고와야 오는 말도 곱다 → 売り言葉に買い言葉(폭언에 대해 폭언으로 대꾸함)

가는 정이 있어야 오는 정이 있다 → 魚心あれば水心＝水心あれば魚心

개같이 벌어 정승같이 살다 → 汚く稼いで清く暮せ

고래 싸움에 새우 등 터지다 → 側杖を食う(관계없는 일로 봉변을 당하다)

고양이 앞에 생선 → 猫に鰹節·猫の前に肉

그 아비에 그 자식 → 蛙の子は蛙

긁어 부스럼 → 藪をつついて蛇を出す

기는(뛰는) 놈 위에 나는 놈이 있다 → 上には上がある

꿔다놓은 보리자루 → 借りてきた猫

낫 놓고 기역자도 모르다 → 伊呂波の伊の字も知らぬ

닭 잡아먹고 오리발 내 민다 → 豚を盗んで骨を施す?

독안에 든 쥐 → 袋のねずみ

등잔 밑이 어둡다 → 灯台下暗し

믿는 도끼에 발등 찍힌다 → 飼い犬に手を噛まれる

밑 빠진 독에 물 붇기 → 骨折り損のくたびれ儲け(수고만 하고 전혀 보람이 없음)

뱁새가 황새 따라가다 다리 찢어지다 → 鵜の真似する烏(水にこぼれる)

부부싸움은 칼로 물 베기 → 夫婦喧嘩は犬も食わぬ

불난데 부채질하다 → 火に油を注ぐ

사람 살 곳은 골골이 있다 → 渡る世間に鬼はない(세상에는 무정한 사람만이 아니라, 어려울 때 도와주는 인정 있는 사람도 있다.)

서당 개 삼 년에 풍월한다(읊는다) → 門前の小僧習わぬ經を読む

세 살 버릇 여든까지 가다 → 三つ子の魂百まで

소문난 잔치에 먹을 것 없다 → 名物に旨い物無し

수염이 석자라도 먹어야 양반 → 腹が減っては戦はできぬ

식은 죽 먹기, 누워서 떡 먹기 →朝飯前だ

아닌 밤중에 홍두깨 → 寝耳に水·薮から棒(덤불 속에서 몽둥이)

약방에 감초 → 坊主に袈裟 (坊主憎けりゃ袈裟まで憎い →그 사람이 미우면 그 사람과 관계있는 모든 것이 밉다)

옷이 날개 → 馬子にも衣装

유유상종(類類相從) → 類は友を呼ぶ

조롱박에서 망아지가 나오다 → 瓢箪から駒が出る(도리 상 있을 수가 없는 것에 비유)

쥐구멍에도 볕들 날이 있다 → 待てば海路の日和あり

지렁이도 밟으면 꿈틀 한다 → 一寸の虫にも五分の魂/ 仏の顔も三度

콩 심은데 콩 나고 팥 심은 데 팥 난다 → 瓜の蔓に茄子はならぬ/ 蒔かぬ種は生えぬ

팔이 안으로 굽다 → 負うた子より抱いた子(가까운 것을 중히 여기는 것이 인지상정이다)

함흥차사 → 鉄砲玉の使い

※ 木乃伊取りが木乃伊になる(사람을 찾으러 간 사람이 돌아오지 않고, 도리어 찾는 대상이 되다. 즉 상대를 설득하려던 사람이 오히려 설득 당하여, 상대의 의견에 동의해버린다는 뜻)

4 猫가 들어가는 속담·관용구·단어

猫に小判 → 돼지(목걸이)에 진주

猫にまたたび、お女郎に小判 → 제일 좋아하는 것을 비유, 또 상대방의 비위를 맞추기 위하여 제일 효과가 있는 것을 비유.

猫に鰹節·猫の前に肉 →고양이 앞에 생선

猫の恋 → 고양이 交尾기간에 미친 듯이 소리를 내는 것.

借りてきた猫 → 꿔다놓은 보리자루

猫の手も借りたい → 매우 바빠 눈코 뜰 새 없다

猫をかぶる→ 내숭떨다, 양의 탈을 쓰다(본성을 숨기다)

猫かぶりの男→ 본성을 감추고 얌전한 체하는 남자

猫も杓子も→ 아무거나, 어중이떠중이

猫足→ (씨름 등에서)강인하여 좀처럼 넘어지지 않는 다리

猫いらず → 쥐약　猫車 → 공사용 일륜차　猫じゃらし → 강아지풀

猫柳 → 갯버들

猫背→ 새우등, 새우등을 한 사람 (옛날에는 猫背中라고도 했음)

猫の額→ 손바닥만한(장소가 작은 것을 비유). ~ほどの庭

猫の目→ (명암에 따라 변화는 고양이 눈처럼)사물이 어지럽게 변함의 비유. 눈 꼬리를 치올린 화장.

猫下ろし→ 고양이가 먹다가 남긴 것.

猫ばば→ (자기가 저지른) 나쁜 짓을 숨기고 시치미 뗌. 또 주운 물건을 슬쩍 자기 것으로 함.(고양이는 자기 똥에 모래를 끼얹어서 숨기므로)

猫またぎ→ 소금에 절인 맛없는 자반

猫耳→ 귀지가 무르고 고린내가 나는 상태, 또 그런 귀를 말함.

※ 일본에는 고양이(猫)에 관한 속담이나 관용구, 단어 등이 많다. 예를 들면 뜨거운 음식을 잘 먹지 못하는 사람을 「猫舌(ねこじた)」라 하며, 쥐새끼 한 마리 없다는 표현은「ねこの子一匹いない」로 역시 고양이가 사용된다. 그리고 「ねこの子をもらうよう」는 (고양이 새끼를 얻어 오듯이) 결혼 등이 간단히 이루어지는 모양을 말할 때 사용된다.

5 魚類(생선종류)가 들어가는 속담·관용구

鰯の頭も信心から(하찮은 것이라도 믿으면 존귀하게 느껴진다는 뜻)

鰯が魚か土方が人間か

鰻の寝相(뱀장어 잠자리→좁고 길쭉한 방이나 집의 비유)

鰻登り(鰻上り)(물가, 온도, 지위 등이 자꾸 올라감)

鯉の滝登り(사람의 입신출세를 말함)

まな板の鯉(다른 사람의 뜻대로 되는 것 이외는 방법이 없는 상태) まな板の魚

鯖を読む(수량을 속여서 이익을 탐하다)

腐っても鯛(썩어도 준치)

海老で鯛を釣る(조그마한 노력이나 물건으로 많은 이익을 얻는 것을 비유.

새우로 잉어 낚는다)

海老の鯛交じり(약소한 것(어리석은 자)이 강대한 것(현명한 자)과 섞여있는 것)

雑魚の魚交じり

鯛の尾より鰯の頭(뱀 머리보다 용꼬리가 더 낫다. 큰 단체에서 낮은 지위로 참고 있는 것 보다 작은 단체에서 長이 되는 편이 더 낫다에 비유)

とどのつまり (行きつくところ. 結局. 별 볼일 없는 결과에 주로 사용)

とど : 성장한 ボラ(숭어)

柳の下にいつも泥鰌は居ない(우연의 행운은 늘 있는 것은 아니다에 비유)

河豚は食いたし命は惜しし(이익을 얻고 싶으나 위험해서 어찌할 바를 모름의 비유)

雑魚寝をする(새우잠자다)

魚の身をほぐす(생선살을 바르다)

6 숫자가 들어가는 속담·관용구

一難去ってはまた一難(산 넘어 산)

石の上にも三年(참고 있으면 언젠가는 성공한다)

鶴の一声(의견이나 이해가 대립되는 많은 사람을 두말없이 따르게 하는 권위자·권력자의 一言)

鶴は千年亀は万年(수명이 길어 축하할 때에 말함)

七転び八起き(칠전팔기)

七つ布団(사치스러운 것에 비유)

腹八分に病なし(적당히 먹는 사람은 병이 없다)

二度あることは三度ある(똑같은 일이 두 번까지 일어나면 계속해서 한 번 더

일어난다는 것이다)

二兎を追うものは一兎をも得ず(두 마리 토끼를 쫓는 사람은 한 마리도 얻지 못한다는 뜻)

親の光は七光(부모는 자식의 출세나 평가에 크게 공헌하는 부모의 높은 사회적 지위나 명성 등의 威光. 七는 큰 숫자라는 뜻)

三つ子の魂百まで(세 살 버릇 여든까지)

早起きは三文の得(아침 일찍 일어나면 무언가 이익이 있다.)

三文の値うちもない(서푼의 값어치도 없다, 아무 짝에도 쓸모가 없다)

百も承知(충분히 알고 있는 것)

百に一つ(만에 하나. 아주 드문 일에 비유)

百里の道も一足から(큰일을 할 때에도 첫 걸음이 중요하다는 것)

千里の行も一歩から

人の噂も七十五日(세상소문도 일시적인 것으로 조금 있으면 잊어버리기 쉽다는 뜻)

人の一生は重荷を背負うて遠き道を行くが如し(徳川家康의 遺訓으로 인생은 부단한 노력과 인내를 가지고 한걸음 한걸음을 소홀히 하지 않고, 계속 정진해 나가는 것이 중요하다는 의미)

7 慣用句 보충자료

- 頭が切れる：頭の回転がはやい/頭がいい

  彼女は頭が切れるので、どんな仕事でも的確に処理してしまう。

- 頭に来る：不愉快になる

  何もしていないのに痴漢と間違えられて、頭にきたよ。

- 大目にみる：厳しくしからないで寛大に扱う

スピード違反で捕まったとき、大目に見てもらおうと思ったが、だめだった。

- 目が回る：とても忙しい/また、そのようす
  今日は会社をやすんだ人がたくさんいたので、目が回るほど忙しかった。
- 歯が立たない：自分の力ではかなわない
  この問題は難しすぎて、私には歯が立たない。
- あごで使う：いばった態度で思い通りに人に何かをさせる。
  部長は「タバコを買ってこい」「お茶を入れろ」と、女子社員をあごで使っている。
- 手を焼く：取り扱いにこまる
  木村君に手を焼いた先生は、彼の両親を呼び出した。
- このごろ毎晩夜中にいたずら電話がかかってくるんだ。本当に腹が立つよ。
- 新幹線が込んでいて、3時間ずっと立っていたので、着いたときには足が棒になっていた。
- ペットをごみのように捨てるなんて、血も涙もない人間だ。
- 馬が合う人と一緒に生活したほうが楽しい。
- あのおとなしい人が人をだますなんて、今まで猫をかぶっていたんだね。
- 先生にごまをすって成績を上げてもらおうとしてもだめだ。

8 韓·日 語彙表現 比較 보충자료

〈참고문헌〉
崔鍾勳·増田忠幸共著(2000)『잘못쓰는 일본어 관용일본어』다락원

- 간단히 말하면(즉, 결국)→ 早い話が

  早い話が肝心なことはいつも社長に一任なんだから……。

- 넘겨짚다(마음속(의중)을 떠보다)→ かまをかける

  ひょっとしてとかまをかけてみたら、やっぱり思った通りだった。

- 눈칫밥을 먹다→ 肩身のせまい思いをする･気兼をする

  彼は幼いときに両親と死に別れ、親戚の家で肩身のせまい思いをして育った。

- 내 눈에 흙이 들어가기 전에(살아있는 동안) → 目の黒いうち

  あんなこと目の黒いうちにはさせられない。

- 덩달아서 → 尻馬に乗って

  お前まで尻馬に乗ることはないだろう。

※ 덩달아서 울다→ もらい泣きをする

私は涙もろいから、映画を見るとすぐもらい泣きする。

- 뒤치다꺼리를 하다→ 尻ぬぐいをする

  できそこない息子の尻ぬぐいのために苦労した。

- 따지고 보면→ 元はと言えば･煎じ詰めれば

  おれがこうなったのも、元はと言えばお前のせいだ。

- 떡고물이 떨어지다(국물을 먹다)→ おこぼれをもらう

  何の努力もしないで、人のおこぼれをもらおうなんて虫がよすぎる。

- 바가지(를) 씌우다→ ぼる(ぼられる→바가지 쓰다)

  あの飲み屋には前にずいぶんぼられたことがある。

- 배보다 배꼽이 더크다→ 本末転倒だ･ナンセンスだ

  料金より高いチップを渡すなんて、まさに本末転倒だ

- 밴댕이 소갈머리→ ケツ(尻)の穴が小さい

  男のくせに尻の穴の小さいようなことをいっていると、とても人の上には立て

ない。

- 불티나게(날개 돋친 듯이)→ 飛ぶように

バーゲンセールで大安売りをしているので、ブランド品が飛ぶように売れる。

- 벼락치기 공부→ にわか勉強· 一夜漬け 벼락부자→にわか成金

にわか勉強をしたところで、急に実力が上がるわけにはない。

- 새우잠자다→ 雑魚寝をする

合宿のときは、大部屋で雑魚寝をするのが普通だ。

- 생색을 내다(공치사하다)→ 恩に着せる·恩着せがましい·恩着せがましいことを言う

別に恩に着せようとは思っていませんから、気にしないで下さい。

- 섭섭한 소리를 하다→ 水臭い(冷たい)ことを言う 섭섭하다→水臭い

お前とおれの仲だ。水臭いことを言うな。

- 소름이 끼치다→ 身の毛がよだつ·鳥肌が立つ(추위, 소름 양쪽다 사용)·ぞっとする

あまりにもむごい場面で、思い出すだけで身の毛がよだつ。

- 수박 겉핥기→ 生かじり(지식에만 사용)·生半可·うわっつらをなめる

そんな生半可な勉強で、志望校に入れるわけないでしょう。

- 씀씀이가 좋다→ 金回りのいい

どうしたことか、彼は最近金回りがいい。

- (~하기) 십상이다·(~일게) 뻔하다→ (~するのが)おちだ

相手の都合も聞かず一方的に約束してもすっぽかされるのがおちだ。

바람맞기 십상이다

- 안성맞춤이다→ もってこいだ·うってつけだ·おあつらえむきだ

ここはキャンプするにはもってこいの場所だ。この仕事は君がうってつけだ。

- 어깨너머로(배우다)→ 見よう見まね で

碁がお上手ですね。いやいや、見よう見まねでちょっと覚えただけですよ。

- (여자한테)정신이 나가 있다→ 鼻の下がのびている

いい女を見るといつも鼻の下のばして……みっともないわ。

- 울며 겨자 먹기→ 泣く泣く

相手に弱みを握られているので、泣く泣く要求に応じるしかなかった。

- 입가심을 하다→ 口直しをする

口直しに一杯やろう。

- 죽는 소리를 하다→ 泣き言を言う

辛抱強い人が泣き言を言うなんて、よほどのことに違いない。

- 제 눈에 안경→ あばたもえくぼ

あばたもえくぼとはいうけれど、どうしてあんな人と結婚したんだろう。

- 쥐꼬리만 한→ 雀の涙ほどの·わずかばかりの

雀の涙ほどの慰謝料で別れようなんて、虫がよすぎる。

- 천금같은→ 価千金の

安選手が決めた1点は価千金の決勝ゴールだ。

- 입에 침이 마르다(입이 닳도록~하다)→ 口がすっぱくなる·耳に胼胝ができる

口がすっぱくなるほど彼を説得してみたけれど、結局むだだった。

- 입이 궁금하다→ 口がさびしい

タバコをやめてから口がさびしいので、いつも飴をなめている。

- 콩나물시루 같은 교실→ すし詰め教室

毎日すし詰め電車に揺られて通勤するんだから、サラリーマンも楽ではない。

- 하늘의 별따기→ 夢のまた夢

学歴(がくれき)も力(ちから)もない平社員(ひらしゃいん)が社長(しゃちょう)になるなんて、それこそ夢のまた夢だ。

9 意味論 보충자료

★modality形式(様態･推量)：ようだ(みたいだ)/らしい/そうだ/だろう

① ゆうべおれは酔っぱらってけんかしたようだ。

② ゆうべおれは酔っぱらってけんかしたらしい。

※ ようだ→判断의 근거가 直接的인 情報(話者스스로 얻은 情報)의 경우

※ らしい→判断의 근거가 間接的인 情報(다른 곳에서 얻은 情報)의 경우

그러나 아래의 예문 3)4)는 예외로 둘 다 사용할 수 있다.

③ 当時現場にいた目撃者たちの証言(=間接情報)をまとめて推理すると、運転手の居眠りが事故の原因であるようだ/らしい。

④ 現地から帰った人の話によると、アフリカでまた暴動があったようだ/らしい。

※ 서술된 事態와 話者와의 心理的인 距離가「ようだ」에서는 가깝고(関心, 関係를 가지고 있는 경우),「らしい」에서는 멀다(傍観的).

※ 話者 자신이 내린 判断에 대해서：ようだ→責任이 있다고 意識하고 있는 경우らしい→責任은 없다고 생각하고 있는 경우.

⑤ 見たところ、なにか(彼は)具合が悪いようだ(*らしい/*そうだ)が……、違う?

※ 단순히 話者自身의 印象이나 直感을 말하고 있을 뿐 확실한 사실은 아무것도 알고 있지 않는 경우(らしい, そうだ는 直感的이고 感傷的인 판단에는 사용하기 어렵다.)

⑥ どうやら、(彼は)具合が悪いようだ/らしい(*そうだ/*だろう)。

※ 어느 때와는 달리 힘이 없어 보이고, 얼굴색이 좋지 않은 事実로부터 推測하는 경우

⑦ 聞いた話では、彼は具合が悪いようだ/らしい/そうだよ。かわいそう

に。

※ 다른 사람으로부터 들어 間接的으로 알고 있는 사실을 누군가에게 전할 경우

⑧ 一説によると、ここ数日、彼は具合が悪いらしい/そうだ(*ようだ)。本当だろうか?

※ 話者가 들은 「他者의 説·見解」를 말할 경우로, 결코 話者의 見解가 아니다.

⑨ ~様からお客様に御伝言で、今日は(彼は)具合が悪いそう(*よう*らしい)です。

※ 호텔에서 메시지를 손님에게 전해 주려는 경우로, 話者는 단순히 메시지를 전하는 역할로 되어 있다.

1. 様態의 状況

⑩ さっきから時計ばかり気にしているようだ(*らしい*そうだ)が、何か用事でもあるの?(자주 시계만 쳐다보고 있는 相対를 향하여)

⑩'時計ばかり気にしているように見える……

⑪「永野。吉川はどこに行ったか知らないか」「さあ」「何だ。お前と吉川は仲よくしていたようだ(*らしい/*そうだ)が…。やっぱり子供というのはアッサリしたものだな。行き先も知らせないと見える」田倉先生はそういって笑った。(永野와 吉川의 사이에 대해, 田倉先生가 전부터 느끼고 있었던 印象을 이야기하는 경우)

⑪'お前と吉川は仲よくしていたような気がする……

※ 例文 ⑩⑪의 下線部는 ⑩'⑪'과 같이 「ように見える」「ような印象」「ように感じる」「ような気がする」로 바꾸어도 큰 뜻은 변함이 없다. 이와 같은 様態의 상황일 때는 「ようだ」만 사용가능하다. 이러한 사실로 보아 「ようだ」는 話者자신의 感覚에 의해 直接 파악한 事態의 様子·印象을 말할 때 사용한다고 볼 수 있다.

※ ようだ→感覚的·直感的·主観的인 判断에 주로 사용

2. 推定의 状況

⑫ 今の話の様子では、大畑は伸子を社長にしたことなど、まるで忘れてしまっているらしい/ようだ(*そうだ)。

⑬ いや、(二人は)もう見えない。　呼ばれた家へ入ったらしい/ようだ(*そうだ)。二人とも、ずっと前方で居なくなった。

※ 話者의 事態認識은 感覚的인 것이 아니라 [根拠]→[推論]→[判断内容]이란 認識過程을 거친 論理的인 것이다. 이런 경우는 「ようだ/らしい」는 사용가능하나 「そうだ」는 사용할 수 없다.

3. 伝聞·話者判断의 状況

⑭ 妙子がいったところによると、建築技師たちは、給料以外のアルバイト料が多いよう/らしい/そうである。

⑮「お昼休みにごめんなさい……実は、父から電話があってね……柳さんが叔父に五百五万円を、私からだと言って貸したらしい/ような/そうなのよ。

※ 伝聞의 뜻이 포함된 장면으로, 話者의 間接的인 事態認識은 他者로부터 전해들은 것이다. 이런 경우는 「ようだ/らしい/そうだ」전부 사용가능하다.

4. 伝聞·他者判断의 状況

⑯ ある学者によれば、世の中は矛盾に満ちているそうだ/らしい(?ようだ)。

⑰ 聞く話によると……「あの箇所の運弓のコツを教えてください」と申し出たところ、クライスラーは、その部分をアップ·ボウでひいたのか、ダウン·ボウでひいたのかさえ気づいていなかったそうだ/らしい(*ようだ)。

※ 서술되어 있는 것은 話者自身의 見解가 아니라 「他者의 見解」「에피소드」이고, 話者는 전하여 들은

사실을 자신의 見解로 서술할 수 없는 것이다. 이와 같은 경우에는 「そうだ/らしい」는 사용가능하나 「ようだ」불가능하다.

5. 伝言·伝達의 状況

⑱ 今、お宅のお嬢さんから電話がありました。お宅さんへ伝言してくれとのことでした。思いきって病院へ入院したが、容態は大して悪くないから安心してほしいそう(?よう/?らしい)です。

⑲ 副院長のルジウズ·デ·サンクティス師に伝言で、祈りと敬愛とをいつも受けて頂きたいそう(?よう/?らしい)。

※ 부탁받은 메시지를 단순히 전달만 하는 경우로, 이때는「そうだ」만 사용가능하다.

10 特殊読み(とくしゅよ) : 宛字(あてじ)의 예가 많다

海女(あま)	小豆(あずき)	芝生(しばふ)	乳母(うば)
祝詞(のりと)	神楽(かぐら)	仲人(なこうど)	為替(かわせ)
早乙女(さおとめ)	早苗(さなえ)	行方(ゆくえ)	時雨(しぐれ)
竹刀(しない)	素人(しろうと)	七夕(たなばた)	浴衣(ゆかた)
数珠(じゅず)	衆生(しゅじょう)	八百屋(やおや)	大和(やまと)
雪崩(なだれ)	日和(ひより)	吹雪(ふぶき)	

11 同字異音 漢字 보충자료

博士(はかせ·はくし) ← 博識(はくしき)/ 博愛(はくあい)

納屋(なや)·納戸(なんど)/出納(すいとう) ← 納得(なっとく)

出納(すいとう) ← 出張(しゅっちょう)

煩悩(ぼんのう) ← 煩雑(はんざつ)･煩悶(はんもん)

拍子(ひょうし) ← 拍手(はくしゅ)･拍車(はくしゃ)

由緒(ゆいしょ) ← 理由(りゆう)･自由(じゆう)

流布(るふ) ← 流行(りゅうこう)･流血(りゅうけつ)

意気地(いくじ)･気配(けはい) ← 勇気(ゆうき)･気持(きもち)

稚児(ちご) ← 孤児(こじ)･ 児童(じどう)

景色(けしき) ← 特色(とくしょく)

硫黄(いおう) ← 硫酸(りゅうさん)

赤銅(しゃくどう) ← 赤道(せきどう)

久遠(くおん) ← 永遠(えいえん)　　詩歌(しいか) ← 短詩(たんし)

南無(なむ) ← 南部(なんぶ)･南北(なんぼく)

仮病(けびょう) ← 仮定(かてい)･仮装(かそう)

読経(どきょう) ← 音読(おんどく)　　虚空(こくう) ← 謙虚(けんきょ)

建立(こんりゅう) ← 建設(けんせつ)･確立(かくりつ)

会釈(えしゃく) ← 会話(かいわ)　　雑木(ぞうき) ← 雑談(ざつだん)

口調(くちょう) ← 人口(じんこう)　　有無(うむ) ← 有利(ゆうり)

供養(くよう) ← 供給(きょうきゅう)

12 同音異義(意) 漢字 보충자료

1. コウシ (公私･講師･格子･公使･孔子･光子)
2. コウジョウ (工場･向上･恒常･厚情･口上･荒城)
3. コウセイ (後世･構成･校正･公正･攻勢･高声･更生)
4. セイコウ (盛行･成功･精巧･性向･製鋼･性交･精工)

5. チョウシ(調子·長子·弔詞·銚子·聴視)

6. ユウキ(勇気·有機·有期·誘起·幽鬼)

① *勉強のコウカがあがる。(　　　)効果

*コウカな品物を紛失した。(　　　)高価

*急に気温がコウカした。(　　　)降下

*電話はコウカを使ってかける。(　　　)硬化

② *運転手をヨウセイする学校。(　　　)養成

*彼の性格はヨウセイだ。(　　　)陽性

*緊急出勤をヨウセイする。(　　　)要請

③ *両親を失ってコジになった。(　　　)孤児

*自分の能力をコジする。(　　　)誇示

*会長への就任をコジする。(　　　)固辞

*自分の信念をコジする。(　　　)固持

*中国のコジに基づいた語句。(　　　)故事

④ *論文のコウソウ発表がある。(　　　)構想

*コウソウビルが立ち並ぶ。(　　　)高層

*両国のコウソウは絶えない。(　　　)抗争

*原稿はコウソウする。(　　　)後送

⑤ *お正月にキセイする。(　　　)帰省

*大いにキセイがあがった。(　　　)気勢

*人間の体にキセイする虫。(　　　)寄生

*キセイ服で十分体に合う。(　　　)既製

⑥ * 運賃のセイサンをする。(　　　)精算

*これまでの生活をセイサンする。(　　　)清算

*自動車をセイサンする。(　　　)生産

13 副詞(의성어・의태어) 보충자료

① 歩く

- すたすた(총총, 부리나케) : 쓸데없는 생각을 하지 않고, 빠른 걸음으로 걷는 모양.

  妹は、私に気づかずにすたすた通り過ぎていった。

- とぼとぼ(터벅터벅) : 쓸쓸한 듯이, 슬픈 듯이 힘없이 걷는 모양.

  試合に負けた少年たちは、とぼとぼと歩いていった。

- ぶらぶら(빈둥빈둥, 어슬렁어슬렁) : 특별히 목적도 없이 걷는 모양.

  母はデパートでぶらぶらするのが好きだ。

- よたよた(비틀비틀) : 금방이라도 넘어질 것 같은 모습으로 걷는 것.

  マラソン大会を終えて、息子がよたよたと帰ってきた。

② 見る

- じっと(가만히) : 다른 것을 보지 않고, 한 곳만을 응시하는 모양.

  恋人同士にことばはいらない。じっと見つめ会うだけで十分だ。

- じろじろ(말똥말똥, 빤히) : 아무 거리낌 없이 위에서 아래까지 반복해서 보는 모양.

電車に乗ったら、私をじろじろ見る変な人がいたので、場所を変えた。

- きょろきょろ(힐끔힐끔, 두리번두리번) : 신기한 듯이 이쪽저쪽을 쳐다보는 모양.

東京できょろきょろしながら歩いていると、田舎者だと思われる。

③ 眠る

- うとうと(꾸벅꾸벅) : 점점 잠이와, 완전히 잠들어버리기 직전의 상태.

ゆうべあまり寝ていないので、授業中ついうとうとしてしまった。

- ぐうぐう(쿨쿨) : 콧소리를 내면서, 푹 잠들어 있는 상태.

父はよほど疲れていたのか、ふとんに入るとすぐ、ぐうぐう寝てしまった。

- すやすや(새근새근) : 기분 좋은 듯이 조용히 자고 있는 모양.

すやすや眠っている赤ちゃんの顔は、いつまで見ていても飽きない。

④ 笑う

- にこにこ(방긋방긋, 싱글벙글) : 미소짓는 모습(楽しい·うれしい·幸せ)

いつもにこにこして、感じがいい人ですよ。

- にやにや(히쭉히쭉) : 징그럽고, 기분 나쁘게 웃는 모습(悪いことを考える·思い出す)

妻 : あなた、さっきから何をにやにやしているの?気持が悪いわね。

夫 : ん?...い、いや、べつに...。

- くすくす(킥킥, 킬킬) : 웃음을 억지로 참는 모양. 들리지 않도록, 작게 웃는 모양

A : 吉田さん、今日の会議のとき、どうしてくすくす笑っていたの?

B : だって、社長の頭に蝿(はえ)が止まっていたんですもの。

- げらげら(껄껄, けらけら(깔깔)) : 소리를 내어서 크게 웃는 모양.

A : この映画、おもしろい?

B : おもしろいよ。げらげら笑いすぎて、おなかが痛くなったよ。

★いつもにこにこ、ひとりでににやにやかくれてくすくす、下品にげらげら

⑤ 飲む

- がぶがぶ(벌걱벌걱) : 힘차게 많이 마시는 모양.

暑くて食欲がなく、がぶがぶ水ばかり飲んでいた。

- ぐっと(확, 꿀꺽) : 도중에 그만두지 않고, 끝까지 단숨에 들이키는 모양.

彼はビールを水のようにごくごく飲む。

- ちびちび(홀짝홀짝) : 아주 조금씩 마시는 모양.

父は私がプレゼントしたお酒を毎晩うれしそうにちびちび飲んでいる。

⑥ 食べる

- がつがつ(걸신들린 듯) : 음미하거나, 즐기지 않고 힘차게 먹는 모양.

そんなにがつがつ食べないで、ゆっくり品よく食べなさい。

- ぱくぱく(덥석덥석) : 게걸스럽게 잘 먹는 모양.

育ちざかりの少年がぱくぱく食べるのを見るのは、気持がいい。

- むしゃむしゃ(우적우적) : 계속해서 입에 넣어, 소리를 내면서 먹는 것.

弟は人の家に行っても、遠慮なくむしゃむしゃ食べる。

- もぐもぐ(우물우물) : 입에 많이 넣어, 입을 벌리지 않고 먹는 모양.

食事中だったらしく、彼は口をもぐもぐさせながら玄関に出てきた。

⑦ 言う

- おずおず(머뭇머뭇, 주뼛주뼛) : 겁먹으면서 말하는 것.

「ガラスを割ったのは、あのう、ぼくなんです…」と少年はおずおずと言った。

- がみがみ(앙알앙알) : 말이 많아 시끄럽게 말하는 것.
  妻は、ぼくの帰りが少しでも遅くなると、がみがみとうるさい。
- くどくど(지루하게, 끈덕지게) : 반복해서 몇 번이나 말하는 것. 끈질기게 끝없이 말하는 것.
  部長は酔うとくどくど説教を始めるからいやになる。
- ぶつぶつ(중얼중얼, 투덜투덜) : 혼잣말을 하다. 불평을 계속해서 말하다.
  何をひとりでぶつぶつ言ってるの？ぶつぶつ文句を言わないでよ。

⑧ 病気

ずきずき(욱신욱신), ぞくぞく(오싹오싹), ちくちく(콕콕, 따끔따끔), ひりひり(얼얼, 뜨끔뜨끔), むかむか(메슥메슥), がんがん(머리가 띵, 욱신욱신), ふらふら(비실비실, 흔들흔들), ぶるぶる(벌벌, 부들부들), むずむず(근질근질)

⑨ どんなふうにやる？

きちんと(정확히, 깔끔히), じっくり(차분히, 곰곰이), ばっちり(결과가 잘 돼가는 모양), こつこつ(꾸준히), しぶしぶ(떨떠름하게, 마지못하여), なくなく(울며 겨자 먹기로, 할 수 없이)

⑩ 気持

うきうき(신바람이 나서 들뜬 모양), そわそわ(안절부절 들뜬 모양), どきどき(두근두근), わくわく(가슴이 설레는 모양, 울렁울렁, 두근두근)

⑪ 変化の速度

ぐんぐん(부쩍부쩍), じわじわ(서서히, 조금씩조금씩), どんどん(자꾸, 많이, 척척, 일사천리로), すくすく(쑥쑥, 무럭무럭), めきめき(눈에 띄게, 두드러지게 발전하는 모양)

⑫ 疲れ

くたくた(ぐたぐた녹초가 되는 모양), ごろごろ(뒹굴뒹굴, 빈둥빈둥), へとへと(몹씨 지친 모양)

⑬ その他よく使われる副詞

ずばり(정통으로, 그침없이), あらためて(딴 기회에, 새삼스럽게), 辛うじて(겨우, 간신히), まるっきり(まったく 전혀, 아주)

⑭ 複合副詞

心から(진심으로), 頭から(처음부터, 전적으로, 다짜고짜), さしあたり(당장), 強いて(굳이, 구태여), 初めて(처음으로, 비로소), 思わず(엉겁결에, 무의식중에), 見る見る(순식간에), 代わる代わる(차례차례, 번갈아가며), 軽々と(거뜬거뜬), 広々と(널찍하게), 案の定(예측대로, 생각대로, 아니나 다를까), 念のため(다짐하기 위해), どっちみち(=いずれにしても 어차피, 결국은), 何となく(어쩐지)

- 頭から：漫画に関しては、母は<u>頭から</u>いけないと言う。(다짜고짜)
- 案外：子供たちの誤りをしかりつける大人も、自分自身のまちがいには、<u>案外</u>気がつかない。(의외로)
  納豆は、においはひどいが、食べてみたら、<u>案外</u>おいしかった。(意外に, 의외로)
- 案の定：ゆうべ、月がかさをかぶっていたが、<u>案の定</u>、今日は雨に

なった。(やはり, 아니나 다를까)

やすすぎるので変だと思ったら、案の定不良品だった。

(やはり、思ったとおり, 예측대로)

⑮ さすが、ただ、ついでに、さしあたり

＜田中さんと妹の、ある日の会話＞

妹：お兄ちゃんのズボンにアイロンかけておいたわよ。

兄：さすが、わが妹！ありがとう！

妹：ただ私のをやったついでにしただけよ。

兄：いやいや、おまえは本当にいい妹だよ。また頼むな。

妹：うん、いいわよ。ところで、おこづかいが足りないんだ。

兄：なんだ、なんだ。いくらほしいんだ？

妹：さしあたりこれだけ(ゆびを5本出しながら)。

兄：五百円か、安いもんだ。

妹：もう…ばか！五千円！

〈参考文献〉

小山恵美子(1996)『実践日本語シリーズ、副詞』専門教育出版

増田アヤ子(1993)『実践日本語シリーズ、擬声語・擬態語』専門教育出版

日本語教育学会編(1998)『日本語教育ハンドブック』大修館書店

教育技術研究所(1994)『国語基本用例辞典』教育社

14 接続詞 보충자료

1. 並立의 意味를 나타내는 接続詞

および·また·ならびに·かつ·そして·それから

◈ **および**(명사나 명사와 같은 자격을 가진 句를 병렬할 때 사용한다. 일상회화에서는 사용되는 일이 적다)

① 日本の国会は衆議院および参議院の両議院でこれを構成する。
② この会は会員相互の親睦および健康増進を目的としています。
③ この部屋で喫煙することおよび飲酒することを禁ずる。

◈ **また**(앞에서 서술한 내용에 다른 내용을 첨가한다.①②③) (같은 명사를 2개 연결한다.④) (앞에서 서술한 내용과 逆의 내용을 첨가한다.⑤⑥) (다른 것과 비교하여 상태 등이 같은 모양을 나타낸다.⑦⑧) (앞에 오는 부사를 강하게 하여, 놀라기도 하고 이상하게 여기는 기분을 나타낸다.⑨⑩)

① 彼は優秀な技術者であり、また立派な経営者です。
② この服には赤いネクタイが似合うが、また薄い青もよく合うと思います。
③ 京都の秋はもみじがすばらしいが、また春の桜もじつに美しい。
④ どこまで行っても山また山。
⑤ 事業は現在は順調だが、また時には不振のこともあるだろう。
⑥ 人の意見というものはいろいろに分かれるものです。一つの事柄についても、全面的に賛成の人もいれば、また全く反対の人もいる。

⑦ わたしもまた彼女が好きです。

⑧ 立派な業績(ぎょうせき)を持った彼もまた人の子だ。

⑨ よくまた、あんなひどいことができたものだ。

⑩ どうしてまた、こんなひどい天気のときにわざわざ来たんですか。

※ 彼はまた(副詞)事業(じぎょう)に失敗(しっぱい)した。また(名詞)の機会(きかい)にしましょう。それではまた(名詞)

◈ **ならびに**(2개의 사항을 연결시켜 병렬의 관계에 있다는 것을 나타낸다.「および」「また」와 같은 의미로, 조금 딱딱한 느낌의 표현)

① 日本語はひらがな、カタカナならびに漢字で表記(ひょうき)される。

② 日本は1都(と)、1道(どう)、2府(ふ)ならびに43県(けん)に区分(くぶん)される。

◈ **かつ**(2개의 동작이나 상태가 병행되고, 또는 첨가되어 일어나는 것을 나타낸다.「また」「そのうえ」「しかも」와 같은 의미)

① 今夜は友人の通夜(つや)があるんだが、遠方(えんぽう)だしかつ時間もないから、あすの葬式(そうしき)にでよう。

② 豆腐(とうふ)は栄養価(えいようか)も高くかつ美容食(びようしょく)としてもいいそうです。

③ 彼は度量(どりょう)も広くかつ面倒見(めんどうみ)がいいので、多くの人に慕(した)われています。

※ 두 일이 동시에 또는 전후해서 일어날 때에 사용될 경우도 있다.

④ われわれはかつ飲みかつ歌い、大いに楽しんだ。

◈ **そして=そうして**(전술한 내용에 후에 서술할 내용을 첨가한다.「そして」는「そうして」를 격의 없는 표현①②) (전술한 내용을 받아 이것에 이어 일어날 사항을 서술한다.③④)

① こんど借(か)りた部屋は明るくて、広くてそして部屋代(へやだい)も安(やす)い。

② ここは静かで、人々もやさしく、そうして食べ物もおいしい所です。

③ 空が一面(いちめん)暗くなった。そして大粒(おおつぶ)な雨が落ち始めた。

④ 問題はかなり深刻(しんこく)だったので翌日(よくじつ)すぐ市役所(しやくしょ)へ行き、そして市長(しちょう)に会った。

※ 어떤 사항에 이어 이와 관계가 없는 일이 일어날 경우에는「それから」로 연결하는 편이 좋다.

⑤ 今日は学校で一時間ばかり進学相談(しんがくそうだん)をして、それから美容院(びよういん)へ回って、それからいそいでスーパーに行って、とても忙しかった。

◈ **それから**(어떤 사물에 이어 다른 것을 추가하는 것을 나타낸다.①②) (전항에 이어 다른 일이 일어나는 의미③④) (「その時から」의 의미⑤) (상대방의 이야기를 계속 시킬려고 재촉하는 경우⑥)

① ビール２本、それからお酒もください。

② その地区には大きな公園、ゴルフ場、それから競馬場(けいばじょう)もある。

③ デパートで買い物をし、それから映画を見て家へ帰った。

④ 昨日は会議(かいぎ)が終わったのが夜の８時で、それからみんなで飲みに出かけた。

⑤ 彼は一週間後に返すといって10万円借りていった。それから半月(はんげつ)になるのに何の連絡(れんらく)もない。

⑥ 母「むかしむかしよ、北のはてにオーロラの火の燃(も)えている雪のお城(しろ)がありました。」
子「それから、お母さん、どうしたの……」

※「それから」는 대상이 바뀔 경우에 사용되지만, 하나의 대상에 대해서 설명할 때는「そして」가 좋다.

⑦ 美しい姉、それから頭のいい妹。とてもすばらしい姉妹(しまい)です。

⑧ 姉は英語がうまく、そして頭のいい人だった。

2. 添加의 의미를 나타내는 接続詞

しかも·そのうえ·それに·おまけに·なお

◈ **しかも**(앞에서 서술한 내용에 이어 사실이나 상황, 역활등을 추가하여 나타낸다.①②) (앞에서 서술한 사정을 특히 강조한다.③④) (앞에서 서술한 과정과 대비시켜 상황을 나타낸다.「それなのに」와 같다⑤⑥)

① 彼女は頭もよく、しかも美しい。
② 相撲は日本の国技だといわれているが、最近は外国人の関取が多くなった。しかも上位を占める者の数が増えている。
③ 昨日買ったばかりのネクタイを汚してしまった。しかも一万円もするやつなんだ。
④ あの議員は業者から多額の金を巻き上げておきながら、しかもひと事のような顔をして平然としている。
⑤ 彼は何回も失敗して、しかもあきらめずに、作品を完成した。
⑥ あれほどひどい目にあって、しかも懲りずにまた賭け事を始めた。

◈ **そのうえ**(하나의 사항을 서술하고, 그기에 첨가하여 다음 사항을 서술할 때 사용한다)

① ごちそうになり、そのうえお土産まで頂いてすみません。
② あの店の品物は品質が悪く、そのうえ値段も高い。

※ 命令文에는 사용할 수 없다.

③ 床の掃除(そうじ)をしなさい。そのうえ(おまけに·しかも·加えて)窓(まど)をふきなさい。(×)

◈ **それに**(「そのうえ」와 같이 사용되나, 조금 くだけた 文에 사용된다)

① 今夜(こんや)は友人に夕食(ゆうしょく)に誘(さそ)われたが、やり残(のこ)した仕事もあるし、それに少し頭痛(ずつう)もするので断(ことわ)った。
② あそこの病院は医者(いしゃ)が非常(ひじょう)に親切で、それに受付(うけつけ)もてきぱきとしていて、ほんとに感じがいい。

※ 앞에서 서술한 내용을 받아, 그것에 어울리지 않는 것을 나타낸다. 「それなのに」와 같은 의미로 사용될 때가 있다.③④

③ あしたテストなんでしょう。それにこんなに遅(おそ)くまでテレビを見ていていいの。
④ おなかをこわしているんでしょう。それにビールなんか飲んだら治らないわよ。

※ 代名詞인「それ」에 助詞인 「に」가 붙은 「それに」와 혼동해서는 안 된다.

⑤ 服(ふく)はこれ、ネクタイはそれにしよう。

◈ **おまけに**(앞의 내용에 첨가되어 서술할 때 사용한다. 좋은 내용에는 그다지 사용되지 않는 편이다.)

① 彼の家は駅から遠くて、おまけに日当たりが悪い。
② この手紙は悪筆(あくひつ)で、おまけにインクがにじんでいて、全(まった)く読みにくい。
③ 一般(いっぱん)の日本人が好きな納豆(なっとう)も、外国人にとっては苦手(にがて)のようだ。あのぬるぬるとした舌触(したざわ)りが嫌(きら)われ、おまけににおいもいけないとい

う。

※ 「おまけ」는 名詞로 「값을 깎음·덤(경품)」이라는 뜻도 있다.

◈ **なお**(앞의 사항에 다른 내용을 첨가하는 의미를 나타낸다.)

① 入場料は無料です。なお6才以下の子供さんは入場できませんのでご注意ください。
② これで検査は全部終了です。なお再検査の必要な方は後日ご連絡いたします。

3. 選択의 의미를 나타내는 接続詞

それとも·ないし(は)·あるいは(または)·もしくは

◈ **それとも**(전후의 사항 중 어느 한 쪽을 선택하는 관계를 나타내는 말. 의문과 의문사로 연결할 때 많이 사용된다.)

① ビールにしますか、それともお酒にしますか。
② 今度は少し冒険してみようか、それともやはり安全第一でやろうか。
③ 卒業旅行は九州にしようか、北海道にしようか、それとも思いきってハワイに行こうか。

◈ **ないし=ないしは**(수량, 시간, 계급 등의 上下限을 나타내고, 중간을 생략할 때 사용한다.)

① 箱の大きさに応じて、5ないし10個ずつ詰めて送り出します。
② この台風は明朝5時ないし7時の間に関東地方に上陸する予定です。

③ 男女とも結婚の年齢が上がり、最近では25ないし30才で結婚するカップルが最も多い。

※ 「ないしは」는「ないし」를 강조한 말로 「ないし」가 주로 단어와 단어를 연결하는데 사용되는 반면 「ないしは」는 文과 文을 연결하는데 많이 사용된다.

◈ **あるいは=または**(어느 쪽인지 한쪽을 선택한다.①②) (「たり」혹은 「か」와 같은 조사와 함께 사용된다.③④)

① ペンあるいはボールペンで、はっきり書いてください。
② 醤油あるいは味噌を入れたあと、少し日本酒を加える。
③ この魚は煮たりあるいは焼いて食べるとおいしい。
④ この地方は雨が降らないかあるいは降ればどしゃ降りかです。

※ 「あるいは」는 「もしかすると」 와「ひょっとすると」와 같은 의미로 사용될 때가 있다. 이 경우에는 「または」는 사용될 수가 없다.⑤⑥

⑤ 君もあるいは(副詞)行くことになるかも知れない。
⑥ あるいは(副詞)降るかも知れないが、荷物が多いから、かさは持たずに行こう。

◈ **もしくは=または**(전후 내용 중 어느 한쪽이 선택되는 관계를 나타낸다.)

① 申請書はくろもしくは青のボールペンで記入してください。
② 両親もしくは日本滞在の親族が保証人となる必要がある。
③ 新幹線でこの割引が使えるのは、「ひかり」もしくは「こだま」に限ります。

※ 「もしくは」는「または」로 대신 사용할 수 있는데, 法令用語에서는「もしくは」는 「または」보다 작은 단계에 사용한다.

④ 婚姻成立の日から200日後または婚姻の解消もしくは取消の日から300日以内に生まれた子。

4. 順接의 条件을 나타내는 接続詞

だから·したがって·それで·ゆえに·それゆえ·そこで·すると

◈ **だから**(원인, 이유를 나타내는 前文을 받아 「そのために~だ」라는 결과를 나타내는 文을 연결한다.①②) (무언가 실패했을 때 「あなたの責任だ」라는 기분을 나타내는 文 앞에 둔다.③④) (前文을 이유로서 後文에 나타낼 때 사용한다.⑤)

① ゆうべもおそくまでテレビを見ていたんでしょう。だから、朝ごはんを食べる時間もないんですよ。
② お盆で帰省する人が多いです。だから、今朝は電車ががらがらだった。
③「彼は酒気帯び運転で交通事故を起こしたそうだ」
「だから、乗るなら飲むな、飲むなら乗るな、だよね」
④「雨に降られてずぶぬれになってしまった」
「だから言ったでしょ、傘を持って行きなさいって」
⑤「消費税がまた上がるそうですね。」「だから今のうちに買っておきましょう」

◈ **したがって**(「だから」「それで」「それゆえ」와 거의 같은 용법으로 사용되지만, 조금 딱딱한 표현이다.)

① 彼に過失はない。したがって賠償責任はない。

② この商品は他のものと品質が違う。したがって値段も高い。

◈ **それで**(前文에서 状況을 설명하고, 그 理由로 後文의 帰結에 연결된다. ①②③) (상대방을 재촉하여 이야기를 발전시킨다.⑥)

① 天候が急変した。それで今日の登山はやめることにした。

② 今までの商売は若者に人気がなくなりました。それでこの商売を始めるようになっのです。

③「彼、今日はなんだかそわそわしていますね」

「大学の入試の発表があるんです」

「ああ、それでね。うまく行くといいですね」

※ 「それで」는「その理由で」라는 의미로「だから」「そこで」로 바꿔 사용할 수 있다. 단, ③에서는「そこで」로 바꿀 수 없다. 또「それで」다음에 意志나 命令을 나타내는 경우에는 사용할 수 없다. 이 때는「だから」를 사용한다.

④ このままではだめだ。だから改善しなさい。

⑤ 出発まで1時間しかないんです。だからいそいでください。

⑥ それで、彼との話はどうなったの。

◈ **そこで**(앞에 서술한 내용을 받아 그것을 理由, 条件으로 이야기를 진척시킨다.①②) (이야기의 방향을 능숙하게 바꿀려고 할 때 사용한다.③)

① 調査報告を聞いて、みんなびっくりしてしまった。そこでみんなで討論した結果、今度の計画は中止ということになった。

② 人身事故で中央線が不通だという。そこで地下鉄の駅へ急いだのだ

が、駅の外まで人があふれていた。

③ 事情はいまお話したとおりです。そこであなたに相談なんですが……。

◈ **ゆえに=それゆえ(に)**(前件을 理由로 後件의 帰結을 계속할 때 사용한다. 「だから」「そのため」의 의미)

① 運転中に携帯電話を使うための事故が多発しています。それゆえに、運転中の携帯電話の使用が禁止されました。

② なんべん注意しても駅前の違法駐輪が改まらない。ゆえに駅前の一定区域を限り、自転車、バイク等の乗り入れが禁止された。

※ 論理를 추구하는 문장 등에서 사용하고, 日常会話에서는 사용하지 않는다.

◈ **すると=とすると**(앞의 결과에서 論理的으로 당연히 뒤의 사항이 유도되는 것을 나타냄)

① お前は聞いていないというんだね。すると、この中の誰が電話を受けたことになるんだ。

② えっ、昨日の地震を知らないんだって。すると、あなたは昨日どこにいたんですか。

③「台風が大分近づいているそうだ」「すると、今度のピクニックはだめかもな」

※ 앞 사항에 이어 다음 사항이 일어나는 것을 나타낸다.

④ 彼は「開けゴマ」ととなえた。すると、あれほど頑丈な扉もするすると開いた。

⑤ その歌手が舞台に上がって手を振った。すると、聴衆はいっせいに

熱狂的(ねっきょうてき)な拍手(はくしゅ)と歓声(かんせい)を送(おく)った。

5. 逆接의 条件을 나타내는 接続詞

しかし·しかしながら·だ(です)が·けれど(も)·だ(です)けど·それでも·でも·だって

◈ **しかし=しかしながら**(「しかしながら」쪽이 느낌이 딱딱하여 보통의 회화, 특히 여성의 회화에서는 사용되는 일이 적다.)

① 新しい内閣(ないかく)ができた。しかし政策(せいさく)はさっぱり変わりばえしない。
② あの人は金持(かねも)ちです。しかし健康(けんこう)に恵(めぐ)まれていませんね。
※ 앞에서 서술한 내용과 반대되는 것과 일부 다른 내용 등을 이야기할 때 사용한다.①②

③ 山田君(やまだくん)の息子(むすこ)が結婚(けっこん)するそうだ。しかしこれで彼も一安心(ひとあんしん)だろう。
④ やるときめたからには、やらなければならない。しかし資金(しきん)はどうする。
※ 앞에서 서술한 내용을 받으면서 화제를 바꿀 때 사용한다.③④

⑤ しかし(だが)、アメリカはいつ行っても、つくづく大きな国だと思うね。
⑥ しかし(だが)、いつごちそうになっても、お宅の奥さんの料理(りょうり)はすごくおいしいね。
※ 間投詞的으로사용한다. ⑤⑥

◈ **だ(です)が=けれど(も)=だ**(です)けど(회화체에서는 「けれど」「けども」「けど」를 많이 사용한다.)

① 夜になって雪はやんだ。だが、寒さはますます厳(きび)しくなりそうだ。

② その服は生地(きじ)はとてもいい。けれども色が気に入らない。

③ わたしはひらがな、カタカナは大体(だいたい)わかります。だけど漢字(かんじ)はだめです。

※ 어떤 내용과 반대되는 내용을 연결시킬 때 사용한다.①②③

④ そばが来ているよ。だけど誰がたのんだの。

⑤ 彼はもともと声(こえ)がいいかもしれない。けれど、練習(れんしゅう)もよくするから歌がうまいんだな。

※ 두 개의 사항을 나열하여, 단순히 연결할 때 사용한다.④⑤

⑥ まことにあつかましいお願いでございますけれど、5万円ほどお貸(か)しいただけませんか。

⑦ ケーキの安売(やすう)りをしていたから買ってきたけど、食べたい人はみんな集(あつ)まりなさい。

※ 助詞로서 本題의 서두에 사용한다.

⑧「つばさがあったらいいけどなあ」→ 불가능한 소망을 하면서

「そろそろお時間ですけど……」→ 확실히 말하지 않고 둘러말할 때

◈ **それでも=でも**(「でも」는「それでも」의 略語로 「だって」와 함께 회화체에 사용)

① 天気予報(てんきよほう)は嵐(あらし)だった。それでもわたしたち出かけた。

②「残念(ざんねん)ながら優勝(ゆうしょう)できませんでした」「でも、あのタイムなら立派(りっぱ)なものだ。次回(じかい)はかならず優勝するよ。」

③ 負(ま)けたのは残念だ。それでもみんな力いっぱいやって負けたんだから、いいじゃないか。

※ 앞에서 서술한 내용과 관계없이 그것과 반대로 무언가가 행해질 때, 前件과 後件을 연결할 경우에 사용

한다. ①②③

④ 宝くじなんて当たらないわよ。」「だって買わなきゃ絶対当たらないよ。」

⑤「遅かったわね」「だって電車が遅れたんだから、しょうがないでしょ。」

※ 앞에서 서술한 사항의 理由를 말한다. 변명이나 상대방에게 반항적인 기분일 때는「でも」로 바꿀 수 있다.④⑤

⑥ このごろほとんど外出しないのよ。だって足がもうすっかり弱くなって……。

⑦「みんなが行くのに、どうしてあなたパーティーに行かないの?」
「だって着ていく服がないんだもん」

※ ⑥⑦과 같이 단순한 설명의 경우는「でも」로 바꿔 사용할 수 없다.

6. 転換의 의미를 나타내는 接続詞

さて·ところが·ところで

◈ さて

① さて、皆さんからの意見が出そろったので、どの方法にするか多数決で決めたい。

② 状況は今説明したとおりです。さて、そこで相談ですが、……。

※ (그 때까지의 이야기를 중단하고, 이야기 방향을 바꿀 때 사용한다. 단 완전히 다른 화제로 옮겨지는 것이 아니라, 그 때까지의 화제와 관련 있는 내용을 서술한다.①②) (완전히 다른 화제로 바뀔 경우는「ところで」쪽이 좋다.③)

③ 昨日のパーティー愉快だった。ところで、あしたの会議は何時からだったかな。

④ 拝啓　たいへんご無沙汰いたしておりますが、先生にはお変りございませんか。

さて、私はこのたび東北大学(とうほくだいがく)に合格(ごうかく)しましたので、今月末に仙台(せんだい)に引(ひ)っ越(こ)すことになりました。

※ 의례적인 通知나 인사(あいさつ) 등의 文에는 「さて」를 사용한다.④

⑤ さて、おじいさんとおばあさんは、それからも幸(しあわ)せに暮(くら)したという。

⑥ 電話を受(う)けて急(いそ)いで学校へ駆(か)けつけた。さて、学校に着いてみて驚(おどろ)いた。

※ 지금까지의 이야기를 받아 다음 이야기로 계속 이어나가는 것을 나타낸다.⑤⑥

⑦ さて、それでは出かけようか。

⑧ さて、次に何をしようか。

※ 間投詞로서도 사용된다. 지금부터 무엇을 할려고 할 때, 맨 처음에 사용한다.⑦⑧

⑨ さてさてたいした男だ。

⑩ さてさてどうしたものだろう。

※ 「さてさて」로 중복하면 놀라움, 감동, 곤란함 등을 나타낼 때 발하는 말이 된다.⑨⑩

⑪ 飲むやら、歌やら、さては喧嘩(けんか)をする者まで現(あらわ)れた。

※「さては」는 「いろいろな事をしたうえ最後(さいご)には」「それではきっと」라는 기분을 표현한다.

◈ ところが

① 天気予報(てんきよほう)では今日は雨になると言っていた。ところが、少し曇(くも)っただけで、結局(けっきょく)は降らなかった。

② ダイエットを始めて3週間になる。ところが、減(へ)った体重(たいじゅう)は、わずか1キロだけだ。

※ 前文의 내용에서 자연적으로 예상되고, 기대되는 내용에 反하기도 하고 어긋나는 내용의 文이 이어지는 경우에 사용된다.(反予測)①②

③ 急いで家を出た。ところが、途中(とちゅう)で財布(さいふ)を忘(わす)れていることに気がつ

き、あわてて引き返した。

④ 友人の家に電話した。ところが、1週間前から海外旅行に行って留守だという。

※ 앞에서 서술한 상황이나 그 과정에서는 예상하기 어려운 사건, 새로운 상황변화가 일어나고 그것을 의외라고 화자가 인식하는 경우에 사용된다.(発見)③④

◈ ところで

① A「お元気そうですね」B「おかげさまで」
A「ところで、この度は息子さんが大学に合格なさったそうで、おめでとうございます。」

② 今日はお疲れ様でした。ところで、駅のそばに新しい中華料理屋さんができたんですけど、今夜行ってみませんか。

※ 지금까지의 화제와는 다른 것으로 갑자기 바꿀 때 사용한다.①②

③ その作業が終わったところで休憩にしよう。

④ もう10分しかないんだ、いくら急いだところで間に合わないよ。

※ 助詞로서 「~しても」「その時点で」의 의미로 사용된다.③④

〈参考文献〉

木村かつみ・山田信一(1998)『すぐに使える実践日本語シリーズ 接続詞』専門教育出版

田近洵一編著(1981)『くわしい国文法』文英堂

9

기출문제

1998학년도 중등학교 교사임용후보자 선정경쟁시험

가. 모든 문항의 답은 답안지에 문항 순서대로 작성할 것.

나. 새 문항의 답은 한 줄 띄고 문항 번호를 원고지 왼쪽 여백에 적은 후 작성할 것.

다. 글자 수를 제한하는 [5] - [10] 번 문항의 답안은 원고지 작성 요령에 따를 것. (제한 글자 수에는 여백도 포함됨)

라. [1] - [4] 번 문항의 답안은 한국어로 적으라는 지시가 없는 한 일본어로 적고, [5] - [10] 번 문항의 답안은 한국어로 작성할 것. (단, 예문 표기의 경우는 예외로 함)

★[1] 次の対話文を読んで、あとの問いに答えなさい。(7점)

A：あああ、絶望的！

B：どうしたの?

A：数学のこの点数、ⓐサ・イ・テ・イ!

B：ⓑなに言ってんのよ。わたしなんか、もっと悪いのに。

A：(ⓒ)、なぐさめてくれて。

1. 話者A、Bの性別として考えられる答えをすべて韓国語で書きなさい。(2점)

2. 下線部ⓐ「サ・イ・テ・イ」の、文中における意味を韓国語で書きなさい。(2점)

3. 下線部ⓑをフォーマルな形に書きなおしなさい。(1점)

4. (ⓒ)に最も適当なことばを書きいれなさい。(2점)

[2] 次の問いに答えなさい。(7점)

(1-3) 次の文から敬語の使い方がまちがっている所をとりだし、書きなおしなさい。

1. お客さまが全部お降りしてからお乗りください。(1점)

2. 母が先生によろしくとおっしゃいました。(1점)

3. それでは、あすにでもお宅へいただきにいきます。 (1점)

4. 次の文の( )の中に「뚱뚱해지기 시작했다」という意味に当る日本語を書きいれなさい。(1점)

中年になって、ちょっと( )ような気がするんだ。

5. 「手をぬく」という慣用句の意味を韓国語で書きなさい。(1점)

★6.次の対話文を発音する際、番号のついているところの音節が高く発音される所と、上昇調イントネーションの所をすべて選び、その番号を書きなさい。(2점)

A：このあめ(雨), 午後にはあがるそうですよ。（①② このあめ　③④ 午後　⑤ ですよ）

B：あ、そうですか。じゃあ、午後からでかけます。（⑥⑦ あ、そう　⑧ ですか　⑨ じゃあ　⑩ でかけます）

[3] 次の文は、日本の行事について書いてあります。それぞれに当る行事の名称を書きなさい。(和漢混交文、または、ひらがなで書くこと) (7점)

1. お世話になった人に感謝の気持をあらわす7月の行事。 (1점)

2. 自然や季節の移り変わりを楽しむ3月の代表的な行事。 (1점)

3. 子供が健康に育つことを願うⓐ3月、ⓑ5月、ⓒ11月の行事。 (3점)

4. 悪い鬼を追い出して家内安全を願う春の行事。(1점)

5. 先祖を供養する7月(地方によっては8月)の行事。(1점)

[4]次の文を読んで、あとの問いに答えなさい。

オーバードクターの身で全共闘運動に積極的に加担し、大学当局にⓐ執拗な異議の申したてをくりかえしたのが、かれこれ三十年近くも前のこと。
"大学解体"というまぶしいばかりのスローガンまでかかげた運動に義理立てするのもわるくなかろうという思いと、大学というところ、どうやらあまり上質の知性のすみかではないらしいとの判断が重なって、ⓑ既定のコースたる大学教師の職を生業とすることだけはよそうと心に誓った。思想的決断なのだとⓒ気負うところもないではなかったが、後から考えると、生来の意志っぱりが顔をだしたというのが真相に近かった。
(ⓓ)、大きい教室のⓔきょうだんに立って何十人、何百人を相手にⓕこうぎをする、という役まわりからは解放された。ⓖ多勢の人の前で話すのが苦手で、話しおわったあとは自己嫌郡に陥いることのみ多い身としては、文字どおり肩の荷をおろす思いだった。大学に勤めるかわりに、近所の子どもたちを相手にした小さな学習塾をはじめたから、ⓗ(가르치는 일임에는 변함이 없었지만)、十人前後の子どもを相手の授業には、多人数相手のⓘこうぎの堅苦しさがまったくない。日常のことばから授業のことばへ、授業のことばから日常のことばへ、ごく自然に行き来できるのだった。が、都会の片隅の零細塾の経営には浮き沈みがあって、ⓙ塾の上がりだけではどうやりくりしても一家六人の家計を支えきれない時期もあった。で、週一日だけ予備校で教えることになり、多人数を相手のⓚきょうだんに立つことになった。

1. 次のことばに当てあまる漢字を書きなさい。(1점)
ⓔ,ⓚ きょうだん　　ⓕ,ⓘ こうぎ

2. 次の漢字熟語の読み方をカタカナで書きなさい。(1점)
ⓐ執拗　　ⓑ多勢

3. (ⓓ)に当てはまる最も適当なつなぎのことばを書きなさい。(1점)

4. ⓙ「塾の上がり」の意味を韓国語で書きなさい。(1점)

5. ⓒ「気負うところもないではなかったが」を韓国語に訳しなさい。(1점)

6. ⓗ [가르치는 일임에는 변함이 없었지만」を日本語に訳しなさい。 (1점)

7. ⓑ 既定のコースたる大学教師の職を生業とすることだけはよそうと心に誓った、性格的理由に当たる表現を本文の中から選び、原文どおり書きなさい。(1점)

[5] '창의성'은 각급 학교의 교육과정에서 한결같이 강조되어 온 학교 교육의 중점 테마이다. 제6차 일본어과 교육과정에서 정확성보다 유창성을 강조하고 있는 것과 관련하여, 창의성과 유창성의 관계를 설명하고, 일본어 교육을 통해 창의성을 신장시키고자 할 때 교사가 유의해야 할 점을 적으시오. (300자 이내) (7점)

[6] 평가에는 양적으로 파악하는 방식과 질적으로 파악하는 방식이 있다. 대상의 질적 파악이란 교육목표에서 비추어 대상의 가치를 판단하는 것이다. 제6차 일본어과 교육과정에서 의사 소통 기능을 강조하고 있는 것과 관련하여, 바람직한 구두 언어 능력 평가법의 개발과 적용의 문제는 일본어 교육계가 당면한 중요 과제 중의 하나이다. 일본어의 구두 언어 능력 평가법에는 응답 테스트, 인터뷰 테스트, 통역 테스트 등이 있다. 이 중에서 인터뷰 테스트법이란 무엇인가를 간단히 설명하고 장점과 문제점 및 문제점을 최소화하기 위한 방안을 적으시오. (300자 이내) (7점)

[7]일본어 학습에 사용될 수 있는 시청각 교육 기기(전기를 사용하는 기기로 한정)의 명칭을 아는 대로 나열하고, 시청각 교재를 이용한 일본어 교육의 특성을 적으시오. (300자 이내) (7점)

[8]언어에 따라 의사 표현 방식, 경어법, 인사법, 대화 자세와 같은 언어행동에는 차이가 있다. 일본인의 언어행동 특징 중 일본어 교육의 관점에서 가장 중요하다고 생각되는 사항 한 가지를 들고 그 이유를 적으시오. (200자 이내) (7점)

★[9]일본어 동사의 기본형에 접속되는 문말 표현 「~ようだ」와「~らしい」에 관하여, 다음 용례 ①,②를 참고로 하여, 의미상의 차이점을 설명하시오. (200자 이내) (7점)

① 彼女は確かに、ここに来たことは来たようだ。
② 彼女は、来年、卒業論文を出すらしい。

[10]일본 문학의 시대 분류는 고대, 중고, 중세, 근세, 근대, 현대로 분류하는 것이 일반적인데,

중세 수필문학에는 「東斎随筆」, 「寝覚」, 「歎異抄」, 「立正安国論」, 「正法眼蔵」, 「一遍上人語録」 등이 있다. 이들 작품 외에 일본 중세 수필문학을 대표하는 두 작품을 들고, 작자명과 작품의 특징을 적으시오. (단, 작자와 작품명은 한자(漢字)또는 ひらがな로 적을 것) (300자 내외) (7점)

※ 문제해설

화자의 성별을 묻는 [1]-1번 문제의 경우, A는 남녀 모두 가능하나 B는 여성의 말투이다.

[1]-2는 '最低'의 문중 속의 의미는 사전적 의미인 '최저'가 아니고, 장면적 의미인 '시험을 망친 심정'을 표현하면 된다.

[1]-4( )속에는 도치된 'ありがと(う)'가 적당하다.

[2]-1 お降りしてから→おりてから

[2]-2 おっしゃいました→もうしました

[2]-3 いきます→まいります 또는 うかがいます

[2]-4의 '뚱뚱해지기 시작했다'는 '太りだした'

[2]-5의 '手を抜く'는 '부실하다'와 유사한 의미로 설명하면 된다.

[2]-6은, 악센트와 억양을 묻는 문제로 높게 발음되는 곳은 ①,③,⑤,⑥,⑨이다.

[3]번은 연중행사를 묻는 문제인데 1)お中元, 2)お花見, 3)ひな祭り, 端午, 七五三, 4)節分, 5)お盆 이다.

[4]-1은 (1)教壇, (2)講義

[4]-2는 (1)シツヨウ (2)タゼイ

[4]-3의 접속사는 'ともあれ'

[4]-4은 학원의 수입

[4]-5 '안간힘을 쓰다'에 해당하는 의미이면 되고, 6은 「教えることに変わりはなかったが」이다.

[4]-7은 '意地っぱり'나 '多勢の人ので話すのが苦手で…' 중 하나를 적으면 된다.

[5]번의 '창의성'의 요인으로서 민감성 · 유창성 · 독창성 · 유연성 · 치밀성 · 재정의성 등이 있는데, 유창성은 창의성의 주요 요인임을 설명하고, 유창성은 인상적 유창성 · 언어적 유창성 · 표현적 유창성 · 개념적 유창성 등 의사소통 기능의 주요 성분임을 설명하면 될 것이다. 신장 방법으로는 경험의 폭을 넓히고 응용력과 자발성을 장려하는 방법등이 있다.

[6]번 인터뷰 테스트는 타당도가 높은 반면 신뢰도 · 객관성 · 효율성이 떨어진다.

[7]번 시청각 기기는 예를 많이 들수록 유리할 것이고, 시청각 기기를 이용한 일본어교육은 경험의 한계를 넓히고, 반복 이용이 가능하며, 구체성으로 인한 인식의 용이함과 언어 정보의 종합적 인식, 흥미 유발 등을 들어 설명하면 된다.

[8]번은 일본인의 간접적이고 우회적인 의사 표현 경향이나, 다테마에와 혼네의 이중 구조에 대해서 서술하는 것이 유리하다.

[9]번의 'ようだ'는 표현 주체의 판단에 의한 불확실한 단정이고, 'らしい'는 보다 객관적인 정보에 바탕을 둔 추량 표현이다.

[10]번의 문학은 吉田兼好의 『徒然草』와 鴨長明의 『方丈記』를 들어 설명하면 된다.

1999학년도 중등학교 교사임용후보자 선정경쟁시험

【1】日本語辞典では、次の五つの言葉は、どんな順番でならべられているか。その順番を記号で書きなさい。〈1点〉

①抗争　②交渉　③更生　④故障　⑤恒常

【2】次の文の(　)に入れるのに最も適当なものを選びなさい。〈1点〉

赤ちゃんが(　　) 寝ている。

①ほやほや　②もやもや　③すやすや　④どやどや　⑤さやさや

【3】次の文の中で敬語に直せる言葉を全部敬語にして、なるべく丁寧な言い方に書き直しない。〈2点〉

さあ、遠慮しないで、ゆっくり見ろ。

【4】次の文を口語(現代日本語)に訳しなさい。〈2点〉

人の心すなほならねば、偽りなきにしもあらず。

【5】次を韓国語に訳しなさい。〈2点〉

(1) 買おうと思っているうちに、つい買いそこねてしまった。
(2) 泣きつらにはち

【6】次の語句の解釈が下に書いてある。当てはまる記号を書き入れなさい。〈2.5点〉

(1) 鼻にかける(　)	(2) 寝耳に水(　)
(3) 目にあまる(　)	(4) 合点がいかない(　)
(5) 油を売る(　)	

ア. しゃくにさわる。
イ. 無道で、だまってみていられない。
ウ. しんとして、静かなようです。
エ. 自慢する。
オ. 怒ったり、驚いたりした目を大きく見開く。
カ. むだ話をし、なまける。
キ. なんとなく好きではない。
ク. 納得できない。
ケ. 不意の出来事におどろく。
コ. 一生懸命に働く。

【7】次の文の中から表現のしかたにあやまったところを抜き出し、正しく書きなさい。〈2点〉

(1) 湯気を噴出する口を求めて釜の蓋をゆるぐように、数分の間を置いては大地を震わしていた。
(2) 彼は今日こそは彼女に結婚を申し込むべき彼女の家へと向かった。

【8】次の事項について日本語で説明しなさい(但し、(1)(2)は例を三つ以上あげること)。〈11点〉

(1) 湯桶読み (2点)
(2) 連声 (3点)
(3) 係り結び (2点)
★ (4) 日本語のアクセントの特徴 (3点)

【9】次の文章を読んで、あとの問いに答えなさい。〈11.5点〉

理想が何であるかは、これを生活に対して考えてみると⓪メイリョウになるであろう。生活は事実である。何処までも経験的なものである。それに対して思想にはつねに仮説的なところがある。仮説なところのないような思想は (①) とは言われないであろう。思想が ⓑジュンスイに思想としてもっている力は(②)の力である。思想はその仮説の大きさに 従って偉大である。〈A〉思想に仮説的なところがないとすれば、いかにしてそれは生活から区別され得るであろうか。考えるということもそれ自身としては明らかに我々の生活の一部分であって、これと別のものではない。しかるに、Iそのものがなお生活から区別されるのは、考えるということが本質的には仮説的に考えることであるためである。

考えるということは過程的に考えることである。過程的な思考であっても方法的であることができる。しかるに(③)が過程的であるのは仮説的に考えるからである。〈B〉仮説的な思考であって方法的であることができる。懐疑にしても方法的であるためには仮説によらなければならぬことは、デカルトの(④)において模範的に示されている。

仮説的に考えるということは論理的に考えるということと単純に同じではない。仮説はある意味で論理よりも根源的であり、論理はむしろIIそこから出てくる。論理そのものが一つの仮説であるということもできるであろう。仮説は自己自身から論理を作り出す力をさえもっている。論理よりも不確実なものから理論が出てくるのである。論理も仮説を作り出すものと考えられる限りそれ自身(⑤)的なものと考えねばならぬ。

すべて確実なものは不確実なものから出てくるのであってその逆でないということは考えるべきである。つまり確実なものは写えられたものでなくて形成である。III精神は芸術家であり、鏡ではない。

〈C〉思想のみが仮説的であって、人生は仮説的でないのであろうか。人生もある仮説的なものである。それが仮説的であるのは、IVそれがⓒキョムにつながるためである。 各人はいわばつの仮説を説明するために生まれている。生きていることは、ただ生きているということを証明するためではないであろう。－そのような証明はおよそ不要である。－実に、一つの仮説を説明するためである。人生は実験であると考えられる。－仮説をしに実験というものはあり得ない。－もとよりそれは、何でも勝手にやって見ることではなく、自分がそれを説明するために生まれたコユウの仮説を追求することである。

(1) ①~⑤の(　)に適切な一言(漢字二字) を 本文の中からさがして答なさい。(1.5点) (2) 下線部ⓐ~ⓓのカタカナを漢字に改め記しなさい。(2点)

(3)「しかるに」の類義語を書きなさい。(1点)

(4) A~Dの(　)には、前後の文の間の連接関係を示す言葉が入る。下記の中から最もよく当てはまるものを選び、書きなさい。(0.5点)

だから	そして	すると	しかし	それでは
すなわち	なお	ところで	もし	もしかすると

(5) 下線部Ⅰ「そのもの」が指す語を本文の中からさがし記しなさい。(1点)

(6) 下線部Ⅱ「そこ」が指す語を本文の中からさがし記しなさい。(1点)

(7) 下線部Ⅲは何を比喩しているか。本文の中でその意味を述べているものから最も適当な文を選んで、始めと終わりを三字ずつ記しなさい。(1点)

(8) 下線部Ⅳ「それ」が指す語を本文の中からさがし、記しなさい。〈4点〉

(9) この文章の主題として最も適当なものを選びなさい。(0.5点)

①思想について ②懐疑について ③論理について ④仮説について ⑤人生について

【10】次の文を読んで下の質問に答えなさい。〈5点〉

日本は春·夏·秋·冬の四季がはっきりしていて、年中行事にも季節感がよく現われている。春先には農業の農作と農民の平安などを祈って正月の行事をはじめ、春祭り·春祈祓などの行事が行われる。特に正月にはさまざまな行事が行われる。1月1日は新しい年の初日で(①)といい、この日の朝には神社や寺に訪れ(②)をする人が多く、家族そろって(③)を飲み、(④)を食べる習慣がある。家の前に(⑤)が降りてくるときの目印になる物として(⑥)を立て玄関に(⑦)を飾る。立春の前日は(⑧)といい、〔A. <u>福を招くための行事</u>〕が行われる。

(1) (①~⑧)のなかに適当な言葉を書き入れなさい。(漢字または平仮名で) (2点)

(2)「年中行事」の多くは、農耕の儀式や日本古来の宗教観·季節感と深く結び付いていた。日本の「年中行事」本来の姿と意義を韓国語で述べなさい。(50字 程度) (1点)

(3) Aの行事の内容について韓国語で書きなさい。(20字 程度) (1点)

★【11】次の文を読んで下の質問に答えなさい。〈4点〉

日本語の教育上、もっとも問題になるのは教師の音声言語に対する意識と教科書、教材の取り扱いである。特に語し言葉を使用してコミュニケーション活動をするとき、音声上のどんな要素 (形) が心の態度と情報の伝達に関写するのかを明らかにすることは音声研究上の重要を課題である。日本語の教育においてコミュニケーションの観点から考えられる日本語の文音語の種類をあげ、その特徴を簡単に韓国語で説明しなさい。(300字 程度)

【12】次の文を読んで下の質問に答えなさい。〈5点〉

科学用語としての「文化」は時代により定義が変わり、それに従って言語教育も変化してきた。この変化を整理すると次の3つの段階になる。
A.文化の定義は、かつては「人間が社会の成員として獲得した能力や習性の複合的全体」とされ、「国家・民俗・国民を成り立たせ、脈々と連続させているもの」は何かを追及し、それを教育の対象にしていたのが「文名学」と呼ばれる方法である。

私たちが、外国語の文法を習い、文学や古典·歴史や文明が記載された原書を読んだのは、このような枠組みの中での学習であって、この時代の外国語の教育法には学習者の母語を使って教える「文法訳読法(対訳法：Grammar-Translation Method)」であった。
B. 続いて、第2次大戦中からの「地域研究」を中核とする時代があり、「現代一般人の行動様式·生活様式とはどのようなのか、それを支える組織制度はどのような形態か」を追及し、教育の対象とした。「社会科」はこのような考え方の上に成り立っている教育である。

この時代の外国語の教育法に「①オ-ディオリンガル· メソッド(Audio-Lingual Method」がある。これは、一方で文型を中心に言葉の仕組み(構造)を教え、もう一方で地域研究の成果を教えながら会話能力を付けようというものだが、②異文化のコミュニケ-ション·キャップの問題は解決できたとは言えなかった。
C. 今日では、文化は「対人相互の作用の型」としてとらえられていることが多いと言える。言語教育に関する興味も「各個人が言語·非言語行為を媒介にして、対人相互作用の型を個人の内部に獲得していく過程」に移ってきている。現在、異文化トレ-ニングは、個人の成長と異文化についての訓練や教育を明確に分け、「③体験学習」を中心に「知識学習」も合わせ持つアプロ-チが志向されている。

(1) ①「オーディオリンガル・メソッド(A-L教授法)」の背景になる主要学説二つを書きなさ

い。(漢字または平仮名で)〈1点〉

(2) ②「異文化のコミュニケーション・キャップ」の問題が起る要因(相違点)を韓国語で簡単に説明しなさい。(100字 程度)〈2点〉

(3)「体験学習」の特徴及び有意点を韓国語で簡単に述べなさい。(200字 程度) 〈2点〉

【13】次にあげた日本文学文作品を参考にして下の質問に答えなさい。〈5点〉

A.

① つれづれなるままに、日ぐるし硯にむかひて心にうつりゆくよしなしごとを、そこはかとなく書きつくれば、あやしうこそものぐるほしけれ。「徒然草」

② 男もすなる日記といふものを、女もしてみむとてするなり。「土佐日記」

③ 月日は百代の過客にして、行かふ年もまた旅人なり。舟の上に生涯を浮かべ、馬の口とらへて老いを迎ふる者は、日々旅にして旅をすみかとす。「奥の細道」

④ 春は、あけぼの。やうやうしろくなりゆく山ぎは、すこしあかりて、紫だちたる雲のほそくたなびきたる。「枕草子」

⑤ 祈園精舎のどう鐘の声、諸行無常の響きあり。沙羅双樹の花の色、盛者必衰のことわりをあらはす。おごれる人も久しからず、ただ春の夜の夢のごとし。猛き者もつひには滅びぬひとへに風の前の塵におなじ。「平家物語」

⑥ いづれの御時にか、女御更衣あまたさぶらひたまひける中に、いとやむごとなき際にはあらぬが、すぐれて時ぬきたまふありけり。「源氏物語」

⑦ ゆく川の流れは絶えずして、しかももとの水にあらず。よどみに浮がぶうたかたは、かつ消えかつ結びて、久しくとどまりたるためしなし。「方丈記」

B.

山路を登りながら、かう考へた。⑧智に働けば角が立つ。<u>情に棹させば流される。意地を通せば窮屈だ。鬼角に人の世は住みにくい</u>。住みにくさが高じると、安い所へ引き越したくなる。どこへ越しても住みにくいと悟つた時、詩が生まれて、絵が出来る。

(夏目漱石「草枕」より)

(1) 日本の中古時代に書かれた作品を探し、その成立に従って作品を提示しなさい。(1点)

(2)「古今和歌集」の仮名序文を書いた人が作った作品名をあげ(漢字または平仮名で)、その作品の文学的な意義を韓国語で簡単に述べなさい。(50字 程度) (1点)

(3) ⑧の所を韓国語で訳しなさい。(1点)

(4) 夏目漱石の門下生として「千島」「楽の実」の作者として児童文学誌「赤い島」を創刊し、当時の日本語教育大きく貢献した人の名前を書きなさい。(漢字または平仮名) (1点)

(5) 日本近代浪漫主義運動の中心となった「明星」の主な詩人として「いのちなき砂のかなしさよ/さらさらと/握れば指のひだより落つ」「一握の砂」の短歌を作った人の名前を書きなさい。(漢字または平仮名) (1点)

【14】次の文を読んで質問に答えなさい。〈5点〉

既に自然主義に積極的態度を許せば、その積極的思念の行止まりはなんであらうかという問題が、必ず起らざるを得ない。即ち自然主義の目的論が生じる。思ふに①自然主義が②理思主義　乃至③写実主義と違ふ根本は実にここに存する。写実主義は現室を写すを目的とするといひ理想主義は理想を写すを目的とするといふ。然るに自然主義はひとり真(Truth)を写すといふ。真といふ語は自然主義の生命でありモット-である。自然主義から言はすれば、理想といひ現実といふ語はまだ浅い、弟二義の役にしか立たぬ。

(島付抱月 文芸上の自然主義)

(1) ①~③の文芸思潮を日本近代文学の展開順序に従って提示しなさい。〈1点〉

(2) 文章の言葉づかいを語し言葉に一致させようと工夫した作者たちの属した文芸思潮をあげ、その傾向について韓国語で簡単に説明しなさい。(50字 以内) 〈2点〉

(3) 自然主義文学があまりにも人生の醜悪な面を暴露する傾向がはなはだしいために、文学の意義を改めて考える人が出て活躍した反自然主義文学に属する類派名を書きなさい。(漢字または平仮名) 〈2点〉

【15】次の文を読んで下の質問に答なさい。

万葉の時代から「言挙げぬ国」とされた日本には、口論や反抗はよしとしない風土があったようです。また、俳諧や和歌という短詩型文学が伝統的に存在し、「以心伝心」「不立文字」等の仏教用語も知られています。現在では①「腹芸」が時折使われることもあります。こうしたところから、語らぬ文化という表現が生まれたものと思われますが、ここには大きく分けて二つの側面があると思われます。

それは②短詩型文学の達成に関わる日本人の言語運用の意識と、③日本語自体の構造に関わるとらえ方です。

(「語らぬ文化と日本語 実践日本事情入門大修館」)

A.「天の原ふりさけ見れば春日なる三笠の山に出でし月かも」(古今406,阿部仲麻呂)
「奈良七十七堂伽藍八重桜」(芭蕉)
B.「春はあけぼの。やうやうしろくなり行く山ぎはすこしあかりて、むらさきだちたる雲のほそくたなびきたる」〈「枕草子」の冒頭文〉
「国境の長いトンネルを抜けると雪国であった。夜の底が白くなった。信号所に汽車が止まった。」〈川端康成の「雪国」(1947)の書き出しの所〉
C.「In spring it is the dawn that is most beautiful. As the light creeps over the hills, their outlines are dyed a faint red and wisps of purplish cloud trail over them.」
(春で最も美しいのはあけぼのである。光が山の上にしのびよると、その輪郭が少し赤くそめられ、紫がかった雲のいく筋かが山のうえにたなびく。)
「The train came out of the long tunnel into the snow country. The earth lay white under the night sky. The train pulled up at a signal stop.」
(汽車は長いトンネルを出て雪国へ入った。地面は夜空のもと白く横たわっていた。汽車は信号所で止まった。)

(1) ①「腹芸」を韓国語で簡単に説明しなさい。〈1点〉
(2) ②「短詩型文学の達成に関わる日本人の言語運用の意義」についてAを参考にして韓国語で説明しなさい。(100字 程度) 〈2点〉
(3) ③「日本語自体の構造に関わるとらえ方」の具体的な齣を　BとCの文を比較して韓国語で説明しなさい。(100字 以内) 〈2点〉

【16】 다음 글을 읽고 물음에 대한 답을 답안지에 적으시오. 〈5点〉

교수 이론은 언어관의 변천과 시대적 요구에 따라 끊임없이 새로운 교수 이론이 등장하게 된다. 80년대 이후의 대표적인 교수법으로는 내추럴 어프로치(Natural Approach), 커뮤니커티브 어프로치(Communicative Approach), 내용 중심 교수 이론(CBI : Content Based Instruction)을 들 수 있다.

기존의 오디오링걸 메서드(Audio Lingual Method)에서는 학습자의 오용을 모어(제1언어)의 영향에 의한 것으로 해석하였으나, 내추럴 어프로치에서는 모어나 목적 언어에 상관없이 발달상의 현상으로 취급하고, 문법구조의 습득 또한 언어의 종류에 상관없는 보편적인 것으로 보았다. 제6차 교육과정에서 이해과정을 우선으로 한 것은 이러한 내추럴 어프로치의 이론을 근간으로 한 것이다.

일본어 교육에 있어서 초급 학습자를 위한 효과적인 내추럴 어프로치의 교수법의 주요목적을 들고, 교수방법상의 유의점(Guide Line)을 구체적으로 제시해 보시오. (400자 정도)

답안

1. ②⑤③①④

2. ③

3. さあ(どうぞ)ご遠慮なさらないで、ごゆっくりご覧ください。

4. 人の心はなおなものではないから,虚偽(偽り)がないわけではない(ないとは言えない。)

5. (1) 사려고 생각하고 있는 동안에 그만 살 기회를 놓치고 말았다.

   (2) 설상가상(엎친 데 덮치기)

6. (1) エ (2)ケ (3)イ (4)ク (5)カ

7. (1) ゆるぐ → ゆるがす

   (2) べき → べく

9. (1) ①思想 ②仮説 ③思考 ④懐疑 ⑤仮説

   (2) ①明瞭 ②純粋 ③虚無 ④固有

   (3) それなのに。 そうであるが。 ところが。

   (4) A → もし, B → すなわち, C → しかし, D → だから

   (5) 考えるということ

   (6) 仮説

   (7) 認識は ~ である

   (8) 人生

   (9) ②

10. (1) ①元旦(がんたん)、元日(がんじつ) ②初詣(はつもうで) ③お屠蘇(とそ) ④雑煮(ぞうに) ⑤年神(としがみ) ⑥門松(かどまつ) ⑦しめ飾(かざ)り ⑧節分(せつぶん)

    (2) 각 가정에서 조용히 건강이나 나날의 안전 풍성한 수확 등을 신에게 빌고, 계절의 수확물을 신에게 올리며, 다른 사람들과 나누어 먹는데 그 의의가 있다.

    (3) 신사나 가정에서 통을 뿌리며(豆まき) 악신을 쫓고, 복신을 불러들이는 행사이다.

11. 악센트, 억양, 탁립, 휴지, 박자

12. (1) 행동심리학과 구조주의 언어학

13. (1) 土佐日記 → 枕草子 → 源氏物語

    (2) 작품명 : 土佐日記

    문학적 의의 : 작자가 토사(土佐) 国司의 임기를 끝내고 교토(京都)로 돌아올 때까지의 사건이나 심정을 여성에 가탁하여 쓴 가나로 쓰여진 일본 최초의 일기문학이다.

(3) 이지적으로 행동하면 모가 난다. 인정을 앞세우면 그 情에 빠져 버린다. 고집을 내세우면 거북스럽다. 이래저래 세상은 살기 힘들다.

(4) 鈴木三重吉(すずき みえきち)

(5) 石川啄木(いしかわ たくぼく)

14.(1) ③사실주의 → ①자연주의 → ②이상주의

(2) 事実主義 : 에도시대의 희작문학을 권선징악을 수단으로 하는 태도를 부정, 각자의 주관을 배제하여 인생과 사회의 현실을 있는 그대로 묘사하였다.

(3) 탐미파 : 실사회의 공리에 관계없이 관능, 감각을 중시하여 미의 창조와 그 세계에 정착하려는 것을 목적으로 함.

여유파 : 인생을 여류를 가지고 바라보며 논리적 이지적인 비평의 안목을 가진 문학.

백화파(시라카바하) : 인간 내부의 생명력을 믿어, 이상주의 · 인도주의의 입장을 취하였다.

15.(1) 연극에서 배우나 대사나 동작에 의하지 않고 무언으로 심정을 나타내어 그 역의 기분을 살리는 일(직접 표현을 하지 않고 상대의 생각을 살피는 것)

(2) ①한정된 언어 공간 중에서 필요한 것을 최대한의 효과에 의해서 표현해 가는 언어 운용의 의식과 기술로써 의사의 표현에 다변을 필요로 하지 않는다.

②정서적인 표현에는 뛰어나나 논리적인 구성에 약하다.

③동일문화를 향수하고 생활감정을 함께 해온 온정주의적인 사회여서 인화를 소중히 여기기 때문에 자기주장을 강하게 표현하지 않는다.

(3) ①술어중심의 묘사문(구체적인 장면이나 감정을 술어 중심의 언어 구조 속에서 표현한다.)

②생략형의 언어 구조(발화의 장면이나 맥락에 의존하여 상황으로 알 수 있는 것을 표출하지 않는 특징을 가지기 때문에 문에 있어서 주어나 조사 술어 등이 생략되는 표현이 많다.)

③명사적 표현과 리듬감 중시 (화자 중심의 정서적 표현이 많다.)

16. 내추럴 어프로치 교수법

2000학년도 중등학교 교사임용후보자 선정경쟁시험

★1. 次の文章を読んで、あとの問いに答えなさい。(총 6점)

★1. 次の文章を読んで、あとの問いに答えなさい。

1-1. (①, ②)の中に「この、その、あの」のうち、適当なものを入れなさい。(2점)

A：鈴木先生が今度学会で発表なさった論文、もう読みましたか。

B：ええ、ゆうべ一気に読み上げました。

A：(　①　)結論どう思いましたか。

B：そうですね。今図書館から借りてきた(　②　)本の結論とは大分違いますね。

1-2. (①, ②)の中に「しかし、そうすると、そこで、ただし、そして」のうち、適当なものを入れなさい。(2점)

大金持ちになった杜子春はすぐ立派な家を買って、玄宗皇帝にも負けないくらいぜいたくな暮らしをしはじめました。(　①　)、いくら大金持ちでもお金には際限がありますから、さすがのぜいたくやの杜子春も一年、二年とたつうちにはだんだん貧乏になりだしました。そうすると人間は薄情なものできのうまでは毎日来ていた友達も、きょうは門の前を通ってさえ、挨拶ひとつしていきません。(　②　)とうとう三年目の春、また杜子春が以前のとおり、一文なしになってみると、広い洛陽の都の中にも、彼に宿を貸そうという家は一軒もなくなってしまいました。いや、宿を貸すどころか、いまでは碗に一杯の水も恵んでくれるものはないのです。

そこで彼はある日の夕方、もう一度あの洛陽の西の門の下に行って、ぼんやり空を眺めながら、途方にくれて立っていました。

(芥川竜之介『杜子春』)

1-3. (①, ②)に最も適切な言葉を漢字または平仮名で書き入れなさい。(2점)

拝啓当社の製品「電子伝言板」について詳しく知りたいというお問い合わせに対し、お答えいたします。当社の「電子伝言板」はお宅の電話をできる限り有効に利用して(　①　)ために開発された伝言電話ツールです。あなたがメッセージを伝えられたい相手の方がお留守の時でも、「電子伝言板」を使われると、あなたのメッセージは当社のコンピュータに保存され、コンピュータからメッセージが相手の方に自動的に伝えられます。伝言を希望する時刻の設定など、伝言のために必要と思われる機能も全て備えており、それらが極めて簡単に使えるように工夫されております。さらに一対一の伝言以外にも、複数の相手や不特定のメンバーへの伝言も可能です。また、相手の方も「電子伝言板」をお持ちであれば、あなたからのメッセージを聞きたい時に聞くことができます。…。(　②　)

2. 次の文の下線部 (①, ②)を「目上の人」に言う表現にしなさい。(총 4점)

2-1. 風邪で頭痛が ①しますので、②休みます。(2점)

→

2-2. 都合の ①いい日を②言ってください。(2점)

→

3. 次の文章を読んで、あとの問いに答えなさい。(총 7점)

科学技術の進歩がそのまま人間の幸福を増大する、と考える人はいまやごく少数だ。だが科学研究自体は真理の探究として保護されるべきで、問題はその利用方法にあると考える人は多いように思う。そんな考えを支えているのは純粋で①無垢な科学者というイメージではないだろうか。

本書では、職業としての科学者と学会という名の科学者共同体の誕生に始まり、技術と密接に結び付くことで、科学がほかの学問とは比較にならないほど大きな社会的影響力をもつに至った経緯が語られる。そこからさらに、(a)自らの影響力に目をつぶり、学会内部だけに目を向けて研究する科学者の現状とその現状に潜む危険が、エピソードを交えて浮き彫りにされる。

学会内での高い評価を求めて熾烈な競争に熱中する科学者の姿を、「ブレーキのない車」と著者は呼ぶ。科学技術の及ぼす影響を考えれば、全人類がその車に同乗していると考えるべきだろう。それでも科学抜きの社会に戻れない以上、この危険な車を制御するすべを探るしかない。

核エネルギーや遺伝子の発見が及ぼす影響を考えて社会に対する責任を訴える科学者は、科学者間の倫理基準では、自由な研究を②阻害する者と見なされるという。そこには、真理探究に名を借りた、科学者の無責任さが如実に現れている。他方その無責任さを容認し、いわば科学に隷属しつつ貪欲に利用してきた社会の対応も問題だ。

無責任な科学者とそれを利用する社会という構図の問題点は、環境問題に凝縮されていると著者は言う。そこで環境問題への対処がその構図の転換につながるという立場から、(b)著者の提案が示される。

(『現代』1995年2月号 講談社)

3-1. 下線部①と②の読み方をカタカナで書きなさい。(2점)

3-2. 下線部(a)の意味を韓国語に訳しなさい。(2점)

3-3. 下線部(b)は具体的にどのような提案になるだろうと思われますか。韓国語で書きなさい。(3줄 이내) (3점)

4. 次の文章を読んで、あとの問いに答えなさい。(총 6점)

(A) ただ、突然やってくる災害と違って、(a)ゴサドウが発生するタイミングは特定されている。大事なのは、最後まで気を抜かずに手を打ち続けることである。

企業や(b)ギョウセイは時間が許す限り、あきらめずに対応をやり切る。とりわけ、対策の遅れが指摘される医療機関や、中小企業、地方自治体にこの点を強く求めたい。併せて、万一の事態に備えた危機管理計画を整備し、連絡体制や人の配置など、周到な打ち合わせも欠かせない。

(B) 2000年問題の予行演習となったカーナビゲーションのトラブル問題を思い起こしたい。鳴り物入りで行われた事前の注意喚起にもかかわらず、当日はメーカーに問い合わせの電話が殺到した。幸い深刻な事故はなかったが、情報周知の難しさや、無関心の壁の厚さを示した。対応は着実に進んでいる。だからといってすべての分野で終わったことを確認するのは不可能だ。プログラム対応を済ませても、手落ちが残ることもある。この機会を狙って、システムに悪質な仕掛けが組み込まれる恐れを指摘する専門家もいる。先進国では着々と対応が進むが、十分に(c)손이 미치지 않는 途上国もある。

(C) 重要なのは、消費者や関係者が適切な対応を取りやすくする積極的な情報提供と、行き届いた相談に力を入れることだ。年末ぎりぎりになって、懸念される事態が新たに判明した場合でも、情報開示に二の足を踏むことだけは避けたい。

相手がソフトウェアーという目に見えない存在だけに、個人にはたしかにとっつきにくい。

「対策は企業やギョウセイの責任」という受け身の思いも、個人の関心を薄める要因になっている。しかし、災害や事故に対するのと同様、自ら積極的に関心をもって万一に備えるという姿勢は社会生活の基本でもある。

(D) コンピューターが西暦年号を読み違えゴサドウを引き起こす2000年問題で、政府が初めて国民に１１項目の具体的な留意点を呼び掛けた。

2000年まであと2カ月。企業やギョウセイの取り組みは最終段階を迎え、かつてのような過剰な不安感は和らぎつつある。だが、完全に安心とは決して言い切れないところに、この問題の難しさがある。政府の呼び掛けは、行き過ぎた不安は無用だが、侮ってはならないというメッセージと受け止めるべきだろう。

4-1. 下線部(a)と(b)のカタカナを漢字に書き改めなさい。(2점)

4-2. 下線部(c)の韓国語を日本語に書き改めなさい。(2점)

4-3. 上の(A)~(D)は順序が違っています。正しい順序に直しなさい。(2점)

5. 次の文章を読んで、あとの問いに答えなさい。(총 4점)

明治37年から38年にかけて行われた日露戦争によって、日本国民の視野は世界的に拡がり、西洋近代精神の特色である個人主義的な自我意識と現実感は、従来の半封建的な因習や道徳を揺り動かし、また、資本主義も、その地歩を固めるにつれて、その内にひそむ矛盾は、日本国民の前に露呈され、深刻な現実問題として取り上げられるに至った。こうした社会情勢を背景として登場した新しい文芸思潮は後の日本近代文学の展開に長くその影響を及ぼした。

5-1. 上記の文の中に出ている新しい文芸思潮の名を漢字で書き、島崎藤村と田山花袋の作品としてこの新しい文芸思潮の成立と関わっている作品名を一つだけ選んで漢字または平仮名で書きなさい。(2점)

5-2. この新しい思潮の暴露的な傾向に反発して官能の美を追求する耽美派が登場するが、当時そのいずれにも属さないで、独自で倫理的、理知的な作品を発表して次の時代の理想主義、理知主義の人々に深い影響を与えた二人の作家がいる。二人の名前を漢字または平仮名で書きなさい。(2점)

6. 次にあげた四つの作品名を参考にして、あとの問いに答えなさい。(총 4점)

A. 須磨には、いとど心づくしの秋風に、海はすこし遠けれど、行平の中納言の関吹き越ゆると言ひけむ浦波、夜々はげにいと近く聞こえて、またなくあはれなるものは、かかる所の秋なりけり。<源氏物語>
B. 夏は夜。月のころはさらなり。闇もなほ、蛍のおほく飛びちがいたる。<枕草子>
C. なほものはかなきを思へば、あるかなきかの心ちする、かげろふの日記といふべし。<蜻蛉日記>
D. あづまぢの道のはてよりも、なほ奥つかたにおひ出でたる人、いかばかりかはあやしかりけむを、いかに思ひはじめけることにか、… <更級日記>

6-1. 上記の四つの作品はすべてが平安時代に書かれたものという共通点を持っているが、四人の作者が持っているもう一つの共通点を指摘し、『源氏物語』の作者の名前を漢字または平仮名で書きなさい。(2점)

6-2. 四人の作者が持っている共通点に留意しながら、そのような人々の文学活動を可能にした背景を韓国語で書きなさい。(3줄 이내) (2점)

7. 次の文章を読んで、あとの問いに答えなさい。(총 4점)

7-1. 下記の①と②に当たる年中行事の名称を日本語で書きなさい。(2점)
① 七月にある星のお祭りです。紙に願いごとを書いて、笹に飾ります。
② 8月13日から15日まで全国で行われる。これは古い伝統のある仏教の行事で、この日、先祖の魂が戻ってくるというので花や食べ物を供えて祭る。
7-2. 江戸時代初期に生まれ、江戸時代に完成した古典演劇です。女優を使わず、おやまと称する男優が女性の役割をつとめます。この演劇の名を日本語で書きなさい。(2점)

8. 다음 글을 읽고 물음에 답하시오. (총 4점)

8-1. 최근 우리나라는 일본 대중문화를 적극적으로 이해하고 수용하기 위한 가시적인 조치의 하나로 1998년 10월 20일 '문화의 날'을 맞아 일본 대중문화에 대한 제한적인 개방을 하게 되었다. 아직 모든 분야에서 개방이 이루진 것은 아니지만 영상 분야 등이 일차적으로 개방되었다. 이에 따라 수편의 일본 영화가 일반 극장에서 상영된 바 있다. 개방 조치 이후 우리나라의 일반 극장에

서 상영되었거나 상영되고 있는 영화의 제목을 일본어로 2개만 쓰시오. (2점)

8-2. 우리나라의 행정구역은 특별시, 광역시, 도 단위의 광역 자치단체와 시, 군, 구의 기초 자치단체로 나뉘어 진다. 일본은 「1都, 1道, 2府, 43県」의 광역 자치단체와 「市, 町, 村」의 기초 자치단체로 되어 있다. 「1都, 1道, 2府」는 각각 어디를 가리키는지 그 이름을 한자로 쓰시오. (2점)

★9. 다음 물음에 대해 답하시오. (총 6점)

9-1. 다음 문장 속에 쓰인 밑줄 친 「た」는 각각 서로 다른 의미 용법으로 쓰이고 있다. ①, ②, ③에 해당하는 같은 의미의 용법을 (a)~(f) 중에서 두 개씩 골라 쓰시오. (3점)

① 机の上に飾った花がとても美しい。② あっ、汽車が来た。③ 今朝は五時に起きた。
(a) 見つけた時には届け出なさい。
(b) 心配していたことがついにやってきた。
(c) よく似た兄弟だ。
(d) ぼくも東京へ行ってきたことがある。
(e) 彼が来た時はたしか十二時だった。
(f) 南側に面した部屋は暖かい。

①(　　　) ②(　　　) ③(　　　)

9-2. 다음 ⒜와 ⒝의 문장에서 밑줄 친 「を」의 의미와 용법 차이를 「よむ」와 「とおる」의 동사의 성격과 관련지어 설명하시오. (3줄 이내) (3점)
⒜ 本をよむ。
⒝ 道をとおる。

★10. 한국어는 평음(平音 : ㄱ·ㄷ·ㅂ·ㅈ), 경음(硬音 : ㄲ·ㄸ·ㅃ·ㅉ), 기음(気音 : ㅊ·ㅋ·ㅌ·ㅍ)의 세 가지로 말의 뜻이 구별되는 언어이지만, 일본어는 영어처럼 무성음과 유성음이라는 두 가지로 말의 뜻이 구별되는 언어이다. 따라서 일본어의 음성 교육에서 가장 중요한 것은 무성음과 유성음을 구분하여 발음하는 일이다. 예를 들면 「だいがく」[daigaku]는 '大学'이지만 「たいがく」[taigaku]는 '退学'으로써 서로 전혀 다른 뜻이 된다. 일본어의 오십음도(五十音図)에 나타나는 46개의 음절 중에서 무성자음이 포함되는 음절을 행(行)으로 구분하여 쓰시오. (5줄 이

내) (5점)

★11. 다음의 밑줄 친 부분은 크게 두 가지 의미로 나눌 수 있다. 두 가지 의미를 쓰고, 그 용법에 따라 (a)~(f)를 나누어 쓰시오. (4점)

(a)さじがなかったので、食べにくかったそうです。

(b)なんだか元気が出そうな曲ですね。

(c)日本の秋はきれいそうなので、いつか行きたいと思います。

(d)ミンホさんは一人で行ってみたいそうです。

(e)韓国語の先生は親切でやさしそうな女の先生です。

(f)上手になるには練習しかいい方法がなさそうです。

①

②

12. 커뮤니케이티브 어프로치(Communicative Approach)는 1970년대부터 학습자에게 언어를 지식이 아닌 사용 장면과 결부된 실제 사용능력으로 가르치고자 하는 외국어 교수법이다. 이러한 커뮤니케이티브 어프로치 교수법을 일본어 교수-학습 현장에 적용하고자 할 때 사용할 수 있는 방법 중에서 다섯 가지를 쓰시오. (5줄 이내) (5점)

13. 현재 고등학교 학생들에게 적용되고 있는 제6차 교육과정의 가장 두드러진 특징은 학생의 자율학습을 중 시한 점과 정확성보다 유창성을 중시한 점이라고 할 수 있다. 고등학교 제7차 교육과정은 제6차 교육과정의 기본 정신을 계승 · 강화하여 2002학년도부터 시행하게 된다. 제7차 일본어과 교육과정은 제6차의 경우와 비교해 보면 특히 내용체제, 어휘, 교수학습 방법, 평가방법 등에서 많은 변화를 보이고 있다. 이 중 어휘와 평가방법 면에서 어떤 변화가 있는지 기술하시오. (6줄 이내) (총 6점)

13-1. 어휘 (4점)

13-2. 평가 방법 (2점)

★14. 1997학년도부터 초 · 중등학교에 교육정보화 기반이 구축되면서 멀티미디어 매체를 일본어 교수-학습에도 활용하고 있다. 멀티미디어 매체는 질 높은 음향과 영상 그리고 방대한 자

료를 저장할 수 있다는 일반적인 장점을 가지고 있으므로 다른 교과에 비해 외국어교과인 일본어 교육에서도 보다 효과적으로 활용할 수 있을 것이다. 이러한 <u>멀티미디어 매체를 일본어 교육 현장에 적용했을 때의 장점</u>을 기술하시오. (5줄 이내) (5점)

2001학년도 중등학교 교사임용후보자 선정경쟁시험

1. 下の説明を読み、パズルA~Jに当てはまるひらがな(一字ずつ)を書きなさい。(3점)

1) A	2)	3)	4)			8)
5)			B	6)		C
				7)		
10)		G		D		
F				9)		E
11)	H	12)				
		13)		14)		
		I		J		

● ヨコのカギ

1) 人と会ったとき、礼儀としていうことばや行う動作

5) 人の言ったことに対して、だまっていないで、こちらからも反対するようなことを言う

7) よわいものをわざと苦しめたり、こまらせたりすること

9) (虫が食ったように)、穴があいたり、缺けたりしている歯

10) 少ない、少し、ちょっと

11) あたま

13) からだ全体に毛がはえていて4本の足で歩く動物

● タテのカギ

1) 前と同じように、いつものとおり

2) よい

3) 一方が高く、もう一方がひくくかたむいている道

4) 木·竹などで作り、これを手に持って歩くときの助けにするもの

6) 吸って中のほうまで入れる

8) 女の子、年がわかい、まだ結婚していない女の人

12) 自分のほうにきた物を手に取る

14) 屋号などを染め抜いて店頭にたらす布など

(答案)

A	B	C	D	E	F	G	H	I	J

2. A)~D)に入る最も適当なものを下の例から選び、書きなさい。(2점)

A : ねえ、ねえ、今日映画見に行かない。

B : ごめん。今日はちょっと。

3時に打ち合わせがあるんだよ。(A)5時には新宿で約束があるし。

A : ひさしぶりに一緒に行こうとしたのに。

B : 邦子さんと行ったら。(B)尚子さんと行く?

A : いやなの。邦子はおしゃべりだし(C)二人ともけちじゃ。

B : そうなの。ぼくはそうは思わないけど。

A : (D)、あんたが一緒に行けば。

(例) それから・それとも・それなら・それこそ・それに

(答案)

A	B	C	D

3. 次の問いに答えなさい。(총 4점)

◆ ( )の中に入る最も適当な言葉を選び、その記号を書きなさい。(1점)

1) 錢湯は夜10時(ⓐまで ⓑまでに)ですが、2) 9時(ⓐまで ⓑまでに)入らなければなりません。

3) 君が寝ている(ⓐあいだ ⓑあいだに)地震が3回もあったよ。

(答案)

1)	2)	3)

◆ 下線部「れ」の文法的意味を下の例ⓐ~ⓓから選び、その記号を書きなさい。(1점)

1) この絵はあの方がかかれました。

2) この子は、父に死なれて、学校へも行けなくなりました。

3) まだ若いのに気の毒に思われてならない。

例) ⓐ可能　ⓑ自発　ⓒ受身　ⓓ尊敬

(答案)

1)	2)	3)

◆ 下の会話の場面を考えた上で、下線部A~Dの間違った敬語表現を書き直しなさい。(2점)

金：金ですが、先生A)いますか。

先生の妻 ：ええ、B)待っていました。どうぞ、お入りください。

金：失礼致します。仙台へC)行ってきましたので、これお菓子、少しばかりですが。D)食べていただこうと思いまして……。

先生の妻 ：「それはありがとうございます。さっそく今晩いただきます。

(答案)

A	
B	
C	
D	

4. 次の問いに答えなさい。(총 6점)

◆ (　　)に接頭語「お·ご」を付けなさい。ただし、両方とも付けにくいのは(×)にしなさい。(2점)

1) (　)料理　2) (　)学校　3) (　)希望　4) (　)味噌

5) (　)ゆっくり

(答案)

1)	2)	3)	4)	5)

◆ 次の下線部のところをひらがなで書きなさい。(2점)

1) 커피 4잔　2) 자동차 2대　3) 소 1마리　4) 비둘기 3마리　5) 볼펜 3자루

(答案)

1)	2)	3)	4)	5)

◆ 下線部の品詞名を書きなさい。ただし、学校文法として認められている10品詞の中で答えなさい。(답은 한글 또는 漢字로 쓸 것) (2점)

1) 彼女はまたふられたね。　2) あの男はおかしな人だわ。

3) うん、私も行くよ。　4) 雨は降らないだろう。　5) さっぱりきれいになった。

(答案)

1)	2)	3)	4)	5)

5. 次の下線部A~Eのカタカナを漢字に書きなおしなさい。(2점)

極めて残念なことであるが、学校において、いまだに兒童生徒への体罰が跡を絶たない。文部省の調査においても平成9年度に体罰ではないかとして問題とされ、学校において調査した事件は989件に上っている。体罰については、学校教育法により厳にA)キンシされているものであるが、もとより体罰による懲戒は、兒童生徒のB)ジンケンの尊重という観点からも許されるものではない。また、教師と兒童生徒とのC)シンライ関係を損なう原因ともなり、教育的なD)コウカも期待されないと考えられる。 文部省では、従来から、各種通知や各種会議等を通じて体罰の根絶について指導を行ってきたが、今後 ともそのE)テッテイを図っていくこととしている。

A)キンシ　B)ジンケンの尊重　C)シンライ関係　D)コウカも期待されない

(答案)

A)	B)	C)	D)	E)

6. 次の問いに答えなさい。(총 4점)

◆ 1)~4)の意味に当てはまるものを選び、その記号を書きなさい。(2점)

1) 一点に集中しない　　2) 雨が静かに降る

3) 油気なくて、ざらざらする　　4) 勢いよく伸びる

例) ⓐ しとしとと ⓑ ぼんやりと ⓒ がさがさ ⓓ もぐもぐと ⓔ すくすくと

(答案)

1)	2)	3)	4)

◆ 1) ~ 5)の意味に当てはまるものを選び、その記号を書きなさい。(2점)

1) 口をすべらす　2) 腰がひくい　3) ほらを吹く

4) 歯がたたない　5) 帯に短かし、たすきに長し

ⓐ お世辞がうまい	ⓑ 相手が強すぎる	ⓒ 中途半端である
ⓓ つい言ってしまう	ⓔ 大体程度が分かっている	
ⓕ 謙虚な態度を示す	ⓖ おおげさなでたらめを言う	

(答案)

1)	2)	3)	4)	5)

7. 次のA~Cに入る最も適当なものを選び、書きなさい。(2점)

一定の年齢以上の人が口にする言葉に、「近ごろの若い者はものを知らない」というのがあります。私もそう思っています。しかし、だからといって「近ごろの若い者は知るべきことを知らない」と思っているわけではありません。(A)、「近ごろの若い者はものを知らない」というのは、「高齢者が知っていることを知らない」ということに過ぎないからです。(B)、「若者が知っていることを高齢者は知らない」という意味では、「近ごろの高齢者はものを知らない」とも言えるのです。(C)若者と高齢者とでは、知っていることが違うというだけのことなのです。

● それで　● なぜなら　● 要するに　● たとえば　● 逆に

(答案)

A	B	C

8. 次の問いに答えなさい。(총 4점)

◆ 同音異意語(ミニマルペア)になっている語の中で1拍(mora)目が高く発音される語をⓐ~ⓗから選び、その記号を書きなさい。(2점)

ⓐ ハシ(橋)　ⓒ アサ(朝)　ⓔ キル(切る)　ⓖ カウ(買う)

ⓑ ハシ(箸)　ⓓ アサ(麻)　ⓕ キル(着る)　ⓗ カウ(飼う)

(答案)

◆ 次の単語の音節数と拍(mora) 数を書きなさい。(1점)

(答案)

1) センセイ(先生)	(　音節、　拍)
2) イッタイ(一体)	(　音節、　拍)

◆ 元々はアイ[ai]、オイ[oi]、アエ[ae]の発音が東京方言でエー[eː]に発音される現象(例えば「いたい」が「イテー」になること)を何というのか、書きなさい。(1점)

(答案)

9. 次の文章を読み、あとの問いに答えなさい。(총 5점)

ルース・ベネディクトの『菊と刀』は、もうA)押しも押されもせぬ古典である。それを疑うものは誰もいないだろう。アメリカでのことは知らないが、日本におけるこの古典の売れ行きは群を抜いていた。古典となることとベストセラーになることはかならずしも重ならないが、ただ、私の手元にある長谷川松治氏の日本語訳(教養文庫版)はすでに百刷を超えている。もっとも古典のなかには、ときにそれを取り巻く賞賛の声とはうらはらに、どこかいかがわしさの影を引きずっているものがないではない。 だから、いつしか辛口の批評のB)槍玉にあげられることにもなる。ひょっとすると『菊と刀』の出来栄えが鮮やかだっただけに、それにたいする論難の調子もつい熱を帯びたということだったのかもしれない。歴史の無視、資料操作の恣意的偏向、「罪の文化」(西欧)と(　　　)(日本)というあまりにもナイーブにすぎる二元論…、挙げていけばきりもない。おまけにベネディクトは一度も来日したことがなかった。日本と日本人をじかに体験していなかった。そのいわば文化研究のルール違反が、必要以上の反発を招いたのであったのかもしれない。むろん、反発や論難は日本の国内から発せられただけではなかった。やがて当のアメリカからもC)火の手が上がりはじめる。

◆ 例文の(　)の中に入る言葉を、漢字またはひらがなで書きなさい。(1점)

(答案)

◆ 下線部A),B),C)の部分を韓国語に訳しなさい。(2점)

(答案)

A	
B	
C	

◆ ルース·ベネディクトの『菊と刀』とともに戦後、日本人の書いた日本論の中では、土居健郎と中根千枝の書いた日本論が一番よく知られている。二人の書いた日本論の一番代表的な書名を一つずつ漢字またはひらがなで書きなさい。(2점)

(答案)

10. 次の文章を読み、あとの問いに答えなさい。(총 5점)

現在、世界のどの民族においても、自らの社会の歴史を通史の教科書として敍述しようとするとき、国際的視野をもって自らの社会や文化の歩みへの理解を深め、世界に開かれた自己の社会の現在と將来に、自主的な指針をA)示唆できるよう努力することは、B)立場や視点を超えた共通の課題となってきている。ところで、この三·四年の間に論壇に積極的に登場するようになった「自由主義史観」論者は、一様に戦後、とりわけ一九九〇年代に入ってからの中学義務教育の歴史の教科書が、上の理解やC)指針を全面否定する「自虐史観」で貫かれていると、批判·糾弾している。

「自虐史観」とは、同論者の定義を俟つまでもなく、必要以上に自らを責め苛め、他者のいいなりに媚び諂う悪者として描き上げる史観であるから、現行の中学の日本史教科書、すなわち『歴史』のほとんどが、この「自虐史観」で日本の歴史を敍述しているのだとすれば、たんに史実でないというのみならず、国民的歴史D)認識の形成という観点からも、不問に付すわけにはゆかない。

◆ 下線部A) ~ D)の漢字の読み方をひらがなで書きなさい。(2점)

(答案)

A	B	C	D

◆ 최근, 일본 우익세력이 연계된 역사교과서 왜곡 움직임 중에서도,「自由主義史観研究会」를 조직한 藤岡信勝는 이 문제가 일본의 중학교 역사교과서에 실리는 것을 "노예범죄에는 위안소

같은 것이 들어있지 않다"고 반대하였고, 2000년 12월 8일부터 12일까지 일본 東京에서 개최된 '일본군 성노예 전국 국제법정'에서도 중요한 안건이었던 이 문제는 무엇인지 그 답을 한글 또는 漢字로 쓰시오. (1점)

(答案)

◆ 일본의 역사 교과서 왜곡사건과 함께, 한일 양국간의 「古代史論争」은 항상 중요한 쟁점으로 인식되어져 왔다. 예를 들어「任那日本府説」도 그 중의 하나이다. 한일간의 「古代史論争」 중에서 고대유물이나 유적으로 인해 논쟁이 되고 있는 것 2개를 漢字 또는 한글로 쓰시오. (2점)

(答案)

1)	
2)	

11. 次のA~Dに入るものを漢字またはひらがなで書きなさい。(2점)

1) 日本の国旗は日章旗または(　A　)といわれている。
2) 日本の国歌として歌われてきた(　B　)の歌詞は古今和歌集に収録されている和歌であるが、作者は不明である。
3) 日本では昔から桜が国を代表する花と考えられている。また、皇室の紋章が(　C　)であるため、これも日本を代表する花とされている。
4) 神話や昔話にしばしば登場する(　D　)が1947年日本鳥学会で国鳥に指定された。

(答案)

A	B	C	D

12. 次は日本歴史の流れである。A~Dに入るものを漢字またはひらがなで書き入れなさい。(2점)

弥生時代ー古墳時代ー(A)ー奈良時代ー(B)ー鎌倉時代ー南北朝時代ー(C)ー戦国時代ー安土桃山時代ー江戸時代ー明治時代ー(D)ー昭和時代

(答案)

A	B	C	D

13. 次の文章を読み、あとの問いに答えなさい。(총 2점)

『今昔物語集』は、天竺、震旦、本朝の三部を立て、更に仏法部と世俗部を區分するなど、細部まで整然とした組織によって、一千余の説話を集める。殊に、武士·庶民·盗賊等の貴族の目に隠されていた世界を描き出した功績は高く評價され、漢字仮名交じりの簡潔な獨特の文体は、(　　　)等の和漢混交文を準備するものである。

◆ 下線部はそれぞれその国を指す言葉である。その国名を順番どおりに漢字またはひらがなで書きなさい。(1점)

(答案)

◆ 例文の(　　)に入る作品は、軍記物語の一つで、「祇園精舎の鐘の声、諸行無常の響きあり。」という文から始まる。この作品名を漢字またはひらがなで書きなさい。(1점)

(答案)

14. 次の文章を読み、あとの問いに答えなさい。(총 4점)

A) 海暮れて鴨の声ほのかに白し (野ざらし紀行) 荒海や佐渡に横たふ天の河 (奥の細道) B) 時に一人の祖母涙をこぼし「ただ今のありがたいことを承りまして、さてもさてもわが心底の恥づかしうございます。今夜のこと、信心にて参りましたではござらぬ。」(『世間胸算用』)

◆ 例文A)からも味わえるように、芭蕉の文学理念で、「閑寂枯淡の境地、自然と一体化した内面の情調」を指す言葉を漢字またはひらがなで書きなさい。(1점)

(答案)

◆ 例文B)の作家は、大阪の町人出身で、近世散文を代表する浮世草子を創始し、それを代表する人である。作家名を漢字またはひらがなで書きなさい。(1점)

(答案)

◆ 例文B)の作家の書いた「町人物」の中で、例文以外の一番代表的な作品名を一つ漢字またはひらがなで書きなさい。(1점)

(答案)

◆ 例文B)のような浮世草子には、「共同社会を営む他人に対して果たさなければならない道徳理念」と「人間の封建社会から拘束されない自然の心情」との矛盾と葛藤が文学理念として

取り上げられている。この文学理念を指す言葉を漢字またはひらがなで書きなさい。(1점)

(答案)

15. 次の例文は日本の近·現代小説の代表的作品である。よく読み、あとの問いに答えなさい。(총 9점)

A) こんな夢を見た。
腕組をして枕元に坐っていると、仰向に寝た女が、静かな声でもう死にますという。女は長い髪を枕に敷いて、輪廓の柔らかな瓜実顔をその中に横たえている。ー「夢十夜」ー

B) 私は、その男の写真を三葉、見たことがある。
一葉は、その男の、幼年時代、とでも言うべきであろうか、十歳前後かと推定される頃の写真であって、ー「人間失格」ー

C) それはまだ人々が「愚か」という貴い徳を 持っていて、世の中が今のように激しく軋み合わない時分であった。ー「刺青」ー

D) 堀川の大殿様のような方は、これまでは固より、後の世には恐らく二人とはいらっしゃいますまい。
噂に聞きますと、あの方の御誕生になる前には、大威徳明王の御姿が御母君の夢枕にお立ちになったとか申すことでございますが、ー「地獄変」ー

E) 山登りの連れというのは大阪の会社員達で、大社詣での帰途、此山に寄った連中だった。謙作は二三時間昼寝で睡気の方はよかったが、昼飯に食った鯛にあたったらしく、ー「暗夜行路」ー

F) 張述伊が歿したのは、日本の長い戦争がもう十ヶ月もすると終りを告げる冬のある日のことだった。その日のことを僕は鮮明に憶えている。もう九ツになっていたからである。ー「砧をうつ女」ー

G) 死者たちは、濃褐色の液に浸って、腕を絡みあい、頭を押しつけあって、ぎっしり浮かび、また半ば沈みかかっている。ー「死者の奢り」ー

H) 国境の長いトンネルを抜けると雪国であった。夜の底が白くなった。信号所に汽車が止まった。ー「雪国」ー

◆ 例文の作家の中で、耽美派や白樺派の作家の名前を一人ずつ漢字またはひらがなで順番どおり書きなさい。(2점)

(答案)

◆例文Cの作品を書いた作家の代表的長編小説の作品名を漢字またはひらがなで書きなさい。(1점)

(答案)

◆例文の作家の中で、自殺した三人の作家の名前を漢字またはひらがなで書きなさい。(2점)

(答案)

◆ 例文Hの作家の書いた作品の中で、1926年『文芸時代』に連載し、「旅芸人と行をともにするなかでの哀歓を美しく描いた青春小説」の作品名を漢字またはひらがなで書きなさい。(1점)

(答案)

◆ 例文Fは在日韓国人作家としては、はじめて芥川賞を受賞した作品である。Fの作家名とともに芥川賞を受賞した、在日僑胞出身の三人の作家の名前を(合わせて四人)漢字または韓国語で書きなさい。(2점)

(答案)

◆ 例文Gの作家がノーベル文学賞の受賞式で行った講演の題目を漢字またはひらがなで書きなさい。(1점)

(答案)

16. 다음 질문에 답하시오. (총 4점)

◆ 일본어 音調중에서, 악센트・인토네이션과 함께 음성교육상 중요한 위치를 차지하고 있는「프로미넨스(プロミネンス)」에 대하여 설명하시오. (한글로 답할 것、50字 내외) (2점)

(答案)

◆ 일본어 음성교육의 현장에서 50音図의 「ア行」과 「カ行」을 지도할 경우, 특히 주의해야 할 점을 쓰시오.(각각 50字 내외의 한글로 답할 것) (2점)

(答案)

ア行	
カ行	

17. 다음 물음에 답하시오. (총 4점)

◆「思う」와「考える」의 意味上 주된 차이점을 예를 들어 설명하시오.(한글로 답할 것, 100字 내외) (2점)

(答案)

◆ A)~C)の「ようだ」の文法上の用法をそれぞれ漢字または韓国語で書きなさい。(2점)

A) 彼はまるで白痴のようだ。　　B) 君のようなのを怠け者というのだ。

C) とても助からないようだ。

(答案)

A)	
B)	
C)	

18. 다음 글을 읽고 물음에 답하시오. (3점)

일본어 문법에서 文語와 口語를 비교하면, 文의 구조, 품사의 종류, 작용 등의 문법상 기본적인 것은 비슷하나, 「用言의 活用이 다르다」라는 등의 차이가 있다. 이 외의 주된 차이점을 3가지 더 쓰시오.

(答案)

1)	
2)	
3)	

19. 다음 글을 읽고 물음에 답하시오. (3점)

고등학교 7차 일본어 교육과정 일본어 I 에서, 우선적으로 이수하기를 권장하는 의사소통 기능 항목은 크게 나누어 다섯 가지로 분류된다. 그 다섯 가지 항목을 기술하시오. (하위 개념의 항목은 쓰지 말 것)

(答案) 1) 2) 3) 4) 5)

2002학년도 중등학교 교사임용후보자 선정경쟁시험

1. 제7차 교육과정에서 제시하고 있는 고등학교 일본어 I 의 '목표' 중 3가지를 쓰고, 제6차 고등학교 일본어 I 의 '목표'와 다른 점을 간단히 기술하시오. (4점)

(1)

(2)

(3)

(4) 다른 점

2. 일본어 교육 내용 구성 시 적용되는 교수요목(syllabus)의 종류를 4가지만 들고, 각각의 개념을 간단히 설명하시오. (4점)

(1)

(2)

(3)

(4)

3. 다음은 일본어 문자·표기 교육과 관련된 항목들이다. 각 문항을 읽고 답하시오. (총 5점)

3-1. 다음 글을 읽고 답하시오. (3점)

いわゆる五十音図は平安時代の日本語の音節を示したものだといいますが、すでにヤ行の「い」「え」、ワ行の「う」は、ア行の「い」「え」「う」と重複しています。ですから「ん」を加えるとすれば、日本語の「かな」は(a)______個あるわけです。しかし、現代語音を書き表すための「[   ]」では、その中で、さらに「ゐ」「(b)______」の二字は用いられなくなっています。[wi][we]のような音は、現代の標準語では[i][e]と差異がなくなってしまったからです。「を」も、濁音の「(c)______」「(d)______」も、[wo][di][du]のような音がないので、ア行音やザ行音に統合されてよいのですが、書き表し方の上での便宜のために、なお用いられています。

(1) 밑줄 친 (a)에 들어가야 할 숫자를 쓰고, (b)~(d)에 들어가야 할 가나를 히라가나로 쓰시오.

(a)		(b)		(c)		(d)	

(2) 윗글의 [   ] 안에 들어가야 할 말을 한자(漢字) 또는 히라가나로 쓰시오.

3-2. 다음 낱말 중에서 「者」를 「じゃ」로 읽는 것 3개를 찾아 그 기호로 쓰시오. (1점)

(a)患者　(b)前者　(c)忍者　(d)芸者　(e)作者
(f)学者　(g)医者　(h)業者　(i)信者

3-3. 다음 (　) 안에 들어가야 할 말을 한자(漢字) 또는 히라가나로 쓰시오. (1점)

語の意味に関係なく、その語と同じ「音」や「訓」を当てはめた用字法が(　　)である。「めでたい」「やはり」「アジア」などを、「目出度い」「矢張り」「亜細亜」などと書くものである。

4. 다음은 일본어 문법 교육과 관련된 항목들이다. 각 문항을 읽고 답하시오. (총 5점)

4-1. 다음 각 문장에 알맞게 「行く」를 활용하여 (　) 안에 써넣으시오. (2점)

(1) (　　)ぬと言ったけれども、それでは行くとしようか。

(2) 行こうか(　　)まいかと迷ったが、けっきょく行かないことにきめた。

(1)		(2)	

4-2. 다음 문장에서 쓰이고 있는 「ない」가 조동사인 것을 모두 골라 그 기호로 쓰시오. (1점)

(a) ひとりでもさびしくはないよ。　(b) それはよくないからすぐ改めなさい。

(c) 君の親切は決して忘れない。　(d) そんなことぼくにはできないね。

(e) 本がほしかったが金はなかった。　(f) 勉強しなければだめよ。

4-3. 다음 문장의 (　) 안에 공통으로 들어갈 가장 적당한 말을 히라가나로 쓰시오. (2점)

- 一人17万、つまり3人で50万強かかる(　　)です。
- 熱が四十度もあるのですから、苦しい(　　)です。
- あんなに小さい関取が横綱に勝てる(　　)がない。
- 少々の病気で仕事を休む(　　)にはいかない。
- 来月から地方の支社に転勤だ。と言っても左遷される(　　)ではないよ。

5. 다음 각 문항을 읽고 답하시오. (총 7점)

5-1. 다음 대화문의 밑줄 친 표현 중에서 잘못되어 있는 3곳을 찾아 바르게 고쳐 쓰시오.(2점)

訪問客：ごめんください。

高校生：はあい。

訪問客：私はこの前お電話したお父さんの古い友だちですが、お父さん、いらっしゃいますか。

高校生：あのう、急用で出かけていて、おりませんが…。

訪問客：そうですか…。困ったなあ。いつごろお帰りになるか、わかりませんか。

高校生：すぐお帰りになると思います。お客さんがあるからすぐもどると言っていましたから。

訪問客：あ、そうですか。それじゃあ…。お母さんはいらっしゃいますか。

高校生：はい。お母さんは裏にいますからいま呼んできます。ちょっとお待ちしてください。

5-2. 다음 밑줄 친 부분을 축약형(縮約形)으로 고쳐 쓰시오. (2점)

(1) それで食べ物やラジオなどを準備しておいたほうがいいわよ。

(2) みんな忙しいから今日は来てはだめだよ。

(1)		(2)	

5-3. 다음 밑줄 친 부분을 일본어로 고치시오. (3점)

(1) 사람은 부자가 되면 될수록 인색해지는 법이다.

→(　　　　)

6. 다음 글을 읽고 답하시오. (총 9점)

A. 幼い日の生活というものには、その人の人生にとっての大切な根源的なものが①潜んでいるものである。そして、その幼い日の遊び友だちというのは、自分にとって大切な幼い日の思い出の中の、欠くことのできない点景人物となって、あるなつかしさにいろどられ、心の中に刻まれているものなのである。なにかのおりに思い出して、今ではわからなくなってしまったその②消息を知りたいような気持ちにもなる、自分の心の中に生きている友ということができる。

B. ③オトナになりきってから知りあった友だちについてもまた、同様のことが言えるであろう。その友だちもまた、人生をいかに生きていくかということを、共に考えあったことのない人なのである。

C. ところが、心の中の幼い日の思い出の中に生きている友だちというものは、歳月が過ぎてから、たまたま、じっさい再会するチャンスに恵まれたりしてみると、実に④キタイはずれのものだということを経験している人も、少なくないことであろう。そういう友だちに、おとなになってからめぐりあってみると、ただ幼い日の思い出という、いま生きているその人生の広がりからいえば、ごくわずかなところだけで二人の心はつながっているばかりである。その後の体験や思索を加えた自分への理解や共鳴を求めても、通じあうものの何もない他人だということを思い知らされるばかりなのである。つまり、幼友だちというものは、この人生をいかに生きていくかということを、共通した切実な問題として考えあった、そういう時代を持ちあっていない間柄なのである。

D. 終生の友というものは、この人生をいかに生くべきかということを、共に考えあったことのある人の中からだけ得られるものなのである。つまり、若い日の自己形成期を共に生きた⑤ナカマの中からこそ得られるものだと思うのである。この自己形成期に、(a)________________________を考えあった友だちは、その影響を、お互いの自己形成の中に刻みつけあっているものなのである。

E. 人がその幼い日の思い出を共通にしているということによって、お互いにお互いを⑥トクベツになつかしい間柄にしているということはありうる。(b)しかし、そのなつかしさというものだけで、人が終生 の友になりうるかどうかということは疑問である。

6-1. 밑줄 친 ①과 ②의 한자 읽기를 히라가나로 쓰시오. (1점)

①		②	

6-2. 밑줄 친 가타카나로 쓰여진 ③~⑥의 낱말을 한자(漢字)로 고쳐 쓰시오. (2점)

③		④		⑤		⑥	

6-3. 밑줄 친 (a)에 들어갈 말을 D단락 안에서 찾아 빈칸에 쓰시오. (1점)

6-4. 밑줄 친 (b)의 내용을 자세히 서술하고 있는 단락은 어느 것인지 그 기호를 쓰시오. (1점)

6-5. 윗글의 A~E 단락을 문맥에 맞게 올바른 순서로 배열하시오. (2점)

E				

6-6. 윗글의 제목으로 가장 적합한 말을 본문 중에서 찾아 쓰시오. (2점)

7. 다음 각 문항을 읽고 답하시오. (총 7점)

7-1. 다음 각 문장이 설명하고 있는 말을 (보기)에서 골라 그 기호를 쓰시오. (3점)

(1) わざわざ苦心してやったのに、それにふさわしくない結果が出て、残念だという気持ちを表す。
(2) ゆるやかで気持ちのよい様子。また、心や体がのんびりして気持ちのよい様子。
(3) これまでと比べてずっとよくなるようす。

(보기)

(a) ぐんと　(b) すっかり　(c) ゆったり　(d) せっかく

(e) たまたま (f) とっくり　(g) ふっつり

(1)		(2)		(3)	

7-2. 다음 ( ) 안에 들어갈 가장 적당한 말을 (보기)에서 골라 그 기호를 쓰시오. (2점)

(1) (　　)しないで早くやりなさい。 (2) 地震で家が(　　)揺れる。	(3) 雨が(　　)降る。 (4) 涙を(　　)流しながら話した。

(보기)

(a) ぐらぐら　(b) ぐずぐず　(c) くすくす

(d) ひらひら　(e) ぽろぽろ　(f) ざあざあ

(1)		(2)	

7-3. 다음 (1), (2)의 관용구에 각각 공통으로 들어갈 가장 적당한 말을 한자(漢字)로 쓰시오. (2점)

(1) □ がおけない (何の気がねもない。遠慮がない)

□ がない (関心がない)

□ がひける (何かやましい気がして遠慮がちになる)

(2) ○ に余る (黙って見ていられないほどひどい)

○ がない (非常にすきだ)

○ がまわる (非常にいそがしい)

(1)		(2)	

8. 다음 각 문항을 읽고 답하시오. (총 5점)

8-1. 다음 문장의 ( ) 안에 들어갈 가장 적당한 말을 (보기)에서 골라 쓰시오.(1점)

話すことはむずかしいという声をときどき聞く。そうだなと思う。と、また別に、いや、書くことはむずかしいという声も聞く。それも、そうだなと思う。わたしはずっと今まで教育に関係のある仕事をやってきたから、話すことや書くことに縁が深いほうの人間だ。(　　　)話すことのむずかしさに共感できるかもしれない。

(보기) だから　けれども　ところで
しかし　それとも　たとえば

8-2. 다음 문장의 (　) 안에 들어갈 가장 적당한 말을 (보기)에서 골라 쓰시오. (1점)

言表内容に対する話し手の捉え方、および聞き手に対する働きかけや伝達のあり方といった、発話時における話し手の心的態度に関する情報を(　　　　)という。これは、文の中の「事柄」以外の話者の主観的な部分で、たいていは文末に位置する。

(보기)
テンス　ムード　アスペクト
ヴォイス　ストラテジー　モーラ

8-3. 다음 문장의 ( ) 안에 공통으로 들어갈 가장 적당한 말을 한자(漢字)로 쓰시오. (1점)

「語の意味を区別する働きのある最小の音声的単位」は(　　)と呼ばれる。(　　)とは、いわば「ある言語の音の組織を考える上での抽象的な音の単位」である。

8-4. 다음의 (a)~(g) 문장 중에서 밑줄 친 부분이 올바른 문장 2개를 골라 기호로 쓰시오. (2점)

(a) ここは高い所だから、大水になっても安全する。

(b) このごろのわかい人はあいさつの方法も知らない。

(c) 自己を中心にして物を考える。

(d) あの人は医者であり、また大学の先生もある。

(e) 人間は考えをする動物だ。

(f) あなたのそばに大きな字引きがありますね。
そのものはだれのですか。

(g) 3時以前は会社ですが、それ以後は留守になります。

9. 다음 각 문항을 읽고 답하시오. (총 6점)

9-1. 다음 문장의 ( ) 안에 들어갈 가장 적당한 말을 히라가나로 쓰시오. (2점)

「有難う」「すみません」は美しい言葉とされているが「すみません」には礼を言う、謝るの2機能があり混用されている。最近では簡単な(「　　　　」)で万事すませる傾向があり問題となっている。

9-2. 다음 글을 읽고 □ 안에 들어갈 가장 적당한 말을 히라가나로 쓰시오. (2점)

定義及び機能については諸説あるが、会話場面において聞き手が話し手に話を続けるよう促す機能を持つ。したがって、聞き手が積極的に会話に参加しようとする態度を表すことができる。「ええ」「うん」「そう」「それで」「なるほど」などの他、相手の言葉を聞き手が繰り返す、あるいは言い換えるなどの表現も□□□□と考えられる。

9-3. 다음 관용구의 □ 안에 들어갈 한자(漢字)를 이용해서 4자 숙어를 만들어 한자(漢字)로 쓰시오. (2점)

• □言もない　• □橋をたたいて渡る　• うり□つ　• 足もとから□が立つ

10. 다음 각 문항을 읽고 답하시오. (총 7점)

10-1. 다음은 각각 무엇에 대한 설명인가? 한자(漢字)나 히라가나로 쓰시오. (2점)

(1) 和室の壁面に設けられた、一畳か半畳程度の部分で、掛軸や生け花を飾る場所です。床は板張りで、周囲より一段高くなっているのがふつうです。
(2) バンジョーに似た形の弦楽器で、フレットのないのが特徴です。3本の弦をばちで弾いて演奏し、歌舞伎や文楽、民謡の伴奏に使われます。江戸時代以降、日本の代表的な楽器となりました。

① ______________________________

② ______________________________

10-2. 다음은 일본 문화와 관련된 설명이다. 밑줄 친 부분 중에서 잘못된 것 하나를 찾아 한자(漢字) 또는 히라가나로 바르게 고쳐 쓰시오. (2점)

10-3. 다음 문장의 (a), (b)에 각각 공통으로 들어갈 가장 적당한 말을 히라가나로 쓰시오. (2점)

狭い共同体の中で、その構成員同士が平和に仲良く暮らさなければならないという、日本の地理的歴史的な条件は、人間関係のありかたにも大きく影響を与えている。齟えば、(a)○○○を言えば相手を傷つけたり怒らせたりするときは、(b)□□□□を言うことで、共同体の平和を保つことができる。これは皆と違う(a)○○○は控えて、(b)□□□□に順応するという習慣を生み、自分の意見をなかなか言わないという日本人への批判を生む元ともなったようだ。しかしほとんどの日本人は自己主張より和を尊ぶために(a)○○○を控えているといえる。

(a)	
(b)	

10-4. 다음에 열거한 내용과 관련된 일본의 시대(時代)를 한자(漢字)로 쓰시오. (1점)

(a)『奥の細道』の成立 (b) 近松門左衛門 (c) 人形浄瑠璃の隆盛 (d) キリスト教禁止令

11. 다음 각 문항을 읽고 답하시오. (총 7점)

11-1. 다음 소설을 읽고 각 문항에 답하시오. (3점)

A. 三四郎が凝として池の面を見詰めてゐると、大きな木が、幾本となく水の底に映つて、其又底に青い空が見える。三四郎は此時電車よりも、東京よりも、日本よりも、遠く且つ遙かな心持がした。然ししばらくすると、其心持のうちに薄雲の様な淋しさが一面に広がつて来た。さうして、野々宮君の穴倉に這入つて、たつた一人で坐つて居るかと思はれる程な寂寞を覚えた。

B. どこで生れたかとんと見当がつかぬ。何でも薄暗いじめじめした所でニャーニャー泣いて居た事丈は記憶して居る。吾輩はこゝで始めて人間といふものを見た。然もあとで聞くとそれは書生といふ人間中で一番獰悪な種族であつたさうだ。此書生といふのは時々我々を捕へて煮て食ふといふ話である。然し其当時は何といふ考えもなかつたから別段恐しいとも思はなかった。

(1) 위의 밑줄 친 부분을 우리말로 옮겨 쓰시오.

(2) 위 A와 B의 작품명을 일본어로 쓰시오.

A 작품명 :

B 작품명 :

11-2. 다음은 근대 일본 문단의 한 유파(流派)를 설명한 글이다. 그 유파의 이름을 한자 또는 히라가나로 쓰시오. (2점)

それまでの写実的な表現方法を否定した彼らは、擬人法や比喩などを斬新に用いた表現方法によって、特に感覚面で鮮やかなイメージを描き出した流派である。代表作は、川端康成の『伊豆の踊子』『雪国』、横光利一の『日輪』などがある。

11-3. 다음은 시가 나오야(志賀直哉)의 『城の崎にて』의 한 구절이다. 우리말로 옮겨 쓰시오. (2점)

鼠が殺されまいと、死ぬに極つた運命を担いながら、全力を尽くして逃げ廻つてゐる様子が妙に頭についた。

→

12. 다음은 일본 고전문학의 대표적인 작품을 설명한 글이다. 다음 각 문항을 읽고 답하시오. (총 4점)

A. 四代七十四年にわたる長編物語で、虚構を通して貴族社会を写実的に描く。深い思索・内省的態度・深刻な人生批判・流麗繊細な文体が特色である。作り物語の虚構性、歌物語の敍情性、女流日記文学の内面凝視の目を受け継ぎ、総合完成させた、日本古典文学の最高傑作である。

B. 自然や人生についての感想、宮廷生活の回想を集めた随筆である。鋭い感想、客観的態度、印象鮮明な描写、簡潔で気品ある文体である。随筆という文学形態を創始したもので、中古文学の傑作である。

12-1. A 작품의 주인공 이름을 한자(漢字) 또는 히라가나로 쓰시오. (1점)

12-2. B의 작품명과 작자명을 한자(漢字) 또는 히라가나로 쓰시오. (2점)

작품명 :

작자명 :

12-3. A 작품의 주무대이며, B 작품의 배경이 된 곳을 오늘날의 한자(漢字) 지명으로 쓰시오. (1 점)

2003학년도 중등교사 신규임용후보자 선정경쟁시험

※ 각 문항에 대한 답은 문제지의 답란에 직접 쓰시오. (연필로 답을 작성한 경우에는 채점하지 않음)

1. 다음 각 문항을 읽고 답하시오. (총 5점)

1-1. 다음 (보기)는 문형 연습의 예를 나타낸 것이다. (1)~(3)의 명칭을 일본어로 쓰시오. (3점)

<보 기>

教師 ： 郵便局へ行きます。
学生 ： 郵便局へ行きます。
教師 ： デパートへ行きます。
学生 ： デパートへ行きます。

⇓

反復ドリル

(1) 教師：うどんを食べたことがあります。
すし
学生 ：すしを食べたことがあります。
教師 ：豚カツ
学生 ：豚カツを食べたことがあります。

⇓

(2)「~たほうがいい」の練習
教師：友だちがお腹が痛いとき、何と言いますか。
学生：早く薬を飲んだほうがいいですよ。
教師：ほかには。
学生：少し休んだほうがいいですよ。

⇓

(3) 教師 ：手紙を書きます。音楽を聞きます。
学生 ： 手紙を書いたり、音楽を聞いたりします。
教師 ： 映画を見ます。買い物をします。
学生 ： 映画を見たり、買い物をしたりします。

⇓

1-2. 다음은 교실 활동에 관한 내용이다. ①, ②에 들어갈 알맞은 말을 가타카나로 쓰시오. (2점)

場面と役割を与えられた学習者が、その設定のもとで役割を演じる活動を(①)と呼ぶ。(①)練習では、会話の目的、話すべき内容など大枠は決められているが、具体的な語彙、表現、文型などの選択は学習者にゆだねられている。実際に人と話をするとき、質問する人とされる人では知っていることが違う。

この違いを(②)と言う。この(②)があるから、わたしたちはことばを使って人にものを尋ねたり、人に何かを頼んだりするのだ。学習者の間に(②)を作って練習すれば、わからないことを尋ねるという現実の会話に一歩近づいたことになる。

① ______________________ ② ______________________

2. 다음 각 문항을 읽고 답하시오. (총 5점)

2-1. 다음은 일본어 교육 평가에 관한 내용이다. 각 설명에 맞는 것을 (보기)에서 하나씩 골라 기호를 쓰시오. (3점)

(1) まとまった文章から一定の間隔で単語を削除し、その空欄を再生する形式のテストである。 (2) 将来、学習者が直面する学習困難点や習得の度合いを予測することから、予測テストと呼ばれることもある。 (3) 学習者がどのような技能や知識を持っていて、今後どのような内容の学習が必要かを明らかにするテストである。

(보기)

(a) OPI (b) プレースメントテスト (c) 主観テスト (d) 診断テスト
(e) 到達度テスト (f) クローズテスト (g) 熟達度テスト (h) 言語学習適性テスト

(1) ____________ (2)____________ (3)____________

2-2. 객관식 테스트 형식의 명칭을 일본어로 세 개만 쓰시오. (2점)
(예 : 真偽法) (   ) (   ) (   )

3. 다음 교재·교구의 장점과 문제점을 (보기)에서 각각 하나씩 골라 기호를 쓰시오. (총 4점)

(보기)

(a) 持ち運びが可能なサイズのものに限定される。抽象的な事柄には使えない。
(b) 1枚だけでも数枚連続しても使え、練習のキューに敵している。
(c) 絵や写真では得られない本物のもつ迫力があるため、練習に現実感がもたらされる。
(d) 教室への機器の移動も可能だが重いので少し面倒である。
(e) 一定の順序にしたがって体系的に学習することができない。
(f) クラスサイズが大きいと見えにくくなる。
(g) 簡単に操作できる。最初の文や絵の上に重ねて使用したりその場で加筆することもできる。
(h) 課の順序を入れ替えたり、一部分だけを抜き出して使うことができる。

	(1) 絵カード	(2) レアリア	(3) OHP	(4)ジュール型教材
長所				
問題点				

4. 다음은 한국어와 일본어의 차이점에 대한 설명이다. 내용이 맞으면 ○표, 틀리면 ×표를 하시오. (4점)

(1) 言語類型論では、形態論的な観点から世界の諸言語を孤立語、膠着語、屈折語、抱合語に分類しているが、日本語は膠着語に、韓国語は屈折語に分類される。
(2) 母音で終わる音節を開音節、子音で終わる音節を閉音節と言うが、日本語の音節は原則的に閉音節で、韓国語は開音節である。
(3) だれに敬語を使用するかを基準にした場合、日本語の敬語は相対敬語で、韓国語の敬語は絶対敬語であると言われている。
(4) 日本語では、会話への参加を明示的に表現する強い必要性があるから、あいづちの出現頻度が非常に高いが、韓国語では日本語より出現頻度が低い。

(1) ______________________ (2) ______________________
(3) ______________________ (4) ______________________

5. 다음 각 문항을 읽고 답하시오. (총 4점)

5-1. 다음은 일본어 음성의 특징에 대한 설명이다. 설명한 내용이 맞는 것을 세 개만 골라 기호를 쓰시오. (3점)

(1) 環境により音が決まるものを自由異音という。
(2) ハ行子音の調音点は声門、硬口蓋、両唇である。
(3) 尾高型とは最後の拍が他の拍より特に高いので尾高型という。
(4) 撥音は前の音によって実際の音が決まる。
(5) アクセントによって単語の意味を区別する機能を弁別機能という。
(6)「日本語能力試験」は8音節で11拍である。

(　　　) (　　　) (　　　)

5-2. 다음 (보기)에서 원칙적으로 모음이 무성화 하는 음절(가나)을 모두 찾아 쓰시오. (1점)

(보기)　くかん　　しがい　　アイスコーヒー　かきかた　ちから

6. 다음 설명에 맞는 것을 (보기)에서 각각 하나만 골라 기호를 쓰시오. (3점)

(1)「団子」は「だんご」と読み、前の字は音読みで、後の字は訓読みが用いられている。このような読み方を(　　)という。 (2)「紅葉」を「もみじ」と読み、漢字を一つずつ読まないで全体を一つの訓で読むのを(　　)という。 (3)「円滑」は「えんかつ」、「口腔」は「こうこう」と読むべきところ、誤った類推により「えんこつ」「こうくう」と読まれる場合が多い。このような読み方を(　　)という。

(보기)

(a) 熟字訓　(b) 国字　(c) 重箱読み　(d) 字音　(e)百姓読み

(1) ____________　(2)____________　(3)____________

7. 다음 각 문항을 읽고 물음에 답하시오. (총 4점)

7-1. 다음 (보기)에는 원래의 의미로부터 변화한 의미를 갖게 된 것들이 있다. 해당하는 것을 두 개씩 골라 기호를 쓰시오. (3점)

(보기)

(a) 坊主　(b) さかな　(c) 妻　(d) 瀬戸物

(e) 女房　(f) 果報　(g) おまえ　(h) 僕

(1) 拡大化(一般化)した意味を持つもの　(　　) (　　)

(2) 縮小化(特殊化)した意味を持つもの　(　　) (　　)

(3) 下落した(よくない)意味を持つもの　(　　) (　　)

7-2. 다음 글의 (　)에 공통으로 들어갈 말을 한자(漢字)로 쓰시오. (1점)

> 男女、年齢、職業、社会の階層などの違いによって、同一の事物を指示する場合にもそれぞれ特徴的な語が使われる。この現象を(　　　)という。そしてその使われる語を(　　　)語という。

8. 다음은 일본어 문법에 관한 항목이다. 물음에 답하시오. (총 4점)

8-1. ①, ②에 들어갈 알맞은 말을 (보기)에서 골라 기호를 쓰시오. (2점)

> 「一太郎が伸子を殴った。」のような文は能動文、「伸子が一太郎に殴られた。」の文は受身文と呼ばれる。日本語文法では「伸子が一太郎に殴られた。」という文は通例(　①　)と呼んで、自動詞からは作ることができないといわれている。このような受身文は典型的には能動文における(　②　)を表す非ガ格名詞を文のガ格<主語>に転換することによって形成されたものである。

(보기)
(a) 直接受身(まともの受身)　(b) 相手の受身　(c) 持ち主の受身(所有の受身)
(d) 間接受身(第三者の受身)　(e) 能動者　(f)受動者　(g)受益者　(h) 第三者

① ______________________________　② ______________________________

8-2. 다음 (보기)에서 촉음편형「っ」으로 활용하는 것을 두 개만 골라 기호를 쓰시오. (2점)
(보기)　(a) 寝る　(b) 蹴る　(c) 居る　(d) 甦る　(e) 得る　(f) 似る

(　　　　　　)　(　　　　　　)

9. 다음은 취업 설명회의 안내장이다. 물음에 답하시오. (총 3점)

就職説明会のご案内 □□① 時下ますますご清祥のこととお喜び申し上げます。平素は何かとご支援ご協力を賜りまして、誠にありがたく存じます。 ②□□、今年もいよいよ卒業生諸君の進路につきまして、ご相談をいただく時期となってまいりました。 つきましては来年度の就職説明会を下記のように行いたいと存じますので、ご多忙の中お手数ですが、関係各位にはご来場賜りたくお願い申し上げます。 まずはご案内まで。 ③ 記 日時　十二月八日(日) 午前十時~十二時 場所　本社ＡＢＣホール(六階) 以上

9-1. ①과 ③에 들어갈 말을 한자(漢字)로 쓰시오. (2점)

① ________________________ ② ________________________

9-2. ②에 들어갈 말을 히라가나로 쓰시오. (1점)

____

10. 다음 각 문항을 읽고 답하시오. (총 4점)

10-1. 다음 글의 (　　)에 공통으로 들어갈 문헌을 한자(漢字)로 쓰시오. (1점)

『古歌集』『柿本人麻呂歌集』『高橋虫麻呂歌集』『類聚歌林』などが(　　)以前にもあったことが知られる。これらは現存していないが、漢詩集にならってまとめられたものと思われる。こうした動きの中でそれまでの歌を集大成したのが(　　)で、日本の現存最古の歌集である。

長い期間を経て、何人もの人々によってまとめられていき、最終的に現在の二十巻のかたちに編集したのは大伴家持だといわれている。八世紀後半のことであった。約四千五百首の歌が収められており、年代は仁徳天皇期から奈良中期まで約四百五十年にわたっている。

10-2. 다음 글을 읽고 물음에 답하시오.

この小説の「はしがき」の文章は、妙に凝った戯作調の文語体で、今日、(　①　)体の最初のこころみといわれているこの小説が、この時代の文章観の中でどれほど孤独な不安なこころみであったかを暗示するものである。

読者は本文を読めば、これが今日の口語文とはちがう、いうならば口語脈をもった一種の文語体であることがわかるであろう。今日の口語文が失った抑揚、めりはりといった文章の節が感じられるのである。

知識青年内海文三を通して明治の文明・風潮を批判し、自我の目覚めと苦悩とを写実的に描く。

(　②　)

体による近代写実小説の先駆である。この小説の作家の『あひびき』などには清新な自然描写と口語体が見られる。

(1) 위 글에서 말하는 소설의 작가와 제목을 (보기)에서 골라 기호를 쓰시오. (2점)

작가 : ______________________　　제목 : ______________________

(보기)

(a) 小説神髄　(b) 坪内　(c) 雪中梅　(d) 経国美談　(e) 小説総論

(f) 浮雲　(g) 幸田露伴　(h)二葉亭四迷　(i) 山田美妙　(j) 文づかい

(2) 위 글의 ①과 ②에 공통으로 들어갈 말을 한자(漢字)로 쓰시오. (1점)

---

11. 다음 각 문항을 읽고 답하시오. (총 4점)

11-1. 다음 글을 읽고 물음에 답하시오.

> 日本の小学校は６年社会科で歴史を学ぶ。文部省編集の指導書は、①明治28年の日清戦争、37年後の日露戦争や②昭和12年の日中戦争、第２次世界大戦の教え方に新しい見解を付け加えた。例えば昭和については、「これらの戦争において、中国をはじめとする諸国に我が国が大きな損害を与えたことについても触れることが大切である」という点である。

(1) 위 글의 ①과 ②에 해당하는 서기 연도를 히라가나로 쓰시오. (2점)

① ____________________ ② ____________________

(2) 「昭和」 이후의 연호(年号)를 한자(漢字)로 쓰시오. (1점)

11-2. 다음 글이 설명하는 시대를 한자(漢字)로 쓰시오. (1점)

> 徳川家康が関ヶ原の戦で勝利を占め、徳川慶喜の大正奉還に至るまで約260年間をいう。徳川時代ともいわれる。

---

12. 다음 각 문항을 읽고 답하시오. (총 3점)

12-1. 다음은 무엇에 대한 설명인가? 한자(漢字) 또는 히라가나로 쓰시오. (1점)

日本では、旅先などから持ち帰る、普通はその土地の産物で、家族･知人に配る物がある。

このことばは、広義では、家人を喜ばすために外出先で求め帰る食べ物やおもちゃなどを指し、狭義では、人の家を訪問する時に持って行く贈物を指す。

12-2. 다음 글을 읽고 물음에 답하시오.

子ども社会での(①)が、また大きく問題化している。各地で、それが原因となっての子どもの自殺がつづいたためである。学級全体で1人を(②)る、といった(③)形が増えて、かばう子がいない。やり方の陰湿さ、残虐さの点でも、歯止めがなくなっている。この問題のむずかしさは、教師にも親にも分からないところで進行する点にある。

(1) ①과 ②에 공통으로 들어갈 말을 히라가나로 쓰시오. (1점)

---

(2) 다음 글을 참고하여 ③에 들어갈 말을 한자(漢字)로 쓰시오. (1점)

村のおきてを破った村人を、他の村人が申し合わせて、のけものにすること。
転じて、一般に仲間はずれにすること。

13. 다음 각 문항을 읽고 답하시오. (총 3점)

13-1. 다음 글에서 설명하는 인물의 이름을 한자(漢字) 또는 히라가나로 쓰시오. (1점)

- 日本の明治時代の啓蒙・思想家、教育者である。
- 現在の一万円札の人物である。
- 慶応義塾の創立者で『学問のすゝめ』の著者でもある。

13-2. 다음은 일본의 연중행사에 관한 설명이다. 행사가 행해지는 순서대로 [ ] 에 번호를 쓰시오. (2점)

① 女の子の将来の幸福を願うお祭りで、雛壇を作って、雛人形を飾り、ひしもち、白酒、桃の花などを供える日。 ② 3歳、5歳の男児と3歳、7歳の女児を神社に参拝させる日。その日、各地の神社では着飾った子供たちの姿がよく見られる。 ③「鬼は外、福は内。」と言いながら豆まきをする。悪い事を追い払い、幸運を招くという儀式の日。 ④ 牽牛星と織女星が年に一度だけであうという中国の伝説にちなむお祭りの日で、竹に歌や願いごとを書いた色紙を結びつける。 ⑤ 男の子が健やかに育つことを願うお祭りで、武士の人形を飾り、鯉のぼりをたて、柏餅を食べながら楽しむ日。

③	→		→		→		→	

14. 다음 각 문항을 읽고 답하시오. (총 3점)

14-1. 다음 대화 내용에서 (　) 에 알맞은 지시어를 히라가나로 쓰시오. (1점)

A : 昨日山田さんという人に会いました。その人、道に迷っていたので助けてあげました。 B : (　　)人、ひげをはやした中年の人でしょ。 A : はい、そうです。 B : あの人なら、私も知っています。

14-2. 다음 문장의 밑줄 친 부분을 일본어로 고치시오. (2점)

(1) 대학을 졸업한 이래, 대학에 한 번도 가보지 않았다.

____

(2) 두 사람의 관계가 악화된 것은 다나카씨가 약속을 지키지 않았기 때문이다.

____

15. 다음 글을 읽고 물음에 답하시오. (총 13점)

A ______________________________

人間的関心は、いつも低俗なもののみに向けられるのではない。人間性を低きに求めることは、究極において人間性の否定となる。人間性は何か積極的なものであって、人間はそれ自体において、すでになんらかの高さに達しているのである。したがって高きに人間性を求めるヒューマニズムも、決して①普遍性を欠くことにはならないのである。人間には②かしつもあれば、弱点もあり、堕落もある。(B)また向上もあれば、美点もあり、成功もある。(C)これこそ積極的に人間的なものなのである。そしてこのような善きものを人間に認めて、人間を信ずることこそひろく人間を愛することの基礎となるであろう。人間愛とは、③漠然と人間を思い浮かべてこれを愛しようとすることではない。それは個々の場合に、人間をあくまで人間として認め、敵のうちにさえ人間的なものを見出そうと努力することにほかならない。かしつを許す場合にもそれが人間愛となるためには、④こんぽんにおいて人間を信ずる心がなければならないのであって、単なる共犯者意識だけでは、我々は⑤冷酷な悪魔となったであろう。人間のなしとげた善美なるものを見て、我々は人間を信じ、人間であることを喜ぶのである。善美なるものに無関心であるということは、人間的なことではない。

教養が(ⓐ)であるという意味は、このような人間的関心の開拓を指しているのである。ヒューマニズムは、およそ人間のなすことは、自分にはよそごととは思われないという、一個の博大な⑥せいしんをいうのである。(D)ヒューマニズムは、人間の悪とともに、その善をも見うる眼識とならねばならぬ。低きを見ることも必要であるが、高きを見ることは一層人間的なことなのである。

人間性はその高きによって、計らねばならぬ。

15-1. 밑줄 친 ①, ③, ⑤를 히라가나로 쓰시오. (3점)

① ______________ ③ ______________ ⑤ ______________

15-2. 밑줄 친 ②, ④, ⑥을 한자(漢字)로 쓰시오. (3점)

② ____________________ ④ ____________________ ⑥ ____________________

15-3. B~D에 알맞은 말을 (보기) 중에서 하나씩만 골라 기호를 쓰시오. (3점)

(보기)

(a) しかるに (b) したがって (c) やはり

(d) しかし (e) さて (f) たとえば

(g) もし (h) そして

B ____________________ C ____________________ D ____________________

15-4. ⓐ에 들어갈 알맞은 말을 본문 중에서 찾아 쓰시오. (1점)

____

15-5. 위 글의 취지에 맞는 것을 다음에서 두 개만 골라 번호를 쓰시오. (1점)

① 人間は本質的には善である。
② 人類愛とはひろく愛することである。
③ 人類愛とは人間を信ずることである。
④ ヒューマニズムとは人を信ずることである。
⑤ ヒューマニズムは人間にとって最高のものである。
⑥ ヒューマニズムは人間愛の基礎である。

(　　　　　　) (　　　　　　)

15-6. 위 글의 A____________에 들어갈 제목으로 알맞은 말을 본문 속에서 찾아 쓰시오. (2점)

____

16. 다음 대화를 읽고, 밑줄 친 부분을 경어 표현으로 고치시오. (4점)

受付 ：いらっしゃいませ。
木村 ：木村ともうしますが、経理部の田中さんに① 会いたいのですが。
受付 ：経理部の田中ですね。失礼ですが、お約束していらっしゃいますか。
木村 ：いいえ、近くまでまいりましたので、寄ってみたのですけれど……。
受付 ：そうですか。では、② ちょっと待ってください。
(電話で)
木村様と③　いう人が来ていますが……。近くまでいらっしゃったのでお寄りになったそうです。
……はい、承知いたしました。
(木村へ)
④ 今、来るのでここに入ってお待ちください。
木村 ：はい、では待たせていただきます。

① ______________________　② ______________________
③ ______________________　④ ______________________

2004학년도 중등교사 신규임용후보자 선정경쟁시험

1. 다음 각 문항을 읽고, 물음에 답하시오. [총 3점]

1-1. 다음 글을 읽고, ( ) 안에 들어갈 알맞은 말을 쓰시오. (2점)

제7차 교육과정에서의 일본어 과목의 내용은 '의사소통 활동'과 '언어 재료'로 나누어지는데, '의사소통 활동' 영역에는 듣기, 말하기, 읽기, 쓰기 등 네 가지가 있고, '언어 재료' 영역에는 의사소통 기능, 발음, 문자, ( ), ( ), ( ), ( ) 등의 일곱 가지가 있다.

1-2. 아래 (보기)의 문제는 위 7가지 '언어 재료' 중에서 어느 영역을 평가한 것인지 하나를 골라 쓰시오. (1점)

◆ 빈칸에 공통으로 들어갈 말로 알맞은 것은? (2004학년도 수능 기출문제)

- イムさんは きれい、げんきです。
- あしたは 4月 27日、父の たんじょうびです。

① か ② は ③ で ④ へ ⑤ を

2. 다음은 한국인 일본어 학습자의 작문 오용 예이다. 밑줄 친 부분의 일본어 오류를 바르게 고쳐 쓰시오. [총 2점]

2-1. 강원도의 풍경도 유명했다. → 江原道の風景も<u>有名した</u>。 (1점)

2-2. 2층에서 발소리가 난다. → 二階で足音が<u>でる</u>。 (1점)

3. 다음 글을 읽고, (①)과 (②)에 들어갈 알맞은 말을 쓰시오. [2점]

> 한국인은 일본어의 파열음과 파찰음 발음 시, 무성음·유성음을 구별하지 못해 오류를 범하는 일이 많다. 즉 「ぎん(銀)」을 「きん」으로 발음하여 듣는 사람이 '金'과 혼동한다든지, 「また(또)」를 「まだ」로 발음하여 '아직'이라는 의미와 혼동하게 된다든지 하는 것이다. 이는 근본적으로는 한국어와 일본어의 음운체계가 다른 것에 기인하지만, 구체적으로는 한국어의 다음과 같은 발음 특징 때문이다.
>
> - 한국어의 파열·파찰음은 어두에서 (①)으로 소리 나는 일이 없다.
> - 한국어의 파열·파찰음은 유성음과 유성음 사이에서는 (②)으로 소리난다.

①		②	

4. 다음 각 문항을 읽고, 물음에 답하시오. [총 7점]

4-1. 다음 (1)과 (2)는 어떤 교수법의 장점과 단점을 설명한 글이다. (1)과 (2)에 해당하는 각각의 교수법을 (보기)에서 골라 번호를 쓰시오. (2점)

(1)	主な長所	ⓐ 無意識のうちに驚くべきほどの記憶力の増加が期待できる。 ⓑ 幼児化、ロールプレイを通じ自己からの解放があり、その結果学習者はより素直になって学習が促進される。 ⓒ 短期間のうちに膨大な内容が学習できる。 ⓓ 音楽や学習環境の整備が言語習得に深く関係していることを示した。 ⓔ 言語的な能力開発だけではなく潜在する美的感覚を刺激し豊かな感性を育てる。
(2)	主な短所	ⓐ 導入形式が命令形ということで、内容が限定されやすい。 ⓑ 抽象的概念の導入が難しい。 ⓒ 命令に従って身体を動かすことに対する反感がある学習者も多くいる。 ⓓ 聴解力から発話力への移行は必ずしも容易ではない。 ⓔ 発音の指 導・矯正が不十分である。 ⓕ 学習者からの自発的発話がない。 ⓖ 実際の自然な言語運用からかなりかけ離れている。

(보기)

① サイレント・ウェイ　② コミュニティ・ランゲージ・ラーニング

③ トータル・フィジカル・リスポンス　④ 認知学習　⑤ サジェストペディア

(1)		(2)	

4-2. 다음은「コースデザイン」의 흐름에 관한 설명이다. (①)과 (②)에 각각 들어갈 적당한 말을 가타카나로 쓰시오. (2점)

> コースデザインを行うための最初の情報は、学習者の学習目標と目標言語使用の(①)の分析から得られる。学習者がいったいなんのために目標言語を学習するのか、また、学習した目標言語を使用する場面、状況としてどんなものがあるかなどがここで分析され、その結果は主としてコースデザインの次の段階である(②)・デザインのために使われる。

①			

②				

4-3. 문장①~⑩은 「オーディオリンガル・メソッド」와 「機能-概念アプローチ」의 특징을 나타내고 있다. 전자(前者)의 특징을 나타내는 문장을 6개만 골라 번호를 쓰시오. (3점)

① 意味内容こそ、最優先する。
② 言語学習とは、構文、音声、単語を学習することである。
③ ネイティブスピーカーのような発音が求められる。
④ 学習の最初からコミュニケーションをすることを奨励してよい。
⑤ 生徒の母語を使用することは禁止される。
⑥ 学習者が望むなら、読むことも書くことも、最初の日から行ってよい。
⑦ 単元の配列は、言語学的にみた複雑さの尺度だけを考慮して決める。
⑧ 一番の目標は、流暢で許容できる言語であって、正確さは観念的に判断するものではなく、文脈の中でこそ判断できるものである。
⑨ 学習者が相手にするのは、学習機器や練習教材にある言語体系である。
⑩ 教師は、学習者が使うべき表現をはっきりと示さなければならない。

「オーディオリンガル・メソッド」의 특징						

5. 다음 각 문항을 읽고, 물음에 답하시오. [총 5점]

5-1. 다음 글을 읽고, 물음에 답하시오. (3점)

일본어의 「ん」은 하나의 음처럼 인식되지만, 실제로는 뒤에 오는 음에 따라 여러 가지 異音으로 나타나며 그 異音들은 상보분포를 이룬다. 「ん」 뒤에 모음이나 반모음이 오면 「ん」은 그 모음이나 반모음에 가까운 鼻母音으로 발음되는데, 그 鼻母音은 대략 [ĩ]과 [ɯ̃]의 두 가지로 나눌 수 있다.

어떤 음들이 「ん」 뒤에 올 때 「ん」이 [ĩ] 또는 [ɯ̃]으로 발음 되는가 히라가나로 모두 쓰시오.

(1) [ĩ]으로 소리날 때 : 「ん」 뒤에 ______________가 올 때

(2) [ɯ̃]으로 소리날 때 :「ん」뒤에 ______________가 올 때

(1)		(2)	

5-2. ( ) 안에 들어갈 알맞은 말을 한자(漢字)로 쓰시오. (1점)

二つの語が結合する場合に、後にくる語の頭の清音が濁音になることを( )という。

5-3. (보기)와 같이 [ ] 에 알맞은 축약형을 쓰시오. (1점)

(보 기)

行けば → 行きゃ

行ければ → [ ]

6. 다음 각 문항을 읽고, 물음에 답하시오. [총 6점]

6-1. 문장 (1)과 (2)의 의미에 해당하는 각각의 외래어를, (보기)에서 골라 번호를 쓰시오. (2점)

(1) 学生などが、たがいに費用を出しあってする懇親会。

(2) 食通。美食家。

(보기)

① ワークショップ ② フルーツ ③ ミート ④ コンパ

⑤グルメ ⑥ ゼミ

(1)		(2)	

6-2. 문장 (1)~(3)의 ( ) 안에 공통으로 들어갈 말을 한자(漢字)로 쓰시오. (1점)

(1) 子どもの使いでは(　)もとない。
(2) 君が疑われているらしいといわれて、(　)なしか彼の顔色が変わったようだ。
(3) 留守番があるので(　)おきなく出かけられる。

6-3. 문장 (1)과 (2)의 설명에 해당하는 말을 각각 한자(漢字)로 쓰시오. (2점)

(1) 日本語の文の切れ目に付ける符号。文の最後の字の右下に小さく添える中白の点。
(2) 文章を書くとき、文中の切れ、続きを明らかにするために、切れ目に入れる符号。

(1)		(2)	

6-4. (보기)의 어휘들 중 밑줄 친 「雨」를 「さめ」라고 읽는 것을 모두 골라 번호를 쓰시오. (1점)

(보기) ① 五月雨　② 大雨　③ 春雨　④ 梅雨　⑤ 小雨　⑥ 氷雨

---

7. 밑줄 친 부분의 보통어 표현을 겸양어 표현으로, 존경어 표현을 보통어 표현으로 고쳐 쓰시오. [총 2점]

7-1. これからも世界の動向にたえず注目していこうと<u>思います</u>。(1점)

7-2. そんなにお酒を<u>召し上がったら</u>、お体に毒ですよ。(1점)

8. 다음 각 문항을 읽고, 물음에 답하시오. [총 3점]

8-1. 문장 (1)과 (2)의 밑줄 친 「ぬ」에 대해 그 의미와 활용형을 (보기)에서 골라 쓰시오. (2점)

(1) 風と共に去りぬ。 (　　　) (　　　)

(2) 言わぬが花。 (　　　) (　　　)

(보기) 意味 : 過去　完了　推量　断定　否定　比況

活用形 : 未然形　連用形　終止形　連体形　已然形·仮定形　命令形

8-2. ( ) 안에 공통으로 들어갈 알맞은 말을 쓰시오. (1점)

平安時代に語中のハ行が(　　)に変化したが、この(　　)に変わったハ行を「ハ行転呼音」と呼ぶ。

9. 다음 각 문항을 읽고, 물음에 답하시오. [총 4점]

9-1. ①~⑩의 「작품 - 작가」가 잘못 이어진 것을 3개만 찾아서 번호를 쓰고, 그리고 그 작품에 해당하는 작가를 (보기)에서 골라 기호를 쓰시오. (3점)

① 金閣寺ー高村光太郎	② 羅生門ー芥川龍之介	③ 暗夜行路ー志賀直哉
④ 坊つちやんー夏目漱石	⑤ 浮雲ー二葉亭四迷	⑥ 一握の砂ー石川啄木
⑦ みだれ髪ー田山花袋	⑧ たけくらべー島崎藤村	⑨ 高瀬舟ー森鴎外
⑩ 俘虜記ー大岡昇平		

(보기)

ⓐ 三島由紀夫　ⓑ 太宰治　ⓒ 正岡子規　ⓓ 川端康成　ⓔ 永井荷風

ⓕ 与謝野晶子　ⓖ 樋口一葉　ⓗ 横光利一　ⓘ 泉鏡花　ⓙ 有島武郎

번호			
작가			

9-2. 다음은 어느 소설의 모두(冒頭)에 나오는 글이다. (　) 안에 들어갈 적당한 말을 한자(漢字)로 쓰시오. (1점)

国境の長いトンネルを抜けると(　　　)であつた。夜の底が白くなつた。信号所に汽車が止まつた。向側の座席から娘が立つて来て、島村の前のガラス窓を落した。雪の冷気が流れこんだ。娘は窓いつぱいに乗り出して、遠くへ叫ぶやうに、「駅長さあん、駅長さあん。」

10. 다음 각 문항을 읽고, 물음에 답하시오. [총 4점]

(1)	むかし、をとこ、初冠して、平城の京、(　)日の里にしるよしして、狩に往にけり。その里に、いとなまめいたる女はらから住みけり。このをとこ、かいまみてけり。おもほえずふるさとに、いとはしたなくてありければ、心地まどひにけり。
(2)	(　)はあけぼの。やうやう白くなり行く、山ぎはすこしあかりて、むらさきだちたる雲のほそくたなびきたる。夏はよる。月の頃はさらなり、やみもなほ、ほたるの多く飛びちがひたる。
(3)	祇園精舎の鐘の声、諸行無常の響きあり。娑羅双樹の花の色、盛者必衰のことわりをあらはす。おごれる人も久しからず、只(　)の夜の夢のごとし。たけき者もつひには滅びぬ、ひとへに風の前の塵に同じ。

10-1. (1)에 해당하는 작품을 (보기)에서 골라 번호를 쓰시오. (1점)

(보기)

① 源氏物語　② 枕草子　③ 方丈記　④ 平家物語
⑤ 大和物語　⑥ 伊勢物語

10-2. (2)와 관련이 깊은 것(文芸理念)을 (보기)에서 골라 번호를 쓰시오. (1점)

(보기) ① もののあはれ ② をかし ③ さび ④ 粋 ⑤ 義理·人情

10-3. (1)~(3)의 ( ) 안에 공통으로 들어갈 말을 한자(漢字)로 쓰시오. (1점)

10-4. 아래 표의 (1)과 (2)에 각각 들어갈 작품명의 마지막 부분(●표)만 한자(漢字)로 쓰시오. (1점)

作品名	編者	成立	目的	内容
(1) ○○●	稗田阿礼が誦習。 太安万侶が撰録。	712年	国内的に朝廷の 権威を示そうとする。	神話·伝説などが多く 、文学的性格が強い。
(2) ○○○●	舎人親王ら。	720年	対外的に国威を 示そうとする。	史実に重点を置き、歴 史的性格が強い。

(1)		(2)	

11. 다음 각 문항을 읽고, 물음에 답하시오. [총 4점]

11-1. (보기)의 일본어 복합동사 중에 전항과 후항의 조합이 바르지 않은 것 2개를 골라 번호를 쓰시오. (1점)

(보기)
① 食べ始まる ② 走り終わる ③ 駆け上がる ④ 這い上げる
⑤ 張り上げる ⑥ 運び上げる

11-2. 다음은 일본어의 주어와 주제에 관한 설명이다. 맞는 것에는 (○)표, 틀린 것에는 (×)표를 하시오. (2점)

(1) 主語と主題は文法的に全く異なる概念である。 ( )

(2) 一つの文には必ず主語がある。 ( )

(3)主語に対応する語は述語である。 ( )

(4)主題はすべて「名詞＋は」の形をとる。 ( )

11-3. 일본어 형용사의 어간에 「~がる」를 붙여서 사용할 수 없는 것 2개를 골라 번호를 쓰시오. (1점)

① 悲しい ② 痛い ③ 太い ④ 懐かしい ⑤ 薄い ⑥ おもしろい

12. 다음 각 문항을 읽고, 물음에 답하시오. [총 4점]

12-1. (보기)의 일본어 표현은 말하는 이의 기분(마음가짐)을 나타내는 것들이다.
문법적 의미로서의 「불필요」를 나타내는 표현이 아닌 것 2개를 골라 번호를 쓰시오. (2점)

(보기)

① なくてもいい ② ことはない ③ なければいけない

④ ものではない ⑤ 必要はない ⑥ までもない

12-2. 가장 자연스러운 일본어문의 완성을 위해 (보기)의 부사들 중에서 각각 1개만 골라 그 번호를 쓰시오. (2점)

(1) ( )植えた木が、台風で倒れてしまったんです。

(2) いつまで昔の恋人の写真をとっておくの。 ( )燃やしてしまいなさい。

(보기) ① つい ② さっさと ③ せっかく ④ ひととおり

⑤ あまり　　⑥ かえって

(1)		(2)	

13. 다음 각 문항을 읽고, 물음에 답하시오. [총 3점]

13-1. 두 사람의 대화를 읽고 빈칸에 들어갈 적합한 말을 쓰시오. (1점)

キム：これ俺のおふくろが送ってくれた韓国のおかしです。どうぞ。
先生：だけどキムさん、今「俺のおふくろ」って言っていたけど、
　　目上の人と話すときは、その言葉は使わないほうがいいわよ。
キム：あ、すみません。「です」を使っているから丁寧でいいと思ったんですが…。
先生：「俺」とか「おふくろ」という言葉と「です」ではバランスが悪くて、不自然な感じがするの。
キム：そうですか。
先生：こういう場合は「　　　　　　」などと言ったほうがいいわね。
キム：はい、分かりました。

13-2. 일본어 대화체에는 「です·ます体(정중체)」와 「友達言葉(반말체)」가 있다. (보기)와 같이 밑줄 친 부분의 정중체를 적합한 반말체로 고치시오. (1점)

<보 기>

鈴木さんも来ますよ。 → 鈴木さんも来るよ。

名古屋に住んでいるんですか。→名古屋に＿＿＿＿＿＿＿＿。

13-3. 다음 대화체 문장의 밑줄 친 부분을 일본어로 고치시오. (1점)

キム：先生、合格しました。誰よりも先に先生にお知らせしたくて。 先生：おめでとう、 <u>정말로 잘 됐다</u>。 キム：ありがとうございます。志望校に合格できたのは先生のおかげです。 先生：ううん、あなたが努力したからよ。

14. 밑줄 친 우리말을 일본어로 바꿀 때, 빈칸에 들어갈 적당한 말을 히라가나로 쓰시오. [총 5점]

(1) <u>잔디밭</u>에 <u>들어가지 말 것</u>.(「べし」활용형 사용할 것) (2점)

			に	立	ち	入	る					。

(2) 아무리 괴롭더라도 <u>살지 않으면 안 된다</u>.(「ず」활용형 사용할 것) (1점)

いかに苦しくとも

生							。

(3) 일부러 <u>갔던 보람</u>은 있었다. (1점)

わざわざ

行	っ	た						は あった 。

(4) <u>하면 된다</u>. (1점)

な					。

15. 다음 글을 읽고, 물음에 답하시오. [총 2점]

> (1)
>
> 唐代(618~907)は文学史上、一般に初唐、盛唐、中唐、晩唐に分けられる。
>
> その中唐期のこと。科挙の試験を受けるため都の長安にやってきた買島は、驢馬の背に乗って詩作にふけっていた。「僧は推す月下の門」という詩句を得たが、「推す」という語を「敲く」にすべきかどうかと思索しているうちに、都の長官である韓愈の行列に突き当たってしまった。そこで買島は(2)無礼を詫びるとともに、事情を説明した。
>
> 当時を代表する詩文の大家であった韓愈は、事情を聞くと許すともに、「敲くのほうがよい」と助言してくれた。そして、二人は、そのままくつわを並べて進みながら、詩を論じあったという。

15-1. (1)에 들어갈 글의 제목을 위 글에서 찾아 2자로 된 한자어(漢字語)로 쓰시오. (1점)

15-2. 밑줄 친 (2)를 우리말로 번역하시오. (1점)

16. 다음 글을 읽고, 물음에 답하시오. [총 6점]

(A)読書の最良の方法は、書物を手紙として読むということ、直接自分にあてて書き送られた　手紙として読むということである。手紙として読むことができないのは、書かれたものに魂がないか、読む方に魂がないか、どちらかだろう。その両方であることが近ごろはずいぶん多いように思われ　る。魂のこもっていないものを読むことは、結局こちらの魂を安く売り渡すことになるだろう。このように自分にとっていちばんたいせつなものを失ってしまう行為は、なかなか気づかれないけれども、(ⓐ)、こういう行為が重なってどんな人間ができ上がるかを思うと恐ろしい気がする。

(B)(ⓑ)。同じようなことが音楽や美術のような芸術の場合にもいえるだろうし、
(ⓒ)、私たちの日常生活についてもあてはまるだろう。私たちの人生という布は、いうまでもなく、この㉠かけがえのないたいせつな織物も、近ごろはますますお粗末に、安手なものになっていくようだ。

(C)子どものとき、私たちは二つ三つの友情を大事にしている。(ⓓ)、しだいに大人になり、交際が広くなり、生活が複雑にそして忙しくなってくると、人との関係はそれぞれの奥行　きを失って、㉡とおりいっぺんのつきあいに色あせてしまう。習慣や利害が簡単に人を結びつけたり引き離したりする。「生まれつき筆不精で」とか「とてもいそがしくて」とか言って、事務的な手紙しか書かなくなる。

(D)人生というものが私たちにとって、一回限りの織物であるならば、私たちはそれを織る絲を美しくじょうぶなものにしなければならないだろう。

16-1. (ⓐ), (ⓒ), (ⓓ)에 들어갈 알맞은 것을 (보기)에서 골라 쓰시오. (2점)

(보기) ● たとえば　● それだけに　● それで　● さらに　● けれども　● それとも

ⓐ		ⓒ		ⓓ	

16-2. 문맥 흐름상 (ⓑ)에 들어갈 가장 알맞은 것을 (보기)에서 골라 번호를 쓰시오. (1점)

(보기) ① 魂の場合だけではない　② 人間がこわくなるだけではない

③ 読書の場合だけではない ④ 自分にとっていちばんたいせつなものだけではない

16-3. 밑줄 친 ㉠을 우리말로 번역하시오. (1점)

16-4. 밑줄 친 ㉡과 의미가 가장 가까운 것을 (보기)에서 골라 번호를 쓰시오. (1점)

(보기) ① ほんとうに親しい ② 中身のある ③ むつまやかな ④ 上辺だけである

16-5. 아래 문장은 (A)~(D)의 단락 중 맨 마지막 부분이다. 어느 단락의 마지막 부분인지 그 단락의 기호를 쓰시오. (1점)

こういうことも、やはり自分の魂を失ってしまう行為ではあるまいか。

17. ( ) 안에 들어갈 알맞은 말을 (보기)에서 골라 번호를 쓰시오. [2점]

(1)年長者の長い間の経験は尊重すべきである。 (2)水泳の達者な河童でも時には押し流されてしまう。 (3)風流より実利の方がよいというたとえ。 (4) どれもこれも同じように平凡で、特にすぐれたものがないこと。 (5)不幸や不運が重なることをいう。	ー亀のこうより年の( )。 ー河童の( )流れ。 ー( )より団子。 ーどんぐりの( )くらべ。 ー泣き面に( )。

(보기) ① 背　② 花　③ 甲　④ 川　⑤ 火　⑥ 劫　⑦ 蜂　⑧ 蠅

(1)		(2)		(3)		(4)		(5)	

18. 다음은 ○○고등학교의 일본문화 연구부가 학교 문화제에 참가하기 위해 조별로 계획한 준비 내용이다. (①), (②), (③)에 들어갈 알맞은 말을 한자(漢字)로 쓰시오. [3점]

日本文化研究部の文化祭参加計画

A組：韓国の「シルム」と似ている日本の伝統的なスポーツである(　①　)について調査する。

B組：日本の三大祭りである東京の神田祭り、(　②　)の祇園祭り、大阪の天神祭りについて調査する。

C組：日本で入学試験の季節になると、合格祈願のために神社を訪れ、(　③　)に志望校と名前を書いてお願いすることのようなイベントを準備する。

①		②		③	

19. 다음 각 문항을 읽고, 물음에 답하시오. [총 3점]

19-1. (보기)는 일본의 근대 이후의 연호(年号)를 순서대로 나열한 것이다. ( ) 안에 들어갈 알맞은 연호를 한자(漢字)로 쓰시오. (1점)

<보 기>

明治 － 大正 －（　　）－ 平成

19-2. 다음 글의 ( ) 안에 들어갈 알맞은 말을 한자(漢字)로 쓰시오. (1점)

江戸時代の統治体制は、幕府の將軍と藩の支配権をもった(　　)が主従関係をむすび、幕府と藩が全国の土地と人民をそれぞれ支配するしくみであったが、 これを幕藩体制という。

19-3. 다음 글은 무엇에 관한 것인지 적당한 말을 가타카나로 쓰시오. (1점)

1980年代後半からの日本は、急激な円高によって、大幅な貿易黒字が生まれたものの、設備投資が停滞したために、余剰資金が生じるようになった。多くの企業や金融機関では、余剰資金で土地や株式を投機的に買ったり、資金の貸付を積極的におこなうようになった。

そのため、地價と株價は急激に上昇し、企業收益は回復して景気回復をたすけたものの、 資産や所得の格差が拡大した。

			経	済

2005학년도 중등교사 신규임용후보자 선정경쟁시험

※ 각 문항에 대한 답은 문답지의 답란에 쓰되, 주어진 조건에 맞게 쓰시오.

1. 다음 글에서 설명하는 대상을 쓰고, 이것이 적절하게 편성되었을 때의 장점을 2가지만 쓰시오. (3점)

これは、コース・デザインで決定される教授法、練習法、教材などを具体的な教育においてどう扱うかを明示するが、その内容にはコースの時間数、学習すべき教材の順序、教材相互の関係、時間割り、到達目標などが組み込まれ、学習を開始してからどのくらいの期間にどのくらいの教材を消化するかなどの標準的なスケジュールを表しているものである。

대상 : ______________________

장점 : ______________________

____

2. 다음은 평가의 특성과 조건에 대한 설명이다. ①과 ②에 들어갈 말을 한자(漢字) 또는 히라가나로 쓰시오. (2점)

すべての評価は(①)、(②)、客観性、実行可能性等の要件が要求される。

(①)とは、そのテストの測定結果が、そのテストの作成目的である特定の目標を、実際にどの程度的確にとらえているかを問うものである。

(②)とは、同じ測定対象に対して、同じ条件のもとでは同じ結果が得られるという測定の一貫性、または安定性の程度を意味している。

① ______________________

② ______________________

3. 다음에서 설명하고 있는 교수요목(Syllabus)을 쓰고, 그것의 대표적인 장·단점을 1가지씩 쓰시오. (3점)

言語の機能、表現の意図を重視して教授項目を並べたシラバスである。具体的な項目としては、「依頼」「命令」「拒絶」「感謝」「禁止」などがあり、それぞれの働きをする表現を教えることになる。例えば、「禁止」という項目の場合なら、「~てはいけない」や「~ないでください」や「~な」等が教えられる。

명칭 : ______________________

장·단점 : ______________________

4. 제7차 교육과정에서는 인터넷을 활용한 정보 검색, 정보 검색을 활용한 교수·학습 활동, 홈페이지를 구축하여 수업에 활용하는 것 등이 중시되고 있다. 이를 위해 교사는 컴퓨터와 관련된 다양한 지식과 정보를 갖추고 있어야 한다. ① 인터넷 상에서 한글과 일본어를 동시에 보이게 하려면 인터넷 익스플로러의 인코딩(E)을 무엇으로 설정해야 하는지 쓰고, ② 인터넷이 연결되지 않았거나 속도가 느린 교실에서 인터넷을 안정적으로 활용하기 위해 홈페이지 전체를 내려 받는 것을 무엇이라 하는지 쓰시오. (2점)

① ______________________

② ______________________

5. 다음은 오픈 메소드식(Open Method) 일본어 교수·학습 모델을 제시한 것이다. 빈칸에 공통적으로 들어갈 교수·학습 활동 과정을 쓰시오. (2점)

목표 인식 및 자료 관찰 과정 → 학습 내용 선정 및 자료 분석 협의 과정 → ________ I → 평가 및 보완 과정 I

________ II → 평가 및 보완 과정 II

답 : ______________________

6. (보기)는 제7차 교육과정에서 제시한 의사소통 기능 예시문이다. (보기 1)과 같이 (보기 2)의 문(文)을 범주, 항목, 세부항목 순으로 구분하고자 할 때, ①과 ②에 해당하는 내용을 쓰시오. (2점)

(보기)

- はじめまして。 キムです。 どうぞよろしく。

(범주 : 인사기능)(항목 : 일상의 인사)(세부항목 : 초면인사)

(보기)

- 見ることはすきですが、やることはあまりすきではありません。

(범주 : ①)(항목 : 설명)(세부항목 : ②)

① ____________________

② ____________________

7. 다음 각각의 문(文)을 일본어로 옮기시오. (3점)

① 田中씨는 선생님께 갔습니다.

② 田中씨는 아직 안 왔다고 합니다.

③ 田中씨는 한국에 올 수 있게 되었습니다.

① ____________________

② ____________________

③ ____________________

8. 일본어는 구어체에서 남성어와 여성어로 분류되는 특성이 있다. 다음을 남성어와 여성어로 분류하여 그 번호를 쓰시오. (2점)

> ① 相づちが多い。
> ② 改まった場面での漢字の使用頻度が高い。
> ③「ぞ」や「ぜ」などの終助詞をよく使う。
> ④ 1人称代名詞として「あたし」をよく使う。
> ⑤ 感動詞の種類が多く、その使用頻度も多い。
> ⑥「きれいね。」のように文末の「だ」を省くことが多い。
> ⑦「すてき」といった主観的な評価を伴う形容詞をよく使う。

남성어 ______________________________

여성어 ______________________________

9. 다음은 실제의 언어 사용 장면에서 많이 사용되는 축약 표현의 예이다. ①과 ②를 축약 이전의 형태로 쓰시오. (2점)

> ● なに<u>してんの</u>。<u>やめたきゃ</u>、やめなさい。
> ①　②

① ______________________________

② ______________________________

10. 일본어 발음을 지도할 때에 유의해야 할 것의 하나로 독립된 음가(**音価**)가 없으면서도 하나의 박(**拍**)을 갖고 있는 특수음소(**特殊音素**)라는 것이 있다. 이들 특수음소의 명칭을 모두 한자(**漢字**) 또는 히라가나로 쓰고, 각각의 특수음소가 들어 있는 단어를 1개씩만 쓰시오. (3점)

____

____

11. (보기 1)의 동사를 자타대응동사(**自他対応動詞**)라 한다. 동일한 관점에서 (보기 2)의 ①과

②에 들어갈 동사를 쓰시오. (2점)

(보기1)

- 旗が<u>あがりました</u>。　　　대　旗を<u>あげました</u>。

(보기2)

- 皆がおどろきました。　대　皆を(　①　)。
- 部屋が(　②　)。　대　部屋をかたづけました。

① ______________________________

② ______________________________

12. 어휘의 어종(語種)에서 말하는 '혼종어(混種語)'의 개념을 2줄 이내로 설명하고, (보기)에서 이에 해당하는 단어를 2개만 고르시오. (2점)

(보기)

話し手、ローカル、本箱、受付、なまたまご、国際関係、なまゴム、田舎者

개념 : ______________________________

____

단어 : ______________________________

13. (보기)에 제시한 부사를 「情態副詞」「程度副詞」「陳述副詞」로 분류하여 쓰시오.(3점)

(보기)

ひょっとしたら、ざあざあ、必ずしも、かなり、ずっと、そっと、たぶん

- 情態副詞 : ______________________________
- 程度副詞 : ______________________________
- 陳述副詞 : ______________________________

14. 다음 문(文)을 각각 부정문(否定文)으로 고치시오. (2점)

① 今日は雨が降りそうです。 ② 今日は天気がよさそうです。

① ______________________________

② ______________________________

15. 다음 두 문(文)에서 보조동사 「くれる」와 「あげる」가 구분되는 조건을 '話者の 視点'이라는 관점에서 3줄 이내로 설명하시오. (2점)

① 太郎が花子に水泳を教えてくれる。 ② 太郎が花子に水泳を教えてあげる。

____

____

____

16. 다음을 참고로 하여 문맥 지시의 경우, 'そ'계열의 지시어와 'あ'계열의 지시어가 구분되는 근거를 3줄 이내로 설명하시오. (2점)

① A：山田さんが事故で入院したって。 B：うん、その話、鈴木さんから聞いたよ。 ② A：例の話、どうなった？ B：あの話か、あまりうまくいってないようだよ。

____

____

____

17. 다음 예문에서 'ところ'의 공통적인 문법적 기능을 쓰고, 그 문법적 기능이 ①, ②, ③에서 각각 어떻게 달리 나타나는지 설명하시오. (3점)

① ただいま買い物に出かける<u>ところです</u>。 ② ただいま電話番号を調べている<u>ところです</u>。 ③ ただいま書類を事務局に出した<u>ところです</u>。

공통된 문법적 기능 : ______________________________

차이점 : ______________________________

____

18. 형용사 'ほしい'와 동사 'ほしがる'가 구별되는 문법적 조건을 2줄 이내로 설명하시오. 단, 적절한 예문을 제시하시오. (2점)

____

____

19. 일본어 '嘘をつけ！'는 표면적 의미와 실질적 의미가 모순된다. 그 이유를 2줄 이내로 설명하고, (보기)에서 이러한 관계를 보여주는 표현을 모두 골라 쓰시오. (3점)

(보기)

- くよくよするな！
- 撃てるものなら撃ってみろ！
- 落ち着け！
- 元気を出せ！
- 勝手にしろ！
- 落とし穴に落ちてしまえ！
- バカ言え！

이유 : ______________________________

____

표현 예 : ______________________________

____

20. 일본어의 'ウ' 단(段)에서 모음 /u/가 중설화(中舌化)되어 발음되는 것을 모두 가타카나로 쓰시오. (2점)

---

21. 다음 대화문에서 경어의 사용이 잘못된 부분을 찾아 바르게 고치시오. (2점)

A：今日はどこへおいでになりましたか。
B：ひさしぶりに美術館に行ってまいりました。
A：あ、そうですか。いい作品をご拝見なさいましたか。
B：ええ、ほんとうによかったです。
A：お疲れになったでしょう。お茶でもお入れしましょうか。

잘못된 부분 : ____________ ➡ 고쳐진 것 : ____________

22. 다음 대화문의 ①~⑤에 들어갈 자연스러운 종조사(終助詞)를 (보기)에서 하나씩 고르시오. (단, 중복 사용 불가)(2점)

森：	もしもし。山田さんいますか。
山田：	はい。私です(①)。
森：	ああ、私です。森です。
	突然ですけど、今ひまかしら。出てこれない(②)。
山田：	ええ……いいですけど。どうして？ どうしてうちがわかったの。
森：	どうしても知りたい(③)、と思うと自然にわかるようになってる(④)。
	じゃあ、駅前百貨店の五階の家電売場の所で(⑤)。
山田：	うん。わかった。じゃね。

(보기) な, ね, のよ, が, かな

① ____________ ② ____________ ③ ____________

④ ____________ ⑤ ____________

23. 아래 작품은 일본 근세의 하이쿠(俳句)이다. 각 하이쿠가 가리키는 계어(季語)와 계절(季節), 그리고 이 작품의 작자와 작자의 대표적 기행문학 작품명을 한자(漢字) 또는 히라가나로 쓰시오. (3점)

① 閑かさや岩にしみ入る蝉の声 ② 草臥れて宿かるころや藤の花

①의 계어 : ______________________ 계절 : ______________________

②의 계어 : ______________________ 계절 : ______________________

작자 : ______________________ 작품명 : ______________________

24. 다음은 『万葉集』에 대한 설명이다. ①~④에 들어갈 작자나 노래를 한자(漢字) 또는 히라가나로 쓰시오. (3점)

『万葉集』には天皇や貴族から下級の役人、農民、防人、乞食などまでいろいろな層の人の作った約4500余首の歌が集められている。万葉第一期の歌人である額田王、第二期の専門的な宮廷歌人で長歌の様式を完成させた(　①　)、第三期の山上憶良、第四期には『万葉集』の編纂にかかわったと言われる(　②　)等が代表的歌人である。 特殊な巻としては巻十四と巻二十がある。巻十四に収められた(　③　)は、東国の民謡的な歌で、素朴な調べで地方民衆の生活感情をうたっている。(　④　)の多くは巻二十に防人たちの歌として収められている。辺境防備のため、東国から徴発された兵士たちの歌で、肉親との別離の悲しみが胸を打つ。

① ______________________ ② ______________________

③ ______________________ ④ ______________________

25. 다음은 일본 소설의 모두(冒頭)들이다. ①, ②, ③의 작가와 작품명을 각각 한자(漢字) 또는 히라가나로 쓰시오. (3점)

① 「武蔵野のおもかげは今わづかに入間郡に残れり」と自分は文政年間にできた地図で見たことがある。
② それはまだ人々が「愚」という貴い徳を持っていて、世の中が今のように激しく軋み合わない自分であった。
③ 禅智内供の鼻といえば、池の尾で知らない者はない。長さは五六寸あって上唇の上から顎の下までさがっている。

①의 작가 : ____________ 작품명 : ____________

②의 작가 : ____________ 작품명 : ____________

③의 작가 : ____________ 작품명 : ____________

26. 다음은 근대문학 중 예술파(芸術派)로 분류되는 신감각파(新感覚派) 작가가 쓴 작품의 일부분이다. 이 작품의 이름과 작가를 쓰고, 신감각파를 4줄 이내로 설명하시오. (3점)

道がつづら折りになって、いよいよ天城峠に近づいたと思うころ、雨脚が杉の密林を白く染めながら、すさまじい早さで麓から私を追って来た。

작품명 : ____________ 작가명 : ____________

신감각파 : ____________

____

____

____

27. 다음에서 설명하고 있는 사건을 한자(漢字) 또는 히라가나로 쓰고, 이것이 일어난 연도를 서기(西紀)로 쓰시오. (2점)

> 天皇は神に誓うというかたちで新政府の政治方針を発表した。江戸を東京とあらため、年号を決め、首都を京都から東京にうつした。天皇を中心とする新しい政治の機構を作るためにいろいろな改革をはじめた。

사건 : ______________________

연도 : ______________________

28. ①과 ②에 들어갈 말을 한자(漢字) 또는 히라가나로 쓰시오. (2점)

> 일본의 애니메이션은 매우 인기가 있어 세계적으로 인정 받는 감독과 작품들도 상당수 있다. 그 중에서 일본의 애니메이션의 거장 (　①　)은/는 일본의 애니메이션을 발전시킨 일본의 독보적인 인물이다. 그는 1985년부터 스튜디오 지브리(スタジオジブリ)를 만들어 운영하고 있으며, 2~3년에 한 작품씩 극장용 애니메이션을 선보이고 있다. 그의 대표 작품 중에는 1988년의 '이웃집 토토로(となりのトトロ)'를 시작으로, 1997년 '원령공주'라고 번역되어 한국에서도 상영된 '(　②　)'에 이르기까지 많은 작품들이 있다.

① ______________________　② ______________________

【29~31】 다음 글을 읽고 물음에 답하시오.

若い女性の元気ぶりがとりわけ目につくにつれ、男性の①ふがいなさが気になる。最近、花嫁学校ならぬ花婿学校ができて話題になった。

生活ひとつをとってみても、女の子たちはさまざまな洋食の食べ方を覚え、あちこちの有名店で試食、エスニック料理、果ては本場のヨーロッパ旅行でのグルメ体験と　いう具合に豊富な体験をもつ。それにひきかえ、受験戦争ひと筋に脇目も(② ふる)やってきた男の子たちは、「いま輝いている」女の子と見合いをしても、うろうろ、まごまごするばかりで、何もかも母親に任せていた③ マザコンぶりが今さらながら現われて、女の子にすっかり馬鹿に(④ する)てしまう。

かくて、花婿学校の誕生となったのだが、これはもう男の子個人の問題というより、社会自体の問題といえそうだ。というわけで、若者論は男女ごちゃまぜ論ではなく、男女異次元の視点に立たねばならぬと思う。

男の子たちは、再び(⑤ 이 세상에 태어난다면)女になって生まれたいと思い、今の日本では、男は責任ばかり(⑥ 背負う)て何もいいことがない、と考えているかのようでもある。

(千石 保『まじめの崩壊』より)

29. ①, ③의 의미를 우리말로 쓰시오. (2점)

① ____________________

③ ____________________

30. ②, ④, ⑥의 동사를 전후 문맥에 맞는 형태로 바꾸시오. (3점)

② ____________ ④ ____________ ⑥ ____________

31. ⑤를 일본어로 옮기시오. (2점)

____

【32~33】 다음 글을 읽고 물음에 답하시오.

A. 生活していく上で間に合うという数でいえば、三千語あれば間に合う。だいたいは生きていられる。これがいわゆる基本語です。では、三千語知っていればいいか。言語活動がよく営めるには、三千では間に合わない。三万から五万の単語の約半分は、実のところは新聞でも一年に一度しか使われない。一生に一度しかお目にかからないかもしれない。しかし、その一年に一度、一生に一度しか出あわないような単語が、ここというときに適切に使えるかどうか。使えて初めて、よい言語生活が営めるのです。そこが大事です。語彙を七万も十万ももっていたって使用度数１、あるいは一生で一度も使わないかも知れない。だからいらないのではなく、その一回のための単語を蓄えていること。

B. なんでもかんでもむずかしい言葉をたくさん覚える必要があるといっているのではありません。そのときどきに、ピタッと合う、あるいは美しい表現ができるかどうか。それが問題です。それが言語の能力があるということです。歌人や小説家が辞書を読んで単語を覚えようとしたのは、そういうときに備えたいからです。だから、読み手もその細かい心づかいにつきあうだけの感度をそなえていなくてはいい読者といえません。

C. 語彙が多いとか少ないとかいうけれど、人間はどのくらいの言葉を使うものなのか。例えば新聞や雑誌に使われている単語は、年間およそ三万語といわれています。しかしその50~60パーセントは、年間の使用度数１です。つまり、半分の単語は新聞・雑誌で一年に二度とお目にかかることがない。ちょっと古いけれど、昭和30年代の調査では、高校の上級生が三万語の語彙をもっていたという調査結果があります。今は大学生でも語彙は平均一万五千か二万くらいに落ちているのではないかと思います。読書量がものすごく減っていますから。

D. 例えば「味」についていえば、「味得する」という単語があります。これは確かに使用度数は少ない。今やもう、ほとんど使わなくなっているけれど、なにかの時に「それが味得できた」と使うことでピタッと決まることがある。「深い、かすかな味わいが分かった」では、文章の調子、文体としてだめなときがある。文章を書くには、一度使った単語や言い回しを二度繰り返さないという文章上の美意識がある。それに触れる。何か別の言い回しが必要になる。そのとき、その書き手がどれだけ語彙を持っているかが問題になる。類語辞典が役立つのはそういうときです。

(大野 晋『日本語練習帳』より)

32. 의미가 자연스럽게 통하도록 A~D를 순서대로 정렬하시오. (3점)

(　　　) → (　　　) → (　　　) → (　　　)

33. 위 글의 필자가 주장하는 바를 1줄 이내로 쓰되, 우리말로 쓰시오. (3점)

2006학년도 중등교사 신규임용후보자 선정경쟁시험

※ 각 문항에 대한 답은 문답지의 답란에 쓰되, 주어진 조건에 맞게 쓰시오.

1. 다음은 교수매체에 대한 Dale의 '경험의 원추' 모형에 따른 매체 분류와 Bruner의 인간의 지적 표상양식을 나타낸 그림이다. 빈칸에 들어갈 말을 한자(漢字)로 쓰시오. [3점]

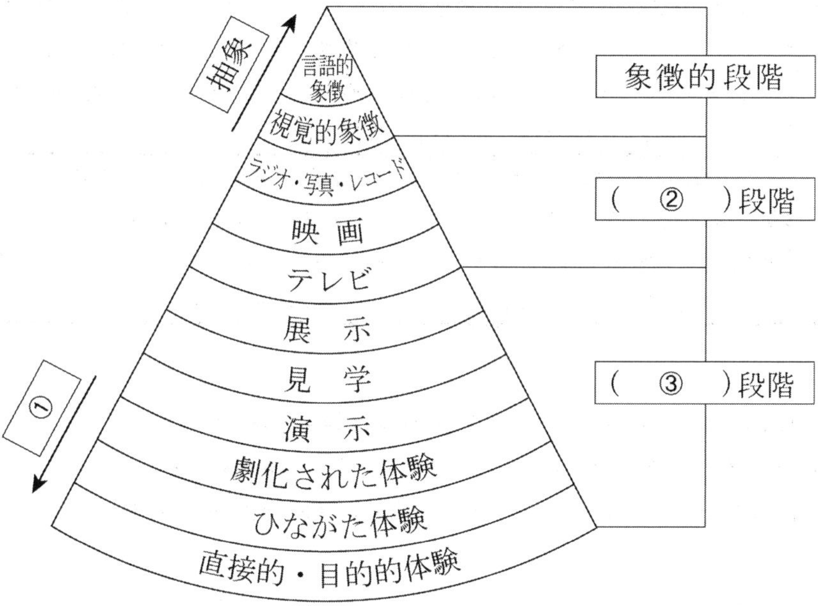

① ______________ ② ______________ ③ ______________

2. 다음 (1), (2), (3)은 언어습득과 관련된 내용이다. 각 설명에 맞는 번호를 (보기)에서 골라 쓰시오. [3점]

(1)	チョムスキーら生成文法の研究者は、普通の子供たちは驚くほど短い期間に充分でない資料を根拠とし完璧な自分の母語の文法を学習する。そしてこれはあらゆる言語の文法に対応できるような抽象的で普遍的な性質を持っていると想定されている。 また、人間には言語メカニズムを使っていると仮定できる。この言語メカニズムは言語的学習のために特別な役割を果たしている。
(2)	辞書的な意味としては、固定観念と訳される。ある集団に対する画一的で固定したイメージのことを指す。これは注意深く収集された客観的な分析に基づくものではなく、ウワサやクチコミのような短編的知識や情報によって形成されるが、各個人のパーソナルリティや集団の多様性を見逃す恐れがある。
(3)	第2言語の習得過程上にある学習者の第2言語能力の総体を指す。これは学習者が第2言語の習得過程の一時点で作り上げた、学習者自分の内的言語習得メカニズムの働きによって作られたものと考えられている。これは学習者の母語の体系とも、習得している第2言語の体系とも異なる独自のシステムを持っている。

(보기)

① 中間言語(Interlanguage)　② 監視装置理論(Monitor Theory)

③ ステレオタイプ(Stereotype)　④ 行動主義学習理論(Behaviorist Theory)

⑤ 学習方略(Learning Strategies)　⑥言語獲得装置(Language AcquisitionDevice)

(1) ________ (2)________ (3)________

3. 다음 그림 ①, ②, ③에 들어갈 한자(漢字)의 읽기를 히라가나로 쓰시오.(3점)

① ____________________ ② ____________________ ③ ____________________

4. '의사소통을 위한 일본어교육문법'이라는 관점에서 ①~④의 표현을 가르칠 때 적절한 우선 순위를 번호로 쓰고, 그 근거를 1줄 이내로 설명하시오. [3점]

① 受動文 ② 能動文

③ ~てくれる文 ④ ~てもらう文

순서 : ____________________

근거 : ____________________

5. 빈칸 ①과 ②에 들어갈 속담을 일본어로 쓰시오. [4점]

会議や交渉がうまくまとまるように、事前に関係者の間で意見調整などをしておくことを「根回し」といいます。根回しの習慣は、公的な場での対立を嫌う日本人の傾向を示しています。「右へならえ」は、ある意見や行動に自分の言動を合わせることをいいます。また、「(①)」ということわざは、「目立ちすぎると、人から憎まれたり、周囲から押さえ付けられたりする」という意味です。

A : 俺さあ、今月からイタリア語とスペイン語、いっしょに勉強することにしたんだ。ほら、似てるじゃない、すごく。だから一石二鳥ってわけ。 B : どっちか一つにした方がいいと思うけどなあ。(②)、って言うしねえ。

① ____________________

② ____________________

6. 다음은 격식을 갖춘 장면과 그렇지 않은 장면의 대화이다. 격식을 갖춘 장면에서의 담화적 특징 3가지를 쓰시오. [3점]

A	村上：ねえ、百恵さん。映画のチケットが二枚手に入ったんだけど、見に行かない？ 百恵：どんな映画なの？ 村上：カンヌ映画祭で最優秀を取った○○って映画なんだ。 百恵：ごめんね、その映画、私もう見ちゃったの。 村上：残念だなあ。じゃあ、また今度。
B	伊藤：朝早く申し訳ございません。伊藤と申しますが、山田先生はお出ででしょうか。 奥さん：だった今、出かけたところですが、何か？ 伊藤：実は明日中、大学の願書を提出しなければならなくて、先生の推薦状がどうしても必要なんです。それでお電話を。 奥さん：ああ、そうですか。お昼過ぎには帰ってくると思いますが。 伊藤：では、その頃、もう一度電話するとお伝えいただけないでしょうか。 奥さん：わかりました。帰ってまいりましたら、必ず伝えておきます。 伊藤：よろしくお願いします。では、失礼いたします。

① ______________________________

② ______________________________

③ ______________________________

7. 밑줄 친 부분의 내용과 달리 현대 일본어에서는 이중자음(二重子音)이 존재한다. 그 음절의 종류를 들고 각각의 음운적 특징을 2줄 이내로 쓰시오. [3점]

音韻の面では、音節の構造が母音で終る特色を持ち、特殊な音節を除くと、すべて開音節となる。音節の最初にｒ音で始まる語がなく、また子音が二つ並ばない。音節の数も111と少なく、アクセントは高さアクセントで、強さアクセントを持たない。現代語では、アクセントの滝の有無とその位置により形の違いが示される。また、上代の日本語には母音調和の傾向を持っていたことが認められる。

음절의 종류 : ______________________________

음운적 특징 : ____

____

8. 다음 ①~④에서 밑줄 친 부분의 의미를 변별하는 음성적 요소를 모두 쓰시오. [4점]

① ハシデ(<u>橋で</u> / <u>箸で</u> / <u>端で</u>)ご飯を食べます。 ② キョウカイ(<u>教会</u> / <u>きょう買い</u> / <u>きょう会</u>)に行きます。 ③ 彼女はきれいな先生の妹(<u>きれいな、先生の妹</u> / <u>きれいな先生の、妹</u>)です。 ④ A ：<u>あしたも雨でしょう</u>。 B1 ：またか。(推量) B2 ：さあ。(同意表現)

① ____________________ ② ____________________

③ ____________________ ④ ____________________

9. 밑줄 친 부분이 가리키는 '일본어 표기 규칙'을 일본어로 쓰시오. [3점]

現代日本語の表記には、基本的には漢字、ひらがな、カタカナをまじえ、必要に応じてアラ ビア数字、ローマ字などを用い、これに「句読点」「かっこ」等の各種符号を加えて行うこと になっている。<u>それらの文字をまじえて日本語を表記するためには、現在のところそのよりところとしては四つのようなもの</u>がある。

① ____________________ ② ____________________

③ ____________________ ④ ____________________

10. 다음은 신체의 일부분을 사용한 관용구이다. 빈칸 ①~④에 들어갈 알맞은 동사를 일본어로 쓰시오. [4점]

- 手を(①)。 : やりそこなってこりる。取り扱いにこまる。
- 足が(②)。 : 出費が予算をこえる。隠したことがあらわれる。
- 目が(③)。 : たいそう好きである。心を奪われて思慮分別がない。
- 口に(④)。 : あまい言葉にだまされる。盛んに人々の口にもてはやされる。

① ______________________ ② ______________________

③ ______________________ ④ ______________________

11. 빈칸 ①과 ②에 들어갈 대표적인 작가의 이름과 그 작가의 대표 작품 하나를 한자나 히라가나로 쓰시오. [4점]

近世の社会体制が成立して、一世紀近い年月を経て、元禄時代になる頃、上方や江戸では経済の発展を背景に、近世社会の仕組みが姿を表し、新しい人間関係の中で生きて行く人々が現れた。こうした動きを見つめ、都市の多様な生活を描き、新しい人間の心情を捉えようとしたのは、文学に関わる人々であった。中でも散文文学の(　①　)、韻文文学の(　②　)、劇文学の近松門左衛門の三人は、すぐれた作品を著して、近世文学の世界を切り開き、文化史の上に重要な足跡を残した。

① 작가 : ______________________ ② 작가 : ______________________

작품 : ______________________ 작품 : ______________________

12. 빈칸 ①~③에 들어갈 해당 문학 장르를 한자나 히라가나로 쓰시오. [3점]

鎌倉·室町·江戸と呼ばれる封建社会時代を大観すると、抒情詩としては、王朝和歌から連歌を派生し、さらに連歌から(①)を誕生させており、叙事文学においては、王朝物 語から説話・軍記に転じ、さらにはお伽草子・仮名草子をへて、(②)を出現させ、それが黄表紙や洒落本や人情本に落ちていった。 劇文学をそだてた演劇形態としては、初めて能・狂言を産み、それはそれとして保持せられながら、時代とともに、人形浄瑠璃や(③)を出現させている。

① ________________ ② ________________ ③ ________________

3. 그림 (1), (2), (3)을 표현하는 알맞은 말을 (보기)에서 골라 쓰시오. (3점)

(보기) にこにこ ぐうぐう おいおい すやすや うとうと
げらげら しくしく くすくす せかせか めきめき

(1) ________________ (2)________________ (3)________________

14. 다음 일본어 문(文)에서 부자연스러운 것을 모두 골라 그 번호를 쓰시오. (3점)

① 佐藤が私の弟から本をもらった。
② おいしいコーヒーをたくさん飲みたい。
③ ヤンさんは鈴木さんのお世話になった。
④ 鈴木さんは彼が犯人だと思っているようだ。
⑤ 道に迷ったとき、親切な人が私に話しかけた。
⑥ 今週の週末にクラス全員でお花見に行くつもりだ。

부자연스러운 것 : ____________________

15. 밑줄 친 ①~③은 문법적 기능이 다르다. 각각의 문법적 기능을 쓰시오. [3점]

● 一年①<u>か</u>二年、外国で勉強するつもりだ。
● 市長②<u>ならびに</u>教育長の出席をえて卒業式を挙行した。
● 中学生になった息子が新しいゲーム③<u>だの</u>携帯電話だのうるさい。

문법적 기능 ① : ____________________

② : ____________________

③ : ____________________

16. 현대일본어에는 남녀 언어 표현의 차이가 있다. 그 차이를 고려하여 다음 남녀 대화문을 동일한 의미의 표현이 되도록 빈칸 ①~③을 완성하시오. [3점]

<女性同士の対話> A：(　　①　　)、韓国から輸入されたCD持っている? B：ええ、持っているわよ。 A：ちょっと来週の宿題をするために借りたいんだけど、(　　②　　)。 <男性同士の対話> A：すずきくん、韓国から輸入されたCD持っている? B：うん、(　　③　　)。 A：ちょっと来週の宿題をするために借りたいんだけど、いいかな。

①＿＿＿＿＿＿＿＿　②＿＿＿＿＿＿＿＿　③＿＿＿＿＿＿＿＿

17. 밑줄 친 ①과 ②의 의미용법 차이, ③과 ④의 의미용법 차이를 각각 1줄 이내로 설명하시오. [3점]

● 午後から雨が降りだした。①<u>そして</u>、夕方には雪だった。 ● ハンバーガーを２つ食べた。②<u>それから</u>、コーヒーを飲んだ。

● 静かで、③<u>そして</u>便利な場所。 ● 鈴木さんは、英語とフランス語とドイツ語と④<u>それから</u>韓国語も話せる。

①과 ②의 차이 ：＿＿＿＿＿＿＿＿＿＿＿＿＿＿＿＿＿＿＿＿

③과 ④의 차이 ：＿＿＿＿＿＿＿＿＿＿＿＿＿＿＿＿＿＿＿＿

18. 빈칸 ①~③에 들어갈 알맞은 말을 한자나 히라가나로 쓰시오. [3점]

（　①　）言語学とは、現在使われている任意の2つ以上の言語を比較する言語学で、言語間の類似点、相違点を明らかにしようとするものである。1940年代にアメリカで生まれ、その理論背景には行動主義心理学とアメリカ構造言語学がある。また、言語を比較する点で共通しているものとして、世界の諸言語を言語的な特徴における類似点、相違点からいくつかのタイプに分類し、研究する類型論がある。類型論には形態的類型論と(　②　)的類型論があり、前者は19世紀にドイツの言語学者フンボルトらによって提唱され、世界の言語を「屈折語」「孤立語」「(　③　)語」「抱合語」の4つに分類した。

① ________ ② ________ ③ ________

19. 괄호 안의 단어를 사용하여 밑줄 친 부분을 일본어로 옮기시오. [3점]

① 突然母に死なれて 일이 손에 잡히지 않는다.(つく) ② プライバシとは、人に 알려지고 싶지 않은 自分の秘密や個人情報を他人から守る権利である。(知る) ③ バブル崩壊は 어떻게 손쓸 수 없는 状況になってしまった。(かかる)

① ________________

② ________________

③ ________________

20. 다음 한국어를 일본어로 완성하시오. [3점]

① 아침에 우유를 마셨을 뿐 아무것도 먹지 않았습니다. ② 영화를 본 셈치고 책을 사기로 했습니다. ③ 그녀는 꾸중을 듣기는커녕 칭찬을 받았습니다.

①朝________________ きりで________________。

②映画を________________ つもりで________________。

③彼女は________________ どころか________________。

21. 표시된 ①~③에 해당하는 한자(漢字) 읽기를 히라가나로 쓰시오. [3점]

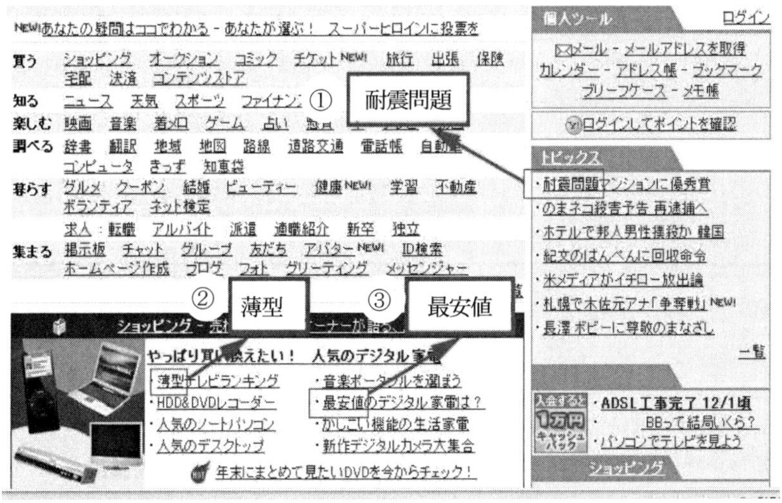

22. 다음 글의 주제어와 빈칸 ①에 들어갈 가장 적절한 말을 본문에서 찾아 일본어로 쓰시오. [3점]

> 森林は、雨の降らないときにだけ働くのではありません。短い時間にたくさん降った雨が、そのまま川に集まって流れると、水はあふれて洪水を起こし、人に大きな害を与えます。こうしたときは、人造ダムも川の流れをせき止めて、人造湖にためます。しかし、これには限度があります。人造ダムよりはるかに多くの水をたくわえることのできる森林が洪水を防いでくれていると言えるでしょう。
>
> 洪水を防いでいるだけでなく、森林は、(　①　)も防いでいます。森林のないはげ山では、一度にたくさんの雨がふると、山の斜面の土がくずれ落ち石や岩もおし流して、大きな被害をあたえます。
>
> 森林のある山では、木の根が土の中に張りめぐらされているので、土も動かず、石や岩もしっかりおさえつけられています。ですから、こういう山では、山くずれが起きにくいのです。
>
> かたい岩を、たくさんの植物や動物を養っていけるような土に変えていくのも、森林の働きです。防風林や防雪林のように、風や雪を防ぐ働きもあります。森林が酸素を出して空気をきれいにしてくれること、木材や紙などをあたえてくれることは、よく知られていることです。

주제어 : ____________________

① : ____________________

23. 다음 두 사람의 대화에서 잘못된 부분을 바르게 고쳐 쓰고, 그 이유를 쓰시오. [3점]

> 武田(A社) : 社長さんいらっしゃいますか。
>
> 野村(B社) : はい、社長さんはただいま、お出かけになっていらっしゃいます。

수정문 : ____________________

이 유 : ____________________

24. '土用'의 날에 먹는 대표적 음식의 명칭을 본문에서 찾아 히라가나로 쓰고 그 풍습의 의미

를 1줄 이내로 쓰시오. [3점]

土用というのも、夏の土用だけが普通に使われているが、春·夏·秋·冬それぞれに土用がある。土用という言葉は土旺が訛ったものだといわれ、旺は旺盛の旺で、盛んなという意味。 春·夏·秋·冬それぞれの気のもっとも盛んな時を指している。暦に土用と記してあるのは、それぞれの土用の入りの日で、土用は入る日から18日間である。土用の丑の日に鰻の蒲焼を食べるのは、江戸時代からのことだが、その日が二度あることがあるのは、土用の期間が18日間あるからである。春の土用が終わった翌日が立夏、夏の土用が済んだ次の日が立秋である。

음식의 명칭 : ______________________________

풍습의 의미 : ______________________________

25. B~E를 문맥에 맞게 정렬하고, 밑줄 친 부분에 대한 원인 2가지를 본문에서 찾아 2줄 이내의 한국어로 쓰시오. [4점]

A 高校生の作った8ミリドラマの審査員になって、50本の作品を見た映画監督○○○さんが、「どうしてこうも似通っているのだろう。」と、首をひねっている。技術の巧拙はいろいろだが、ドラマの筋立てに判で押したように同じ感触のものが多いのだそうだ。

B 別れるときは、たいてい、後ろに副都心の超高層ビルがそびえることになっているそうだ。先生も、友人も、家族も、積極的な役割を担っていないのが共通している。若者たちが8ミリの目で自分を見つめようという意図は分かるのだが、おそらく薄墨で描いたような、<u>観念的な絵になっている</u>のではないか。

C まず、高校生の主人公は髪が長く、やせこけて、ジーパンをはいている。受験の重圧の中で、ふと、髪の長い女の子に出会う。そして二人が行く所は、湖か池のある森、あるいは都会の片隅の公園である。二人はぎごちなく話し合い、やがて何となく別れる。

D しかし半面では、そのために自分の周囲にある事物や人間に対する観察や知識をなおざりにしがちなマイナスもある。高校生という年齢は熟した抽象論を持つより、箇々の事物をありのまま観察し、貪慾に吸収すべき時期であって、そこに押さえがないと観念に重みが伴わないし、また創造の翼もかえって羽ばたきを失う。

E なぜそうなのかについてはたくさんの解釈があろうが、学校教科書に人生論風の文章が多いことをあげる人もいる。人生の後半期になって一つの境地に到達した人が、抽象的に総括を語る文章を、若い時代に読んで有益であることは言うまでもない。

F もう一つの解釈は、学校と自宅という線を結んだ受験勉強以外に、若者にとっての手ごたえのある現実が乏しいことだ。旅に出よう、という彼らの熱望が分かる気がする。現実からの逃避ではなく、現実を獲得したいためなのだろう。

글의 순서 : A→______→______→______→______→______→F

원인 : ____

2007학년도 중등교사 신규임용후보자 선정경쟁시험

* 각 문항에 대한 답은 문답지의 답란에 쓰되, 주어진 조건에 맞게 쓰시오.

1. 빈칸 A~D에 들어갈 용어를 (보기)에서 골라 번호를 쓰시오.(4점)

学習者の日本語学習の目的と条件などに適したコース·デザインをするためにはまず、学習目的や学習者が日本語を必要とする場面とそこで使われる言語技能についての情報を得るための(A)調査と、学習者の日本語能力がどのような状況にあるかを知るための(B)調査が必要である。これらを分析し、何を教えるかを決定した教授項目の一覧が(C)である。また、それをどのように教えるかを設計するのが(D)である。

(보기) ①母語　②コース　③ニーズ　④シラバス
⑤メソッド　⑥レディネス　⑦スキミング　⑧アプローチ
⑨評価活動　⑩カリキュラム·デザイン

A ______________________ B ______________________

C ______________________ D ______________________

2. 다음은 학습 활동 중, 말하기 연습의 예이다. A~D의 연습 명칭을 (보기)에서 골라 번호를 쓰시오.

A	先生：読みました。 学生：読みました。 先生：本を 学生：本を読みました。 先生：図書館で 学生：図書館で本を読みました。	B	先生：食堂、昼ごはん、食べました。 学生：食堂で昼ごはんを食べました。 先生：デパート、ハンカチ、買いました。 学生：デパートでハンカチを買いました。
C	日本人に会って日本の祭りについて取材する。 学生：日本の祭りにはどんなのがありますか。 日本人：札幌の雪祭りや京都の祇園祭りなどがあります。 学生：東京にも有名な祭りがありますか。 日本人：はい、神田祭りがあります。 学生：　　　　　： 日本人：　　　　：	D	先生が学生Aと学生Bに、それぞれ絵1、2を渡し、互いの絵のどこが違うかを当てさせる。 学生A：鉛筆が何本ありますか。 学生B：１、２、…６本あります。何本ありますか。 学生A：3本です。赤い鉛筆があります。 学生B：はい、1本あります。

(보기) ①変形練習　②完成練習　③代入練習
④インフォメーション・ギャップ　⑤インタビュータスク
⑥反復練習　⑦拡張練習

A ______________________　B ______________________

C ______________________　D ______________________

3. 다음은 교수법에 관해 설명한 글이다. A~D에 맞는 번호를 (보기)에서 골라 1가지씩 쓰시오. [4점]

A 外国語語習得の最良のモデルを、幼児の母語習得に見るものである。代表的なものにグアン式教授法とベルリッツ.メソッドがある。
B カウンセリング・ラーニングともよばれ、カウンセリングの理論と手順を、カラン(C. A.Curran)が外国語教育に応用させたものである。 この授授法による典型的な授業では、学習者を円形に座らせ、教師は学習者の背後に立つ。
C 心理学者のガテーニョ(C.Gattegno)が提唱した方法である。ガテーニョが「言語学習は、教師に頼る方法ではなく、学習者の自ら気付き学んでいく能力に教師が働きかけることによって行われるべきだ」と言ったように、この教授法における授業の中心は学習者で、教師はあくまで、学習者の自立を助ける観察者、補助者である。
D ロザノフ(G. Lozanov)が確立した「暗示学」に基づき体系化された学習法の理論と実践である。 できるだけ多くのポジティブな情報刺激(暗示)を与え、潜在能力を解放・活用し、短時間で多量の情報の習得を可能にする学習法であり、学習者を認知・情動・生理の面から全人格的に捉え、学習要素すべてを統合し学習プロセスを再編した総合的な教授方法である。

(보기)
① サイレント・ウェイ(Silent Way)
② ナチュラル・メソッド(Natural Method)
③ オーラル・メソッド(Oral Method)
④ サジェストペディア(Suggestopedia)
⑤ イマージョン・プログラム(Immersion Program)
⑥ トータル・フィジカル・レスポンス(Total Physical Response)
⑦ GDM(Graded Direct Method)
⑧ コミュニティ・ランゲージ・ラーニング(Community Language Learning)

A ________________ B ________________
C ________________ D ________________

4. 다음에 해당하는 테스트(Test)의 명칭을 쓰시오. [3점]

クラス内の学習者の言語能力にできるだけばらつきを持たせないことは、教育の効率を考えるうえで、教える側にとっても、学ぶ側にとっても、非常に重要なことである。それで、このテストは既習学習者を対象として、学習者の言語能力を測定し、最も適したレベルのクラスに振り分けるために行われる。このテストの名称は「テストの結果の使い方」によるもので、テストそのものの形式や内容を規定するものではない。これは事前的評価として行った熟達度テストやいろいろなテストの結果によってクラス分けに使うテストである。

____

5. 다음은 일본어 교육에서 활용되는 교재와 교구에 대한 설명이다. A~C에 맞는 번호를 (보기)에서 골라 쓰시오. [3점]

A　映画・ビデオテープに準ずる機能を持ちながら、より経済的である。視聴覚機器の中ではその起源が最も古く、欧米では17世紀に使われた記録がある。ただ、部屋を暗くしなければならないので、メモを取ったり手元の教科書を見たりするのは難しい。 B 特に初級で使われる実物教材を指す。「こ・そ・あ・ど」や「上・下/ 中・外」などの位置関係や各種の語彙の指導に有効である。言葉で描写しようとすると学習目標の項目よりも難しい語彙・表現を使わなくてはならないときや臨場感を求めたいときなどに有効である。 C 学習者それぞれに演ずる役割を箇条書きにして指定したカードを渡して、目標となる構文・語彙を使えば後は自由に会話をさせるという形式の学習活動をさせる時に使われる。

(보 기)　① レアリア　② スライド　③ ビデオ教材
④ ロール・カード　⑤ 音声テープ教材　⑥ モジュール型教材

A ______________________________

B ______________________________

C ______________________________

6. 다음은 제7차 일본어과 교육과정에서 제시한 의사소통 기능과 예시문이다. 각 예시문에 해당하는 기능 ①~④를 쓰시오.[4점]

기능	예시문
인사 기능	● お元気ですか。 ● よくできました。 ● がんばってください。
①	● 広いことは広いですが、すこしきたないですね。 ● こちらのほうがいいと思いますけどね。 ● 大阪へですか。
②	● ここは図書館です。 ● 先生に相談してみるのはどうですか。 ● はやく帰ったほうがいいですよ。
③	● あの、ちょっとよろしいですか。 ● 話しはかわりますが、 ● それじゃ失礼します。
④	● 日本の新聞をお願いできますか。 ● ゆうびんきょくはどこですか。 ● 電話しなくてもいいんですね。

① ______________________ ② ______________________

③ ______________________ ④ ______________________

7. 일본어의 한자(漢字) 교육에 관한 내용이다. 글의 내용과 관련하여 한국인 초급 학습자에 대한 주의 사항 2가지를 (보기)에서 골라 번호를 쓰시오. [3점]

> 日本語学習者にとっては、漢字の習得は避けられない事項である。そして、日本の表記慣習に従うならば、当然漢語語彙は漢字で書くことが望ましいし、少なくとも読んで理解できるようにならなければならない。関連語が出た場合、既習の漢字の記憶を新たにし、また相違などに注意を向けることが必要である。「暑い・熱い・厚い」「会う・合う」、「数学・数学」、「読書・読む」などがその例である。

(보기)

① 四声の区別　　② 六書の区別　　③ 音読み・訓読みの区別

④ 草書体・行書本の区別　　⑤ 旧字体・新字体の区別

8. 일본어의 특성에 관한 내용이다. 바르지 않은 것 3가지를 골라 번호를 쓰시오. [3점]

① 母音が9つある。

② 地域方言がない。

③ 開音節構造である。

④ 修飾語が被修飾語の前にくる。

⑤ 特殊音素のモーラ(拍)音素がある。

⑥ 漢字を使用しているので中国語と同じ系統である。

⑦ 数(number)や性(gender)は義務範疇ではない。

9. 다음 대립하는 2가지 '音声(おんせい)'는 각각 어떤 음을 가리키는지 한자(漢字)로 쓰고, 그 대립하는 구체적인 변별소성(弁別素性)을 (보기)에서 골라 번호를 쓰시오. [3점]

日本語には軟口蓋破裂音[k , g] の対立があり、韓国などアジア系の多くの学習者にとって、大きな泣き所ともいわれている。この問題は[t , d] [p , b] などの破裂音の対立や、さらには摩擦音[s , z] [ʃ , ʒ] にも及ぶことである。

(보기)

① 唇の閉鎖　　② 唇の振動　　③ 声帯の振動

④ 声門の閉鎖　　⑤ 歯茎の使用　　⑥ 硬口蓋の使用

음의 종류 : [k , t , p , s , ʃ] －

[g , d , b , z , ʒ] －

변별소성 : (　　　　)

10. 빈칸 ①에는 인명을, ②에는 표기법(**仮名遣い**)의 명칭을 일본어로 쓰시오. [3점]

表音文字が成立した当初は音韻と文字がきちっと対応していたとしても、音韻の変化に文字の対応が遅れ、表記に乱れが生じてくる。そのために仮名遣いが問題となる。日本でこのような仮名遣いの問題にいち早く気づき、幾つかの仮名の使い分けを主張したのが「定家仮名遣い」で有名な藤原定家である。江戸時代に『和字正濫鈔』を著した(①)の仮名遣いは、1946年現代仮名遣いが公布されるまで広く行われた(②)のもととなったものである。

인 명 : ① (   )

.표기법 : ② (   )

11. 다음은 단어를 분류한 것이다. 그 분류 기준과 ①, ②, ③ 각각의 그룹 명칭을 일본어로 쓰시오. [3점]

① 春(はる), 風(かぜ), 雨(あめ), 山(やま), 水(みず), 傘(かさ)

② 春風(はるかぜ), 山里(やまざと), 水遊び(みずあそび)

③ 真心(まごころ), おビール, 秋めく, 強がる

기 준 : (   )

명 칭 : ① (   ) ② (   ) ③ (   )

12. 다음 A~C를 읽고 각각의 작품명을 한자(漢字)로 쓰고, 빈칸 ①, ②에 들어갈 미의식(美意識)과 관련된 단어를 히라가나로 쓰시오. [4점]

A やまと歌は、人の心を種として、万の言の葉とぞ成れりける。世中に在る人、事、業、繁きものなれば、心に思ふ事を、見るもの、聞くものに付けて、言ひ出せるなり。花に鳴く鶯、水に住む蛙の声を聞けば、生きとし生けるもの、いづれか、歌を詠まざりける。力をも入れずして、天地を動かし、目に見えぬ鬼神をも(①)と思はせ、男女の仲をも和らげ、猛き武士の心をも、慰むるは、歌なり。

B 五月ばかりなどに山里にありく、いと(②)。草葉も水もいと青く見え渡りたるに、上はつれなくて草生ひ茂りたるを、ながながとただざまに行けば、下は、えならざりける水の、深くはあらねど、人などの歩むに走りあがりたる、いと(②)。左右にある、垣にある、ものの枝などの、車の屋形などにさし入るを、いそぎてとらへて折らんとするほどに、ふと過ぎてはづれたるこそ、いとくちをしけれ。

C 須磨には、いとど心づくしの秋風に、海はすこし遠けれど、行平の中納言の関吹き越ゆると言ひけむ浦波、夜々はげにいと近く聞こえて、またなく(①)なるものは、かかる所の秋なりけり。御前にいと人少なにて、うち休みわたれるに、独り目をさまして、枕をそばだてて四方の嵐を聞きたまふに、波ただここもとに立ちくる心地して、涙落つともおぼえぬに枕浮くばかりになりにけり。

A 작품명 : (   )

B 작품명 : (   )

C 작품명 : (   )

단 어 : ① (   )   ② (   )

13. 빈칸 ①~③에 들어갈 말을 한자(漢字)로 쓰시오. [3점]

(①)は、武士の家に生まれたが、上京後、演劇作者の道を歩んだ。元禄末年まで、おもに坂田藤十郎のために歌舞伎の脚本を書いていたが、1705年、竹本座の専属作者となり、以後多くの浄瑠璃脚本を書き下ろした。作品には、歴史上の事件や伝説に取材した(②)物の『国性爺合戦』『出世景清』や、当時実際起こった事件を脚色した(③)物の『曾根崎心中』『冥途の飛脚』など、多くの名作がある。

①(　　　　　)
②(　　　　　)
③(　　　　　)

14. 다음은 일본 근대문학의 문학사조에 관한 설명이다. ①~③에 들어갈 문학사조를 일본어로 쓰시오. [3점]

日本近代文学は、翻訳小説や政治小説の流行によって芽生え、1880年代半ば頃の坪内逍遥と二葉亭四迷による(①)主義の主張や、二葉亭四迷・山田美妙の言文一致の実践によって幕を開いたといえる。その後、国粋主義的な機運を背景にして尾崎紅葉・幸田露伴を中心とした(②)主義文学と、森鴎外を先駆者とし、『文学界』の北村透谷を中心とした(③)主義文学によって盛んな活動が展開された。

①(　　　　)　②(　　　　)　③(　　　　)

15. 다음 A~C는 일본 근대소설의 한 부분이다. 각각의 작가명과 작품명을 일본어로 쓰시오. [3점]

A　芳子が常に用ひて居た蒲団ー萌黄唐草の敷蒲団と、綿の厚く入つた同じ模様の夜着とが重ねられてあつた。時雄はそれを引出した。女のなつかしい油の匂ひと汗のにほひとが言ひも知らず時雄の胸をときめかした。夜着の襟の天鵞絨の際立つて汚れて居るのに顔を押附けて、心のゆくばかりなつかしい女の匂ひを嗅いだ。性慾と悲哀と絶望とが忽ち時雄の胸を襲つた。 B　勘定してみると奥さんがKに話をしてからもう二日余りになります。その間Kは私に対して少しも以前と異なった様子を見せなかったので、私は全くそれに気が付かずにいたのです。彼の超然とした態度はたとい外観だけにもせよ、敬服に値すべきだと私は考えました。彼と私を頭の中で並べてみると、彼のほうがはるかに立派に見えました。「おれは策略で勝っても人間としては負けたのだ。」という感じが私の胸に渦巻いて起こりました。 C こう言って、生徒の机のところへ手を突いて、詫入るように頭を下げた。 「皆さんが御家へ御帰りに成りましたら、何卒父親さんや母親さんに私のことを話して下さいー今まで隱蔽していたのは全く済まなかった、と言って、皆さんの前に手を突いて、こうして告白けたことを話して下さいー全く、私は穢多です、調里です、不浄な人間です」とこう添加して言った。丑松はまだ詫び足りないと思ったか、二歩三歩退却して、「許して下さい」を言いながら板敷の上へ跪いた。

A 작가명 : (　　　　　　　) 작품명 : (　　　　　　　)
B 작가명 : (　　　　　　　) 작품명 : (　　　　　　　)
C 작가명 : (　　　　　　　) 작품명 : (　　　　　　　)

16. 일본의 학교문법은 크게 3가지 기준으로 품사를 분류하고 있다. (보기)를 참고하여 품사 분류 기준 3가지를 각각 1줄 이내의 일본어로 쓰시오. [3점]

(보기)

連体詞
- 自立語である。
- 活用がない。
- 修飾語になる。

① (   )

② (   )

③ (   )

17. 다음 ②는 문법적으로 잘못된 문(文)이다. 바른 문으로 고치고, ①과 비교하여 잘못된 문법적 이유를 1줄 이내로 쓰시오. [3점]

① 田中さんは息子を椅子に座らせ、本を読ませた。

② * 田中さんは息子を本を読ませた。

* : 비문(非文)표시

②의 바른 문 : (   )

문법적 이유 : (   )

18. 빈칸 A~C에 알맞은 말을 (보기)에서 찾아 번호를 쓰시오. [3점]

- お姉さんは結婚の申し込みを断られたのか(A)して帰り、食事もしない。
- 昨日海水浴場で日焼けした肌が(B)する。
- このコートはぼくには(C)だ。大きすぎる。

(보 기)

① だぶだぶ ② ひりひり ③ がらがら ④ さらさら ⑤ がんがん

⑥ こつこつ ⑦ しょんぼり ⑧ ねばねば ⑨ からから ⑩ じめじめ

A(   ) B(   ) C(   )

19. 밑줄 친 부분 중 경어 사용법이 바르지 않은 것의 번호를 쓰고, 바르게 고치시오.[3점]

- 来週の日曜日に①参上いたします。
- それでは、発表を②始めさせていただきます。
- 「山下さん、③いらっしゃいましたら、窓口まで④おいでください」と放送が流れた。
- 金魚にえさを⑤やっていた兄が、「今の、変だろう」と言った。
- 「よかった」と先生が⑥おっしゃられた。
- ご用の節は⑦お呼びになってください。
- 弟もそれをあの方から⑧伺ったそうです。

번호 : (　　　　)
바른 표현 : (　　　　　　　　)

20. 다음 글을 제시된 〈조건〉에 맞게 일본어로 옮기시오. [3점]

田中씨는 매일 늦게까지 잔업을 하고 있는 것 같다.

(조 건)

① 'らしい'를 사용할 것.

② 밑줄 친 부분은 한자(漢字)로 쓸 것.

③ 명령이나 강요 등에 의해 어쩔 수 없이 잔업을 하고 있다는 뜻의 '使役受身'를 사용할 것.

답(　　　　　　　　　　　　　　)

21. 다음 글을 일본어로 옮길 때, 제시된 〈조건〉에 맞게 A, B에 들어갈 말을 쓰시오. [3점]

계속 신세만 지고 있을 수 없고, 일을 찾을 작정이다.

ずっとお世話になり(A)では(B)し、仕事を探すつもりだ。

(조 건)

A는 4글자, B는 5글자로 쓸 것.

A(　　　　)　B(　　　　)

【22~23】 다음 글을 읽고 물음에 답하시오.

A 人間でもそのりっぱさというものは、川と同じでないでしょうか。川の長い流れが河口に行くように、人間も生涯の大部分を終えてある地点へ来たとき、その人間の過ぎ来し方のあり様が、私などにどうも問題になるようです。河口がいくらりっぱでも、そんなことにはたいして驚かされません。やはり、その人間がそこへ来るまでの長い人生の①どうていが、その人を美しくも醜くも見せますね。私は少し偏屈かもしれませんが、やはり人間というもののりっぱさを、そのように考えたい気持ちですね。

B 私が、その人物は転任でなくて、定年で職をひいたのに違いないと思ったのは、列車が駅を離れてしまって、その人物が窓から顔を引っ込め、腰から手ぬぐいを出して、そこだけ日焼けしていない白い額の汗をふき、そして、すぐは自分の席に腰をおろさず、しばらく茫然とした面持ちで目を軽く閉じて立っているのを見た時です。

C 私が川が好きだというのも、川というものはどんな川でも、みな海へ出ようとする一途さを持っているからでしょうか。人間でも川のような一途な流れをその経歴に持っている人はりっぱですな。

D わたしはふとその時、その人物は泣くなとおもいました。と、はたして彼は鼻をすすり、小さくたたんだ日本手ぬぐいを目に当てました。そして、彼は②網棚のカバンの位置を直し席に腰をおろすと、あとは窓のほうへ顔を向けたまま、いつまでも物思いにふけっているかっこうでした。そして二度ほど手ぬぐいを目に持っていきました。

E 私はその時、その人物をりっぱだと思いました。いかなる人かまったく知りませんが、しかし、いかにも一生を鉄道にささげた人の、職場からの身のひき方はかくあろうと思われるような、そんな態度でした。③かいさつ係を何年もやり、小さい駅の助役になり、それから徐々に大きい駅へとかわっていった、そんなその人の過去が目に見えるようでした。自分の来し方を、見ず知らずの私に展望させるものを、その時のその人物は持っていたのです。けっして樹枝を大きく広げてはいないでしょう。しかし、ただ一本の流れとして、その人物の過去は名もない小さな谷川から、ともかく海へ出るまで、流れ続いてきているのです。

F 数年前のことですが、私は東海道線のある大きい駅で、一人の国鉄駅員が大勢の駅員たちに送られて汽車に乗り込んできたのを見たことがあります。
五十年配のみるからに律義な顔をした中肉中背の人物で、もちろん駅員の制服を身にまとっていました。私は初め、その駅員は転任するので皆に送られて新しい任地へ向かうのだと思っていました。鉄道の関係者が④総出で送っているところを見ると、駅長か助役か知らないが、とにかくある程度の地位についていた人物なのでしょう。見送り人たちの態度は、私に気がつくほど控えめで言葉少なでした。列車が動き出すと、駅のホームの他の場所でも、駅員たちがみな三人四人と整列し、帽子を取って短く刈り込んだ頭を窓から出しているその人物の方へ下げています。

22. 밑줄 친 단어 ①~④를 한자(漢字)는 히라가나로, 히라가나는 한자(漢字)로 바꿔 쓰시오. [2점]

①(　　　　)　②(　　　　)
③(　　　　)　④(　　　　)

23. 의미가 자연스럽게 통하도록 B~F를 순서대로 정렬하고, '川'와 '人間'에 대해 공통된 'りっぱさ'를 요약하고 있는 한 단어를 찾아 쓰시오. [4점]

글의 순서 : A→(　)→(　)→(　)→(　)→(　)
단 어 : (　　　　)

24. 빈칸 ①~③에 들어갈 말을 일본어로 쓰시오. [3점]

4月29日の(　①　)の日に始まり、5月3日の憲法記念日、5日のこどもの日、それに日曜日も含めると、この時期は休日が多い。普通この時期を(　②　)と呼んで休暇を楽しむ人が多い。会社によっては従業員のために、休暇にはさまれた週日を休業にしてしまうので、この週は動物園や遊園地をはじめ行楽地は人でいっぱいになる。また、この時期に海外旅行に行く人も多い。5月5日は、子供のすこやかな成長を祝い、幸福を願う日である。武者人形や武具を飾ったり、屋外には(　③　)を揚げたりする。また、柏餅やちまきを食べたり菖蒲湯に入ったりしてこの日を祝う。

일어학개론

초판 1쇄 발행일 | 2008년 8월 29일

인지는
저자와의
합의하에
생략함

지은이 ● 이향란
펴낸이 ● 박영희
표　지 ● 정지영
편　집 ● 정지영 · 허선주
펴낸곳 ● 도서출판 어문학사
132-891 서울특별시 도봉구 쌍문동 525-13
전화: 02-998-0094 / 팩스: 02-998-2268
홈페이지: www.amhbook.com
e-mail: am@amhbook.com
등록: 2004년 4월 6일 제7-276호

ISBN 978-89-6184-055-2 13730
정　가 ● 15,000원
※ 잘못 만들어진 책은 교환해 드립니다.

①(　　　　　　)
②(　　　　　　)
③(　　　　　　)

25. 다음은 일본 역사와 관련이 있는 글이다. 빈칸 ①~③에 들어갈 말을 일본어로 쓰시오. [3점]

A (　①　)改新は、645年中大兄皇子(後の天智天皇)を中心に中臣鎌足(後の藤原鎌足)などの革新的な朝廷豪族が蘇我家を滅ぼして開始した古代政治史上の大改革である。古代中央集権国家成立の出発点となった。 B 日本の中世は、源頼朝が鎌倉幕府を開いた1192年あたりから、徳川家康が江戸幕府を開設した1603年頃までの時期である。日本の中世は、鎌倉時代、南北朝時代、室町時代、(　②　)時代と細分化されるが、その中で(　②　)時代は織田信長・豊臣秀吉が政権を握っていた時代をいう。 C (　③　)は、明治前半期、藩閥専制政治に対抗して起こった政治運動である。1874年1月、板垣退助らの民撰議院設立建白書にはじまり、憲法発布と国会開設とともに衰退する。文学の方面では、この運動のための政治的啓蒙や宣伝を目的とした政治小説が登場する。

①(　　　　)　②(　　　　)　③(　　　　)